新闻的边界

《新闻伦理与法规》案例选编

汪 露 编著

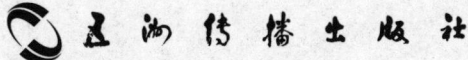

五洲传播出版社

图书在版编目（CIP）数据

新闻的边界：《新闻伦理与法规》案例选编 / 汪露编著 .
-- 北京：五洲传播出版社，2017.8

ISBN 978-7-5085-3722-1

Ⅰ . ①新… Ⅱ . ①汪… Ⅲ . ①新闻自由 – 案例 – 中国 Ⅳ . ① G219.2

中国版本图书馆 CIP 数据核字 (2017) 第 175302 号

新闻的边界：《新闻伦理与法规》案例选编

编　著：汪　露
设计制作：北京丰饶视觉科技有限公司
责任编辑：宋博雅
出版发行：五洲传播出版社
地　　址：北京市海淀区北三环中路 31 号生产力大楼 B 座 6 层
邮　　编：100088
网　　址：http://www.cicc.org.cn http://www.thatsbooks.com
发行电话：010-82005927，010-82007837
印　　刷：北京圣彩虹科技有限公司
版　　次：2018 年 1 月第 1 版第 1 次印刷
开　　本：710 毫米 ×1000 毫米 1/16
印　　张：17
字　　数：272 千字
定　　价：48.00 元

目　录

保障知情权

知情权是现代社会中公民的基本权利之一，也是新闻传播各项其他权利的基础。因此，怎样才能够最大限度地满足受众的知情权？如何能够进一步扩大知情权？这些问题就成了新闻伦理的一个重要内容。

政府政务信息公开的三个问题

▌ 案例概况

2008 年 5 月 1 日，《中华人民共和国政府信息公开条例》正式施行。该条例要求各级政府建立健全本行政机关的政府信息公开工作制度，并指定机构负责本行政机关政府信息公开的日常工作。

政府信息公开工作机构的具体职责包括：1.具体承办本行政机关的政府信息公开事宜；2.维护和更新本行政机关公开的政府信息；3.组织编制本行政机关的政府信息公开指南、政府信息公开目录和政府信息公开工作年度报告；4.对拟公开的政府信息进行保密审查；5.本行政机关规定的与政府信息公开有关的其他职责。

对于政府信息公开工作年度报告，《中华人民共和国政府信息公开条例》中还有更为细致的规定。第四章"监督和保障"中明确规定，各级行政机关应当在每年 3 月 31 日前公布本行政机关的政府信息公开工作年度报告，报告应当包括下列内容：行政机关主动公开政府信息的情况；行政机关依申请公开政府信息和不予公开政府信息的情况；政府信息公开的收费及减免情况；因政府信息公开申请行政复议、提起行政诉讼的情况；政府信息公开工作存在的主要问题及改进情况；其他需要报告的事项。

自 2008 年《中华人民共和国政府信息公开条例》施行以来，政府主动公开信息的情况进行得怎么样？还有哪些不足和需要补充加强的地方？我们不妨以 2013 年的政府信息公开工作年度报告为例，窥一斑而知全豹。

据 2013 年度的"政府信息公开年度报告"显示：在所有公开报告的 24 个

2013 年度 24 省份召开发布会数量　　　　（单位：次）

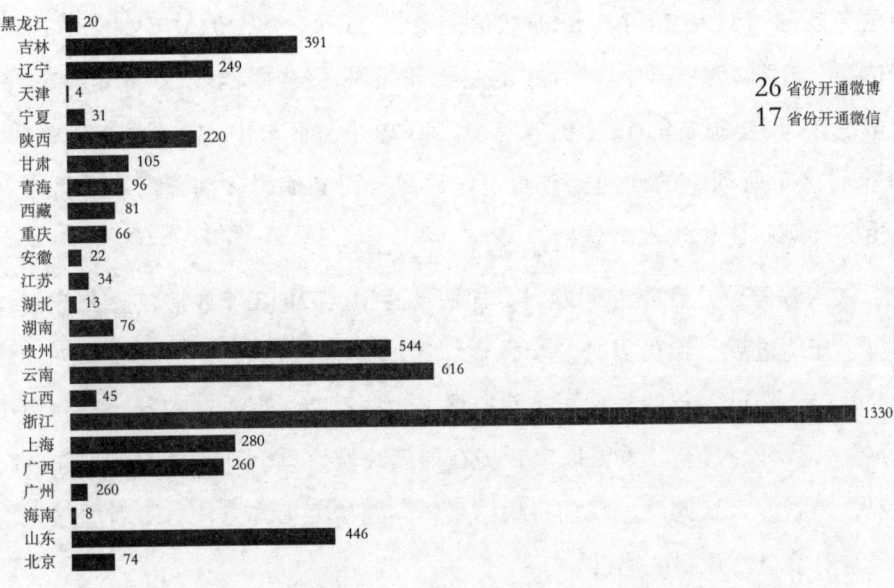

注：部分省份数据包括市级新闻发布会。另有部分省份未公布数据。

国务院部门 2013 年发布会情况　　　　（单位：次）

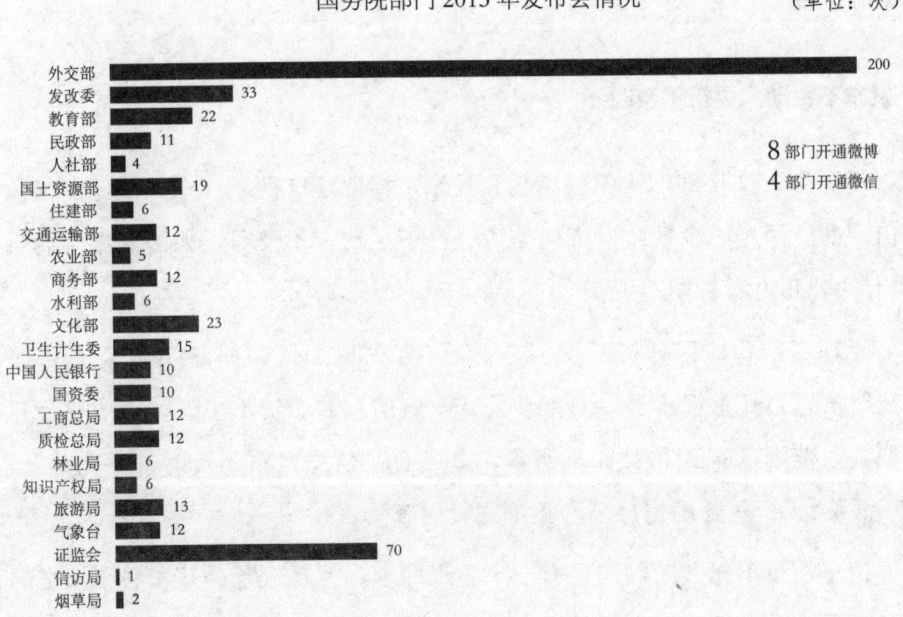

省份中，以浙江省召开的新闻发布会数目最多，全年共计 1330 次；而在国务院各部门中则以外交部为最，全年共计 200 次。此外，开通微博的省份和国务院部门共有 34 个，开通微信的共有 21 个。在 2013 年度公开的"政府信息公开年度报告"中，"存在的主要问题"是报告中的一个"固定"章节。初步统计，晒出报告的 49 个国务院部门和 29 个省区市中，13 个国务院部门、10 个省区市所列出的问题比较直观、详尽，而其他国务院部门和省区市归纳出的问题则比较宏观、概括。

谈到政务公开存在的问题时，司法部写道，"2013 年政府信息公开工作取得了新的进展，但仍需进一步完善"；烟草局，"自《条例》发布以来，信息公开工作经过多年的建设，虽然取得了一些成绩，但也存在着一些问题和不足"；国家能源局，"重组以来我局在处理政府信息公开工作中面临许多新情况，遇到许多新问题，我们将根据具体问题研究工作方法，不断加强完善我局政府信息公开制度建设"。

较直观、详尽列出问题的 13 个国务院部门、10 个省区市中，"更新不及时""公开渠道单一""公开的信息群众不关注、群众关注的信息不公开"为三大共性问题。

1. 发布不主动，更新不及时

商务部、文化部、国家旅游局和辽宁、河北、广西、广东、黑龙江都总结出，部分司局或少数政府部门信息公开不主动、不及时，如国家旅游局直言"有的公开内容长期不更新"。

上述部门和地区分析了发布、更新不及时的原因。如商务部称，"部分司局对信息公开重视不够，对主动公开政府信息的职责不了解，对信息公开的原则、范围、方式和目标不明确，造成有些信息发布不及时、不充分"；如广西称，"一些部门信息公开重形式轻内容"。

信息发布不充分的问题还有一个客观原因，就是应予公开和必须保密的信息之间的界限不清晰。哪些属于国家秘密不应公开？北京大学法学院教授王锡锌曾对新京报记者表示，由于法规对此未作出明确界定，导致信息公开效果受到影响，且个别部门或地区以此为借口"逃避"公开义务。

广西、江西两地再次提到了上述"涉密"公开问题。广西称"一些部门政府信息公开的保密审查与公文流转结合环节还不到位，影响了政府信息主动公开和依申请公开的同步推进"。江西称"一些地方和部门因担心密级界定不准，部分应当主动公开的信息未能及时公开"。

2. 公开渠道单一，流于形式

文化部、交通运输部、央行、质检总局和河南、广东等均提到，目前的政府信息公开方法单一。

如质检总局提出"政府信息主动公开渠道还需进一步拓宽。当前政府信息发布的主要渠道是新闻发布会、门户网站和报刊电视，尚未开通在微博、微信等新媒体上发布信息的渠道，公众获取信息的便捷性和对多种载体的利用方面还存在不足"；河南提到"政府信息公开平台建设有待进一步加强，还存在公开方式单一、流于形式等现象"。

如何拓宽公开渠道？在报告的"下一步工作安排"章节，上述部门和地区都提出了新媒体战略。文化部提出"构建文化信息资源目录体系管理平台，以文化政务数据库为中心，构建文化云服务支撑体系"；广东提出"推出省政府门户网站微博、微信及省政府公报微信。推动各地、各部门积极使用政务微博、微信发布政府信息和互动交流"。

3. "公开的不关注，关注的不公开"

商务部、审计署和山西、河北、山东、江西，都提出存在公开内容的贴近性问题。

如商务部提出，"如何更贴近企业和公众需求，以及提高公众对获取政府信息公开渠道及内容的了解，减少重复申请和咨询，仍需要进一步创新方式方法"。

山东则提出，"公开的信息群众不关注，群众关注的信息不公开，特别是与群众利益密切相关的重点领域信息的公开还不够充分。有的行政机关对重大行政决策解读和社会关注热点信息公开重视程度还不够高，对社会关切的回应工作还不够主动、不够及时"。

山西、江西也提出，一些涉及群众切身利益、社会关注度高的领域，如"三公经费"、食品药品安全、环境保护、安全生产、征地拆迁等信息公开，与群众的期望还有差距。

《政府信息公开条例》起草人之一、北京大学法学院教授王锡锌，武汉大学教授沈阳接受新京报记者采访时也曾表示，《条例》实施 6 年来，各政务网站普遍存在上述问题。[1]

附：中华人民共和国政府信息公开条例

第一章 总 则

第一条 为了保障公民、法人和其他组织依法获取政府信息，提高政府工作的透明度，促进依法行政，充分发挥政府信息对人民群众生产、生活和经济社会活动的服务作用，制定本条例。

第二条 本条例所称政府信息，是指行政机关在履行职责过程中制作或者获取的，以一定形式记录、保存的信息。

第三条 各级人民政府应当加强对政府信息公开工作的组织领导。

国务院办公厅是全国政府信息公开工作的主管部门，负责推进、指导、协调、监督全国的政府信息公开工作。

县级以上地方人民政府办公厅（室）或者县级以上地方人民政府确定的其他政府信息公开工作主管部门负责推进、指导、协调、监督本行政区域的政府信息公开工作。

---

1. 以上内容部分参照了《新京报》的相关报道，见 http://www.bjnews.com.cn/news/2014/04/01/311413.html，2014年9月1日访问。

第四条 各级人民政府及县级以上人民政府部门应当建立健全本行政机关的政府信息公开工作制度，并指定机构（以下统称政府信息公开工作机构）负责本行政机关政府信息公开的日常工作。

政府信息公开工作机构的具体职责是：

（一）具体承办本行政机关的政府信息公开事宜；

（二）维护和更新本行政机关公开的政府信息；

（三）组织编制本行政机关的政府信息公开指南、政府信息公开目录和政府信息公开工作年度报告；

（四）对拟公开的政府信息进行保密审查；

（五）本行政机关规定的与政府信息公开有关的其他职责。

第五条 行政机关公开政府信息，应当遵循公正、公平、便民的原则。

第六条 行政机关应当及时、准确地公开政府信息。行政机关发现影响或者可能影响社会稳定、扰乱社会管理秩序的虚假或者不完整信息的，应当在其职责范围内发布准确的政府信息予以澄清。

第七条 行政机关应当建立健全政府信息发布协调机制。行政机关发布政府信息涉及其他行政机关的，应当与有关行政机关进行沟通、确认，保证行政机关发布的政府信息准确一致。

行政机关发布政府信息依照国家有关规定需要批准的，未经批准不得发布。

第八条 行政机关公开政府信息，不得危及国家安全、公共安全、经济安全和社会稳定。

第二章 公开的范围

第九条 行政机关对符合下列基本要求之一的政府信息应当主动公开：

（一）涉及公民、法人或者其他组织切身利益的；

（二）需要社会公众广泛知晓或者参与的；

（三）反映本行政机关机构设置、职能、办事程序等情况的；

（四）其他依照法律、法规和国家有关规定应当主动公开的。

第十条　县级以上各级人民政府及其部门应当依照本条例第九条的规定，在各自职责范围内确定主动公开的政府信息的具体内容，并重点公开下列政府信息：

（一）行政法规、规章和规范性文件；

（二）国民经济和社会发展规划、专项规划、区域规划及相关政策；

（三）国民经济和社会发展统计信息；

（四）财政预算、决算报告；

（五）行政事业性收费的项目、依据、标准；

（六）政府集中采购项目的目录、标准及实施情况；

（七）行政许可的事项、依据、条件、数量、程序、期限以及申请行政许可需要提交的全部材料目录及办理情况；

（八）重大建设项目的批准和实施情况；

（九）扶贫、教育、医疗、社会保障、促进就业等方面的政策、措施及其实施情况；

（十）突发公共事件的应急预案、预警信息及应对情况；

（十一）环境保护、公共卫生、安全生产、食品药品、产品质量的监督检查情况。

第十一条　设区的市级人民政府、县级人民政府及其部门重点公开的政府信息还应当包括下列内容：

（一）城乡建设和管理的重大事项；

（二）社会公益事业建设情况；

（三）征收或者征用土地、房屋拆迁及其补偿、补助费用的发放、使用情况；

（四）抢险救灾、优抚、救济、社会捐助等款物的管理、使用和分配情况。

第十二条　乡（镇）人民政府应当依照本条例第九条的规定，在其职责范围内确定主动公开的政府信息的具体内容，并重点公开下列政府信息：

（一）贯彻落实国家关于农村工作政策的情况；

（二）财政收支、各类专项资金的管理和使用情况；

（三）乡（镇）土地利用总体规划、宅基地使用的审核情况；

（四）征收或者征用土地、房屋拆迁及其补偿、补助费用的发放、使用情况；

（五）乡（镇）的债权债务、筹资筹劳情况；

（六）抢险救灾、优抚、救济、社会捐助等款物的发放情况；

（七）乡镇集体企业及其他乡镇经济实体承包、租赁、拍卖等情况；

（八）执行计划生育政策的情况。

第十三条　除本条例第九条、第十条、第十一条、第十二条规定的行政机关主动公开的政府信息外，公民、法人或者其他组织还可以根据自身生产、生活、科研等特殊需要，向国务院部门、地方各级人民政府及县级以上地方人民政府部门申请获取相关政府信息。

第十四条　行政机关应当建立健全政府信息发布保密审查机制，明确审查的程序和责任。

行政机关在公开政府信息前，应当依照《中华人民共和国保守国家秘密法》以及其他法律、法规和国家有关规定对拟公开的政府信息进行审查。

行政机关对政府信息不能确定是否可以公开时，应当依照法律、法规和国家有关规定报有关主管部门或者同级保密工作部门确定。

行政机关不得公开涉及国家秘密、商业秘密、个人隐私的政府信息。但是，经权利人同意公开或者行政机关认为不公开可能对公共利益造成重大影响的涉及商业秘密、个人隐私的政府信息，可以予以公开。

第三章　公开的方式和程序

第十五条　行政机关应当将主动公开的政府信息，通过政府公报、政府网站、新闻发布会以及报刊、广播、电视等便于公众知晓的方式公开。

第十六条　各级人民政府应当在国家档案馆、公共图书馆设置政府信息查阅场所，并配备相应的设施、设备，为公民、法人或者其他组织获取政府信息提供便利。

　　行政机关可以根据需要设立公共查阅室、资料索取点、信息公告栏、电子信息屏等场所、设施，公开政府信息。

　　行政机关应当及时向国家档案馆、公共图书馆提供主动公开的政府信息。

　　第十七条　行政机关制作的政府信息，由制作该政府信息的行政机关负责公开；行政机关从公民、法人或者其他组织获取的政府信息，由保存该政府信息的行政机关负责公开。法律、法规对政府信息公开的权限另有规定的，从其规定。

　　第十八条　属于主动公开范围的政府信息，应当自该政府信息形成或者变更之日起20个工作日内予以公开。法律、法规对政府信息公开的期限另有规定的，从其规定。

　　第十九条　行政机关应当编制、公布政府信息公开指南和政府信息公开目录，并及时更新。

　　政府信息公开指南，应当包括政府信息的分类、编排体系、获取方式，政府信息公开工作机构的名称、办公地址、办公时间、联系电话、传真号码、电子邮箱等内容。

　　政府信息公开目录，应当包括政府信息的索引、名称、内容概述、生成日期等内容。

　　第二十条　公民、法人或者其他组织依照本条例第十三条规定向行政机关申请获取政府信息的，应当采用书面形式（包括数据电文形式）；采用书面形式确有困难的，申请人可以口头提出，由受理该申请的行政机关代为填写政府信息公开申请。

　　政府信息公开申请应当包括下列内容：

　　（一）申请人的姓名或者名称、联系方式；

　　（二）申请公开的政府信息的内容描述；

　　（三）申请公开的政府信息的形式要求。

　　第二十一条　对申请公开的政府信息,行政机关根据下列情况分别作出答复：

　　（一）属于公开范围的，应当告知申请人获取该政府信息的方式和途径；

　　（二）属于不予公开范围的，应当告知申请人并说明理由；

（三）依法不属于本行政机关公开或者该政府信息不存在的，应当告知申请人，对能够确定该政府信息的公开机关的，应当告知申请人该行政机关的名称、联系方式；

（四）申请内容不明确的，应当告知申请人作出更改、补充。

第二十二条　申请公开的政府信息中含有不应当公开的内容，但是能够作区分处理的，行政机关应当向申请人提供可以公开的信息内容。

第二十三条　行政机关认为申请公开的政府信息涉及商业秘密、个人隐私，公开后可能损害第三方合法权益的，应当书面征求第三方的意见；第三方不同意公开的，不得公开。但是，行政机关认为不公开可能对公共利益造成重大影响的，应当予以公开，并将决定公开的政府信息内容和理由书面通知第三方。

第二十四条　行政机关收到政府信息公开申请，能够当场答复的，应当当场予以答复。

行政机关不能当场答复的，应当自收到申请之日起15个工作日内予以答复；如需延长答复期限的，应当经政府信息公开工作机构负责人同意，并告知申请人，延长答复的期限最长不得超过15个工作日。

申请公开的政府信息涉及第三方权益的，行政机关征求第三方意见所需时间不计算在本条第二款规定的期限内。

第二十五条　公民、法人或者其他组织向行政机关申请提供与其自身相关的税费缴纳、社会保障、医疗卫生等政府信息的，应当出示有效身份证件或者证明文件。

公民、法人或者其他组织有证据证明行政机关提供的与其自身相关的政府信息记录不准确的，有权要求该行政机关予以更正。该行政机关无权更正的，应当转送有权更正的行政机关处理，并告知申请人。

第二十六条　行政机关依申请公开政府信息，应当按照申请人要求的形式予以提供；无法按照申请人要求的形式提供的，可以通过安排申请人查阅相关资料、提供复制件或者其他适当形式提供。

第二十七条　行政机关依申请提供政府信息，除可以收取检索、复制、邮寄等成本费用外，不得收取其他费用。行政机关不得通过其他组织、个人以有偿服务方式提供政府信息。

行政机关收取检索、复制、邮寄等成本费用的标准由国务院价格主管部门会同国务院财政部门制定。

第二十八条　申请公开政府信息的公民确有经济困难的，经本人申请、政府信息公开工作机构负责人审核同意，可以减免相关费用。

申请公开政府信息的公民存在阅读困难或者视听障碍的，行政机关应当为其提供必要的帮助。

第四章　监督和保障

第二十九条　各级人民政府应当建立健全政府信息公开工作考核制度、社会评议制度和责任追究制度，定期对政府信息公开工作进行考核、评议。

第三十条　政府信息公开工作主管部门和监察机关负责对行政机关政府信息公开的实施情况进行监督检查。

第三十一条　各级行政机关应当在每年 3 月 31 日前公布本行政机关的政府信息公开工作年度报告。

第三十二条　政府信息公开工作年度报告应当包括下列内容：

（一）行政机关主动公开政府信息的情况；

（二）行政机关依申请公开政府信息和不予公开政府信息的情况；

（三）政府信息公开的收费及减免情况；

（四）因政府信息公开申请行政复议、提起行政诉讼的情况；

（五）政府信息公开工作存在的主要问题及改进情况；

（六）其他需要报告的事项。

第三十三条　公民、法人或者其他组织认为行政机关不依法履行政府信息公开义务的，可以向上级行政机关、监察机关或者政府信息公开工作主管部门举报。收到举报的机关应当予以调查处理。

公民、法人或者其他组织认为行政机关在政府信息公开工作中的具体行政行为侵犯其合法权益的，可以依法申请行政复议或者提起行政诉讼。

第三十四条　行政机关违反本条例的规定，未建立健全政府信息发布保密审查机制的，由监察机关、上一级行政机关责令改正；情节严重的，对行政机关主要负责人依法给予处分。

第三十五条　行政机关违反本条例的规定，有下列情形之一的，由监察机关、上一级行政机关责令改正；情节严重的，对行政机关直接负责的主管人员和其他直接责任人员依法给予处分；构成犯罪的，依法追究刑事责任：

（一）不依法履行政府信息公开义务的；

（二）不及时更新公开的政府信息内容、政府信息公开指南和政府信息公开目录的；

（三）违反规定收取费用的；

（四）通过其他组织、个人以有偿服务方式提供政府信息的；

（五）公开不应当公开的政府信息的；

（六）违反本条例规定的其他行为。

第五章　附　　则

第三十六条　法律、法规授权的具有管理公共事务职能的组织公开政府信息的活动，适用本条例。

第三十七条　教育、医疗卫生、计划生育、供水、供电、供气、供热、环保、公共交通等与人民群众利益密切相关的公共企事业单位在提供社会公共服务过程中制作、获取的信息的公开，参照本条例执行，具体办法由国务院有关主管部门或者机构制定。

第三十八条　本条例自 2008 年 5 月 1 日起施行。

‖ 分析与评价

在保障受众知情权的过程中，可能最大的障碍就是政府了。为了更好地在社会中生存，人们有必要了解各类信息。而政府作为一个社会的管理者，拥有大量关键信息。这种信息的不对称由来已久、中外皆然。

因此,在西方争取知情权的斗争中,主要的目标就是对政府权力进行限制,要求政府主动进行信息公开。这种努力开始于 20 世纪中期,不久就取得了显著成果。举例来说,美国在 1967 年制定《情报自由法》。该法规定了一个比较小的保密范围,凡在这个保密范围之外的各级政府部门的记录,如果没有特殊情况,都应向任何公民开放。如果有关部门对公民的查阅请求不予理会或予以拒绝,公民可以向法院提起诉讼。1977 年美国又制定了《政府公开法案》。该法规定政府各部门属于讨论性质的会议都要向社会公开。如果某部门领导想把某一次讨论会确定成不能公开的秘密会议的话,不能自行决定,必须要获得该部门首席法律官员的同意才具有法律效力。哪怕一次会议通过这个程序被确定是秘密会议,如果公民认为会议应当公开的,也可以向法院起诉。

在这两部法律的保障之下,大部分政府记录、文件和会议纪要都必须对公众公开。这就将政府的决策过程置于全社会的监督之下,也因此,有一个流传甚广的论及信息公开的比喻就是:让政府在阳光之下运行。

相比于西方国家,我国的法制建设相对落后。在很长的一段时间里面,我国法律系统中没有涉及政府信息公开的立法,直至 2008 年,国务院才通过了《中华人民共和国政府信息公开条例》。

虽然早在 2008 年就通过了《中华人民共和国政府信息公开条例》,但也存在问题:一是它只是行政法规,而非人大通过的法律,约束力不够;二是在长期的政府运行中,我国各级政府部门没有进行详尽信息存留和完整的信息公开的工作习惯。因此,就如同上文言及的那样,政府政务信息公开的实践还是存在很多问题的。

但让人振奋的是,很多政府部门都已经意识到了信息公开中存在的问题,并且一针见血地指出了它们。在此基础上,假以时日,相信我国的政务信息公开工作会更加完善。

公民申请政府信息公开为何胜诉不多

▌ 案例概况

2008 年 5 月 1 日，《中华人民共和国政府信息公开条例》正式施行。为保障知情权，该条例规定，一方面，行政机关应当将主动公开的政府信息，通过政府公报、政府网站、新闻发布会以及报刊、广播、电视等便于公众知晓的方式公开；另一方面，公民、法人或者其他组织还可以根据自身生产、生活、科研等特殊需要，向国务院部门、地方各级人民政府及县级以上地方人民政府部门申请获取相关政府信息。

公民、法人或者其他组织需要获取相关政府信息的，应当采用书面形式向相关的行政机关提交政府信息公开申请。收到申请之后，能够当场答复的，应当当场予以答复；不能当场答复的，应当自收到申请之日起 15 个工作日内予以答复。对于收到的政府信息公开申请，行政机关可以作出以下四种不同的答复：1. 属于公开范围的，应当告知申请人获取该政府信息的方式和途径；2. 属于不予公开范围的，应当告知申请人并说明理由；3. 依法不属于本行政机关公开或者该政府信息不存在的，应当告知申请人，对能够确定该政府信息的公开机关的，应当告知申请人该行政机关的名称、联系方式；4. 申请内容不明确的，应当告知申请人作出更改、补充。

对于行政机关的答复，公民、法人或者其他组织认为行政机关在政府信息公开工作中的具体行政行为侵犯了其合法权益的，可以依法申请行政复议或者提起行政诉讼。

到了 2013 年 5 月 1 日，《中华人民共和国政府信息公开条例》已经施行

5年了。自2013年6月以来,北京大学法学院公众参与研究与支持中心在北京、广东深圳、河北沧州等地区开展调研访谈,对中国政府信息公开案件司法审查的基本情况进行总结。

2013年10月15日,有北京大学宪法与行政法研究中心、耶鲁大学法学院中国法研究中心共同主办的司法与公开研讨会在北京大学举行。会上发布了《中国政府信息公开案件司法审查调研报告》(以下简称"报告")。

申请内容多涉及民生问题

综观近年来申请政府信息公开的案件可以发现,申请内容以涉及普通人切实权益的为多。

有的就一些公共问题提出申请。如要求公开生乳新国标制定时食品安全国家标准审评委员会编写的会议纪要;要求财政部公开民航发展基金征收办法的制定依据;要求国家发改委公开移动电话3G通话和上网等资费的定价依据、程序信息等。

有的申请则与一些社会热点事件相关。如今年6月26日,5名女律师向南京市江宁区民政局、公安局等四部门申请公开其是否及时依据《未成年人保护法》第53条,向法院申请撤销"南京饿死女童"母亲乐某的监护责任。

与为获知信息相比,有的申请直接关系到申请人的自身利益,申请信息公开只是第一步。如2014年4月,尘肺病人宋光文请求江苏省江阴市安监局公开江东科技有限公司申报的《职业病危害项目申报表》等资料,以便为下一步索赔作准备。

报告显示,近5年,各地法院受理的政府信息公开案,绝大多数涉及基本民生问题。以浙江省为例,该省在2008年5月1日至2009年5月31日期间,各级法院审理的政府信息公开案件中,涉及国土资源、乡镇政府、房管、公安等基本民生问题的案件占总数的87.04%。

不过,报告也指出,政府信息公开诉讼对纠纷的实质性解决帮助不大。

原因主要在于，原告向法院提起政府信息公开诉讼的目的，往往并非单纯为了满足知情权，而是把政府信息公开诉讼视为一种"工具"，用以达到诸如维护拆迁补偿权益、揭露行政机关其他违法行为等实质性目的。

以江苏省南京市法院受理的政府信息公开案件为例，该市 2008 年至 2010 年期间共受理政府信息公开案件 49 件，其中 34 件涉及土地征收和房屋拆迁，占总数的 69.39%。

信息涉密、信息不存在成拒绝公开常用理由

2014 年 9 月 4 日，北京律师董正伟向财政部申请公开 2011 至 2012 年度全国法院办公经费支出信息。财政部 10 月 23 日回复，称"根据有关保密工作规定，人民法院经费预算、决算和财务资料属于国家秘密"。

2014 年 4 月，尘肺病人宋光文请求江苏省江阴市安监局公开江东科技有限公司申报的《职业病危害项目申报表》等资料。但江阴市安监局认为，宋光文申请公开的信息涉及该公司的商业秘密、个人隐私，作出了不予公开的答复。

根据《条例》第十四条规定，"行政机关在公开政府信息前，应当依照《中华人民共和国保守国家秘密法》以及其他法律、法规和国家有关规定对拟公开的政府信息进行审查……行政机关不得公开涉及国家秘密、商业秘密、个人隐私的政府信息"。

于是，政府信息在"公开"与"保密"之间，就出现了一个说不清道不明的"灰色地带"。

报告发现，实践中，答复"信息不存在"越来越多地被行政机关当作处理政府信息申请的重要手段，甚至成为行政机关未公开政府信息的主要理由。

以上海市浦东新区人民法院在 2012 年 1 月至 5 月期间受理的 62 起政府信息公开案件为例，其中答复不属于政府信息的 6 件，直接答复不予公开的 2 件，答复不属于本机关职责的 9 件，答复主动公开或依申请公开的 17 件，答复申请不符合要求而不予公开的 2 件, 答复不属于公开范围的 2 件, 其他答复 2 件, 而答复"信息不存在"的案件高达 22 件, 占总数的 35.5%, 居各种答复类型之首。

"相关政府部门的答复, 似乎总在和百姓玩文字游戏", 中国社会科学院法学研究所副研究员吕艳滨在接受中国青年报记者采访时表示, 信息涉密、不存在、不属于政府信息公开范围等回复, 成为政府部门应对信息公开申请的"万金油"。

国家行政学院教授杨伟东在受访时称, 在此情况下, 行政机关应担相应的举证责任。据他介绍, 在美国, 法院要求行政机构证明自己已尽了搜索职责; 在英国, 符合条件的即可进入行政机关的建筑场所、电脑, 查验是否有这样的信息。

申请信息公开, 法院难给力

北京大学王锡锌教授参与了报告的完成。他表示:"在保障公民知情权中, 法院是最重要, 也是最后一个救济途径。"

据统计, 2008 年《条例》颁布实施当年, 北京市各级法院审理的政府信息公开案件仅 10 件, 而 2009 年北京市各级法院审理政府信息公开案件的数量猛增至 147 件, 到 2010 年时, 北京市政府信息公开案件的数量已经达到 2009 年的近 3.5 倍, 达 503 件之多。而其他各省市也存在这种情况。四川省法院 2008 年仅审理了 1 件政府信息公开案件, 而在次年就增长到 15 件。

不过, 据目前的实践来看, 原告胜诉的情况较少。以北京市为例, 2012 年北京市一审审结政府信息公开案件 336 件, 其中法院判决支持原告的共 59 件, 占总数的 17.6%。

报告显示, 根据近 5 年来政府信息公开案司法审查情况来看, "裁定驳回起诉"的数量最多。据报告统计, 2012 年北京市一审审结的 336 件政府信息公开案件中, "裁定驳回起诉"的案件达 131 件, 在各类裁判结果中数量最多, 占 39%。

对于案件多被驳回，王锡锌认为，法院在受理方面，"不要设置太高的资格门槛"。

《条例》第十三条规定，除了《条例》中明确阐明的信息公开内容，公民"还可以根据自身生产、生活、科研等特殊需要"，申请信息公开。

"现在很多案件被驳回也是因为这'三个需要'的限制"，王锡锌告诉记者，"法院认为公民申请信息公开的内容不满足这'三个需要'"。

即使是走到审理和判决这一步，申请人也未必能获得想要的信息。

2012年，消费者赵先生申请公开"生乳新国标"相关会议纪要时，北京市第一中级人民法院在一审判决中指出，由于卫生部答复理由缺乏事实和法律依据，判令该部在法定期限内对赵先生的政府信息公开申请予以重新答复。

不过，卫生部重新作出的答复中，依然坚持认为会议纪要属于食品安全国家标准审查中的过程性信息，不属于卫生部应公开的政府信息，因此不予公开。

王锡锌表示，"这是由于我国的保密信息审查机制不健全，如果现在政府部门称某类信息为秘密信息，法院没有权力对其进行实质性审查"。

据王锡锌介绍，国外对于保密信息的审查，早已引入中立机构参与，"主要是法院"。"审查结束后，法院会要求政府部门隐去敏感信息，向公民公开其他信息。"他说。[1]

‖ 分析与评价

当我们思考政府信息公开的时候，首先映入眼帘的是公民个人和政府机

---

1. 以上内容综合了《中国青年报》《法制日报》《南方都市报》《中国经济时报》和新华社对该报告的报道。具体网址可见：http://zqb.cyol.com/html/2013-10/25/nw.D110000zgqnb_20131025_1-03.htm、http://epaper.legaldaily.com.cn/fzrb/content/20131017/Articel06003GN.htm、http://www.scio.gov.cn/zhzc/8/4/Document/1347985/1347985.htm、http://www.cet.com.cn/ycpd/sdyd/1014200.shtml

构之间明显的强弱对比。现代社会是各种庞大组织大行其道的社会，政府机构、大型企业、商业组织……它们都垄断着大量的资金、信息，是个人无法与之对抗的庞然大物。从20世纪初以来，世界范围内立法的潮流就是对这些"巨无霸"进行约束，而对个人进行保护。从进步运动与"黑幕揭发"的一系列的立法，到政府信息公开法在各国如雨后春笋般通过，其初衷大抵如此。

在这样的背景之下，我们再来思考政府信息公开，很多问题就可以迎刃而解。上述材料中谈到，很多公民申请信息公开并不是为了信息的获知，而是以信息公开作为工具和手段，为下一步的维权作准备。对此，我们该如何理解？第一，立法的目的归根究底就是保护公民个人的利益，因此，用公开的信息来维护个人利益，这是天经地义和无可厚非的。第二，在什么时候，信息纯然是目的，而不是手段了？如果还有人认为，信息公开只是让你知道，那就大错特错了。从人类的传播史来看，从古至今，信息都是一种手段。人们通过信息的获取，正确地认识环境，调整自身行为，从而将利益最大化、损失最小化。不只政治、经济、外交等硬性信息的功能是这样，就算是八卦和娱乐性的信息，其功能也并非在于简单获知，也许是为了满足自身需要娱乐的目的，或者是为了以轻松信息缓解现实生活的压力。总之，信息从来都是一种工具。政府信息公开当然是为了维护公民个人权利而存在的。

其次，法律之间的配合。《条例》第十四条规定，"行政机关在公开政府信息前，应当依照《中华人民共和国保守国家秘密法》以及其他法律、法规和国家有关规定对拟公开的政府信息进行审查……行政机关不得公开涉及国家秘密、商业秘密、个人隐私的政府信息"。这即是说，《中华人民共和国政府信息公开条例》的执行会受到《中华人民共和国保守国家秘密法》的限制。而《中华人民共和国保守国家秘密法》虽然在2010年经过了局部修订，但其主体部分都还是在1988年制定的，与现实的政治经济环境存在若干不相符合的问题。

第一就是对于究竟什么东西应该保密这个问题的规定很含糊，不具体。在第九条中，该法规定："下列涉及国家安全和利益的事项，泄露后可能损害国家在政治、经济、国防、外交等领域的安全和利益的，应当确定为国家秘密：（一）国家事务重大决策中的秘密事项；（二）国防建设和武装力量活动中的秘密事项；（三）外交和外事活动中的秘密事项以及对外承担保密义务的秘密事项；（四）国民经济和社会发展中的秘密事项；（五）科学技术中的秘密事项；（六）维护国家安全活动和追查刑事犯罪中的秘密事项；（七）经国家保密行政管理部门确定的其他秘密事项。政党的秘密事项中符合前款规定的，属于国家秘密。"

第二个问题是，政府信息公开机构既当裁判员，又当运动员。该法第十三条规定："中央国家机关、省级机关及其授权的机关、单位可以确定绝密级、机密级和秘密级国家秘密；设区的市、自治州一级的机关及其授权的机关、单位可以确定机密级和秘密级国家秘密。具体的定密权限、授权范围由国家保密行政管理部门规定。"既然确定密级的权力也在各级行政机关手中，就难怪很多信息公开的申请会因"与保密制度冲突"而被拒绝。

在这种情况下，如果要保证《中华人民共和国政府信息公开条例》的有效实施，更好地保护公民的合法权利，对相关的法律法规进行调整就很有必要了。只有整个法律体系都健全了，公民权利才有保障，不是说一个《中华人民共和国政府信息公开条例》就能解决所有问题。

放弃报道即是对知情权的伤害

▌ 案例概况

　　2008 年 9 月 20 日山西霍宝干河煤矿发生一名矿工死亡事故。死者叫吉新红，41 岁，山西洪洞县曲亭镇北柏村人，该矿已作赔付并于 9 月 22 日安葬。事故发生后矿方瞒报，引发所谓"封口费"事件。

摄影取证

　　9 月 25 日 16 点左右，西部时报山西记者站摄影记者戴骁军接到干河煤矿矿工举报——霍州市霍宝干河煤矿死了一人，上百名记者在此领取"封口费"。他与网友"直播山西"随即赶赴煤矿，拍摄下这惊人一幕。

　　9 月 25 日傍晚，网名为"天马行空"的戴骁军与网名为"直播山西"的同行驱车前往霍宝干河煤矿。

　　眼前的一幕让在新闻行业干了 20 年的戴骁军叹为观止：十多间办公室，坐着一群群正在闲聊的"记者"，过道上挤满了排队的人。

　　经现场观察，戴骁军发现，前面经过两道登记程序后，三楼办公室还有一群人围着一张办公桌再次登记，然后拿着纸条到另一间办公室"办事"。来访者依次履行这道程序。在另一间办公室，他见到了听闻已久的"封口费"发放现场，"众人排队，一人点钱"。

　　这名新闻老兵在三层楼梯口把相机从包中取出，装上广角镜头与闪光灯，设置自动对焦档。18 时 48 分，他来到一间六七人围着登记的办公室，"咔嚓咔嚓"连拍两张照片，就迅速退到过道，对着排队的人群又是咔嚓几声连拍三张。

仅用一分钟时间，他就跑到办公楼大厅进门登记处，一只手抓到桌子上的"山西霍宝干河煤矿有限公司办公楼来客登记簿"猛翻，另一只首握住相机猛摁快门，还未等一旁的保安缓过神来，四张登记名册已然变成了图片证据。

煤矿办公大楼前，泊满了各路"记者"的汽车。戴骁军先是叮嘱"直播山西"发动汽车，自己则在几十秒钟之内提着相机飞奔至停车位，对着几辆标志显著的汽车一阵狂拍。就那么一会儿，他又拍下了 5 张照片。

此时，天空正下着小雨，戴骁军隐藏在暗处仔细观察，尽管天已黑，却仍不断有来访者在办公大楼的登记处登记上楼。19 时 02 分，干河煤矿办公大楼前的照片被拍下。19 时 07 分，戴骁军最后拍下霍宝干河煤矿有限公司外景，随即登车绝尘而去。

网络发声

返回省城之后，戴骁军生怕夜长梦多，趁着情绪激动，赶紧整理文字稿件。

在多家新闻单位的工作经历告诉戴骁军，此类新闻在传统的纸质媒体没有办法刊发。"封口费"尽管大家听说多年，偶尔有一些只言片语见于报端或网络，但一直没有"一图胜千言"的组合式报道。

9 月 27 日晚上，他在"直播客（视频分享）"网站实名注册，并在当晚 23 时 59 分把一张图片与一篇文字稿发至网络。起初波澜不惊，可后来随着转帖网站的增多，影响日益放大，"点击率达 2000 次，留言 150 多次"。

国庆长假期间，这个实名发帖者不断被要求追加照片。他把图片缩小，并对照片上一些面孔以及相关签名字迹进行处理，只把登记的"找人信息"与进出企业时间公布于世。

没过几天，令他意想不到的事情发生了。"直播客"在未通知他的情况下，自行删除帖子。戴骁军说，这家网站甚至以作者版权的名义要求转载网站删稿。网站向网友解释是来自"上面"的压力。

戴骁军回忆说，《霍州霍宝干河煤矿为瞒矿难狂发"封口费"》图文并茂地出现后，很多网友纷纷留言表达自己的看法。一个自称是某网站的女工作人员从北京来电与他沟通后，建议上传更多的资料，俨然十分支持。听从这名女士的安排后，戴骁军的博客文章与图片被网站放到了首页的曝光台，并与"直播山西"的作品《霍州霍宝干河煤矿，再为矿难瞒报当"楷模"》一起直播。不久，一位自称是某网总监的男士用手机联系，核实材料后称受到上面的压力，甚至网站有被停的风险。

此后，转载这些作品的网站，打不开网页的越来越多，戴骁军意识到，作品被删除或屏蔽必有隐情。他不断地在网络上发言："在矿难发生后，是抵挡不住利诱，违背良心去排队领取'封口费'，还是继续深入调查取证，冒着生命危险将真相大白于天下？"

答案当然是肯定的。每天下班一回家，他与"直播山西"就分工合作，分头在家中电脑前，不断注册新网名，在凤凰网、人民网、民生新闻网、网易新闻论坛、搜狐社区、西祠胡同等地传播信息。

传统媒体介入

2008 年 10 月 27 日，《中国青年报》独家首发了山西霍宝干河煤矿矿难记者领"封口费"事件第一篇报道。

10 月 27 日，《中国青年报》特别报道版整版刊登了记者张国、李剑平的实地调查报道《真假记者排队领"封口费"》。该报道客观真实，生动反映了山西霍宝干河煤矿矿工吉新红闷死事故发生后，矿方未向上级报告，反而对闻讯而来的各路"记者"发放封口费的情况。记者在对矿方采访不顺利的情况下，在一次会议上"堵"到了上级领导进行采访并得到证实。同一版刊登的《端着新闻饭碗的丐帮》客观生动地描述了"发矿难财的真假记者群像"。配发的《"封口费"事件曝光内幕》就这一事件是怎样被曝光、被一些网站不断删帖等内幕新闻进行了详细的披露。同时配发的《中央有关部门着手调查"封口费"事件》一文则告诉读者这一事件已经引起中央有关部门的关注。同时配发了三幅图片，有"记者"登记现场的图片，也有"记者"登记的表格，表明该版"用证据说话"。

10 月 29 日，《中国青年报》再次用大半版篇幅对这一事件进行了追踪报道，深入挖掘其背景信息。记者报道了新闻出版总署调查组负责人表示将严肃查处这一事件。主打新闻《让社会监督新闻界》则通过采访新闻业界人士对这一现象进行了深入分析、探讨，并提出了建设性的治理对策：借鉴体育界的"终身禁赛"。同一版配发了事件的进展：网友"直播山西"向本报独家披露他有视频证据。

11月3日，《中国青年报》进一步追踪报道了查处这一事件的进展：《收取"封口费"的媒体不只6家》《"直播山西"表示愿向调查组提供证据》，同时报道了公开身份的举报人戴骁军所遇到的压力、威胁。11月7日，又刊登了调查取得新进展："封口费"发放现场有真记者。11月27日，又刊登了记者对新闻出版总署有关负责人的专访：自觉维护新闻公信力，树立记者的良好形象。

11月27日，《中国青年报》用整版篇幅刊登了新闻出版总署通报的"封口费"事件处理结果，并配发表格。单独发表的《"封口费"事件追查还在继续》告诉读者查处工作尚未结束。该报还对"出事"煤矿和举报人进行了追访，配发的《"封口费"事件触动新闻教育界》追踪报道了这一事件在新闻教育界的影响，并配发评论《打铁还须自身硬》。

该系列报道共18篇，其中《真假记者排队领"封口费"》《端着新闻饭碗的丐帮》《新闻出版总署通报"封口费"事件处理结果》为代表作。该系列报道多侧面、多角度、比较全面深刻地揭示了"封口费"这一社会现象存在的原因、背景、危害及其警示意义，追踪报道了查处进展及结果，在社会上引起强烈反响，被多家媒体评为年度舆论监督作品。

此事10月27日经《中国青年报》曝光后，社会反响强烈，中央领导对此高度重视，要求严肃查处，以此为训整顿和规范新闻采访秩序，维护新闻公信力。新闻出版总署，山西省委、省政府及时派出工作组督查处理此案。11月26日，新闻出版总署通报了山西省霍宝干河煤矿的记者"封口费"事件处理结果。

通报中说："这是一起煤矿领导违反事故报告和信息公开制度、隐瞒事故真相，少数媒体记者、媒体从业人员违反新闻采访规则、丧失职业道德而造成的一起恶性事件。"

已查实的涉案新闻记者和媒体相关责任人已分别给予了处理：

——现代消费导报记者张军利收受1.4万元，报社主管单位山西省社科院免去张军利地市新闻部副主任职务并解聘,接受执行总编辑郭志勇辞职请求,解聘与张军利共同收受费用的广告业务员樊海斌,退还1.4万元。山西省新闻出版行政部门对报社处以警告一次、罚款3万元、吊销张军利记者证的行政处罚。

——山西画报杂志社朔州记者站站长徐有收受1000元,杂志社主管单位山西出版集团免去徐有记者站站长职务并解除聘用关系,退还1000元,给予杂志社社长侯天祥警告。山西省新闻出版行政部门对杂志社处以警告一次、撤销朔州记者站、吊销徐有记者证的行政处罚。

——山西科技报副总编张士凯收受1万元,报社主管单位山西科协免去张士凯副总编职务,退还1万元,对总编辑景茂盛行政记过处分。山西省新闻出版行政部门对报社处以停业整顿1个月、罚款3万元、吊销张士凯记者证的行政处罚。

——科学导报记者牛建黎收受1万元,报社主管单位山西科协给予科学导报总编辑石宝新行政记过处分,免去广告部主任陈玉爱职务,解聘广告业务员牛建雄,退还1万元宣传费。山西省新闻出版行政部门对该报社处以警告一次、罚款3万元、吊销牛建黎记者证的行政处罚。

——中国教育电视台《安全现场》栏目制片郭如松、制片主任段民峰以销售光盘形式收受1.92万元。中国教育电视台停播《安全现场》栏目;国家安全生产监督管理总局责令栏目制作单位北京巨头传媒文化发展有限公司对郭如松、段民峰作出处理,退还1.92万元费用。有关部门查处《安全现场》栏目非法销售光盘案。

——山西广播电视总台公共频道《经济与法》栏目合作人员许朝霞等4人以山西广播电视总台公共频道记者名义收取矿方5万元。山西省广播电视局对山西广播电视总台公共频道总监郝刚给予行政免职和党内严重警告处分,对负有监管责任的台总编室主任郝卫平给予免职并调离总编室,撤销《经济与法》栏目,退还广告费5万元。有关部门已对栏目制作单位畅通达公司许朝霞等4人予以立案查处。

——绿色中国杂志社驻山西办事处工作人员王凌飞以收取干河煤矿会员费方式收受1万元。新闻出版行政部门对绿色中国杂志社作出罚款3万元和停业整顿 3 个月的行政处罚，责令该社停止违法行为，退还 1 万元违法所得，并对该社驻山西办事处主任巩文明、王凌飞、岛丽婷、王笑天及相关涉案人员作出相应处理；取缔该社驻山西办事处，责令该社主动注销其他此类办事处。

——山西法制报临汾发行站发行人员贾志庆以收取干河煤矿订报费方式收受 2000 元。报社主管单位山西日报报业集团责令山西法制报社社长关启写出书面检查，解除与贾志庆的聘用关系，免去山西法制报临汾发行站站长关顺才职务，退还霍宝干河煤矿 2000 元。山西省新闻出版行政部门对该报处以警告一次并罚款 3 万元的行政处罚。

——映像杂志广告业务员马慧明未经单位同意，擅自到干河煤矿收受 3000 元。映像杂志社对相关人员作出如下处理：杂志社主持工作的副主编张国田写出书面检查；免去负有领导责任的王云飞社长助理职务；解除与马慧明的聘用关系；退还霍宝干河煤矿宣传费 3000 元。山西省新闻出版行政部门对该杂志处以警告一次的行政处罚。

——中国财富杂志社山西办事处聘用人员薛俊亮收受矿方 1000 元现金。中国财富杂志社山西办事处已开除薛俊亮，退还 1000 元。新闻出版行政部门对杂志社警告一次，取缔中国财富山西办事处，责成主管单位追究相关责任人责任。

——政府法制杂志社通讯员薛光田收取矿方 500 元。《政府法制》的主管主办单位山西出版集团及杂志社对相关人员作出如下处理：责令杂志社社长李玉忠写出书面检查，给予分管副社长王洪秀警告处分，解除与薛光田的聘用关系，退还霍宝干河煤矿 500 元。山西省新闻出版行政部门对该杂志社处以警告一次的行政处罚。

——法制日报社山西记者站聘用人员李娟平与假记者刘小兵合伙以收矿方宣传资料费方式收受 3.95 万元。新闻出版行政部门对法制日报社警告一次，罚款 3 万元，撤销山西记者站，责成主管单位追究相关责任人责任。公安机关追捕李娟平，刘小兵另案查处。

——企业维权与监管（内部资料性出版物）聘用人员陶云收取矿方 1.8 万元所谓版面费。新闻出版行政部门已吊销《企业维权与监管》内部资料性出版物准印证，责令退还 1.8 万元版面费，责成主管单位追究有关责任人责任。

调查发现,有 28 名不法分子假冒电视台、报刊社、网站名义到山西霍宝干河煤矿有限公司敲诈勒索,涉案金额 15.16 万元。

"封口费"背后的利益链条

在山西新闻界,流传着两个广为人知的"封口费"传奇故事。一个"记者"下午 6 时进山,第二天早上八九点钟下山就带下来八九十万元。还有一个"记者"是打出租车进山,下山便开着一辆奥迪。

为什么矿主甘愿予取予求地付钱?据知情者透露,煤矿发放"封口费"是有巨大的利益诉求的。据 2005 年 12 月 1 日起施行的《山西省非法违法煤矿行政处罚规定》,非法违法煤矿企业发生死亡事故,除按照有关规定对死亡职工给予不低于每人 20 万元的赔偿外,每死亡 1 人由县级以上安全生产监督管理部门处以 100 万元的罚款。

也就是说,如果某矿一次性死亡 5 人,那么,煤矿需赔偿矿工家属 100 万元,且被国家罚款 500 万元。但是,如果私下通过与矿工家属协商赔付 100 万元,即使再花上几十甚至上百万元"封口费"瞒下此事,于矿主来说还是省了几百万元,最为重要的是煤矿不用停产整顿,还可以继续出煤,一天的利润不可估量。山西交口县某乡镇负责人说,他们那里"黑口子"是有"封口费"成本的,每吨煤 50 元。

在矿难发生之后,假记者又是如何蜂拥而来的呢?

发生安全事故,最早获悉线索与内情的是矿山周边农民或无业游民。山西某报新闻热线经常接到报料,"某矿出事故,你们来采访!能给我分多少钱?"因为单个农民或无业游民根本不被矿主放在眼里,"假记者"成为他们唯一可以用以制衡矿主的力量。

由此,在煤矿事故之后形成了一个黑色的利益链。线人提供信息给"假记者",后者得利之后分给前者多少钱,但钱不能白给,"假记者"又把此信息群发给其他同行,从中提成。这样,一传二,二传四,倍数效应立马放大。据知情者透露,"线人"的回扣在 10%—30%之间。

山西新闻界一名老记者说,在这里,煤老板送给记者两个称号:"端着新闻饭碗的丐帮"和"吃新闻饭的乞丐"。

巨大的利润空间让"黑口子"煤矿在产煤区屡炸不绝。这为假记者牟取不法利益提供了市场。

假记者群体由个别媒体最初的广告、发行、通联人员扩散到无业游民。"他们有的人一年不写稿,不拉广告,就要媒体一张工作证。"一位知情者告诉中国青年报记者,现在假记者都鸟枪换炮了,以前没有发稿平台,他们无非是向安监部门举报,与真记者出行,提供吃住行,"狐假虎威"或者网上发发帖子。现在,这个群体发展到自建网站,煤矿不给钱就往网上贴。与一些知名网络媒体关系深厚的假记者则拿着矿主的钱帮其删除与封锁论坛的负面报道,建立 QQ 群分享经验与战绩。

"假记者经常联系我们,希望去壮大声势,但不希望发稿。"山西某报记者告诉中国青年报记者,"大家心知肚明,我们不能捅穿这层'窗户纸',唯有洁身自好。"[1]

‖ 分析与评价

对这个案例,我们似乎可以从很多方面来解释。例如,我们可以谴责职业道德的滑坡、谴责有偿不闻、谴责新闻受贿等等。但从知情权的角度来观察它,就会发现,这是一个对知情权很大的伤害。

知情权是新闻活动的基础。社会每个公民都有知情权,但限于时间和精力的原因,无法自己践行知情权,只能把知情权集体让渡给新闻媒体。可以说,新闻媒体就是公众集体的耳目喉舌。新闻报道范围的扩大就是对知情权的保护加大,而新闻报道范围的缩小就是对知情权的伤害。因此,当媒体收了钱而保持缄默的时候,表面看是钱的问题,但从学理的角度来看,是对知情权的伤害。

---

1. 以上案例详情主要依据《中国青年报》的系列报道撰写而成。具体网址可见http://news.xinhuanet.com/zgjx/2009-04/24/content_11249465.htm,2014年9月2日访问。

新闻史上的另一个"深喉"

‖ 案例概况

"棱镜"事发

爱德华·斯诺登（Edward Snowden）生于 1983 年，曾是 CIA（美国中央情报局）技术分析员，后供职于国防项目承包商博思艾伦咨询公司（Booz Allen Hamilton）。2013 年 6 月，他将美国国家安全局关于"棱镜"（PRISM）监听项目的秘密文档披露给了《卫报》和《华盛顿邮报》。

按照设定的计划，2013 年 6 月 5 日，英国《卫报》先扔出了第一颗舆论炸弹：美国国家安全局有一项代号为"棱镜"的秘密项目，要求电信巨头威瑞森公司必须每天上交数百万用户的通话记录。6 月 6 日，美国《华盛顿邮报》

接着披露，过去 6 年间，美国国家安全局和联邦调查局通过进入微软、谷歌、苹果、雅虎等九大网络巨头的服务器，监控美国公民的电子邮件、聊天记录、视频及照片等秘密资料。美国舆论随之哗然。

美国政府所以会进行"棱镜"这项秘密项目，其背景是决策者日渐意识到，互联网在越来越多的国际事件上可以成为达到美国政治目的、塑造美国全球领导力的有效工具。2011 年，以“脸谱网”（facebook）和“推特”（twitter）为代表的新媒体，贯穿埃及危机从酝酿、爆发、升级到转折的全过程，成为事件发展的“催化剂”及反对派力量的“放大器”。同样，类似的事件在突尼斯和伊朗等国也都上演过。如今，以谷歌为首的美国 IT 巨头一方面标榜网络自由，反对其他国家的政府监管本国的互联网，另一方面又与美国政府负责监听的机构结盟，这无形之中就把自己献到祭坛上去了。《华盛顿邮报》获得的文件显示，美国总统的日常简报内容部分来源于此项目，该工具被称作获得此类信息的最全面方式。一份文件指出，国家安全局的报告越来越依赖“棱镜”项目。该项目是其原始材料的主要来源。

这项代号为“棱镜”的高度机密行动此前从未对外公开。报道刊出后外界哗然。保护公民隐私组织予以强烈谴责，表示不管奥巴马政府如何以反恐之名进行申辩，不管多少国会议员或政府部门支持监视民众，这些项目都侵犯了公民基本权利。这是一起美国有史以来最大的监控事件，其侵犯的人群之广、程度之深让人咋舌。

逃亡

报道刊出之后，斯诺登马上被美国政府通缉，他由此踏上了逃亡之路。报道刊出时，斯诺登人在香港。他在香港仍然与传媒保持着联系，2013 年 6 月 21 日，又通过《卫报》再次曝光英国“颞颥”秘密情报监视项目。

2013 年 6 月 23 日，备受压力的香港特区政府就斯诺登事件发表声明，证实斯诺登已离开香港。顿时，他的去向成为全球瞩目的焦点所在。最终他落脚在俄罗斯。2013 年 7 月 2 日，据俄罗斯“VESTI”电视台报道，俄罗斯外交部驻莫斯科谢列梅杰沃机场领事代表金•舍甫琴科透露，斯诺登已向俄罗斯递交政治避难申请。2013 年 8 月 1 日 7 时 30 分，斯诺登离开俄罗斯谢列梅捷沃机场前往莫斯科，并获得俄罗斯为期 1 年的临时避难许可。2014 年 8 月，俄罗斯律师称，爱德华•斯诺登再次获得俄罗斯的居留许可，期限为 3 年。

反响

斯诺登的行为让他不得不离开故土逃亡，也在全世界范围内赢得了人们的尊重和赞誉。

2013 年 12 月 11 日，美国《外交政策》杂志评选美国国安局承包商前雇员爱德华·斯诺登为 2013 年全球百名思想家榜首。

2014 年 1 月 2 日，《纽约时报》发表社论，认为爱德华·斯诺登扮演的是检举人角色，其揭发的信息具有重要价值，呼吁对他予以赦免或从宽处理。

2014 年 1 月 29 日，挪威前部长索赫捷尔推荐斯诺登为诺贝尔和平奖提名人。

2014 年 2 月 18 日，斯诺登当选英国格拉斯哥大学荣誉校长，任期 3 年。

2014 年 4 月 14 日，斯诺登揭露美国政府实施大规模监控的有关新闻报道，获得 2014 年度普利策新闻奖。美国《华盛顿邮报》和英国《卫报》根据"监控门"事件揭秘者斯诺登提供的大量机密文件所作的监控事件报道引发了各界的广泛关注，在美国社会引发了激烈讨论，并促使美国总统奥巴马作出限制政府监听权限的决定。普利策奖评选委员会称，有关"监控门"的报道促使各界针对政府和公众在个人隐私和国家安全方面的关系展开辩论，有关报道帮助公众了解政府监控的实施程度。

‖ 分析与评价

我们常常听说并倾服于新闻界的功业：某报又披露了什么爆炸性的新闻，某次报道导致某国政府倒台，诸如此类。闻者往往叹服于新闻界的巨大能量，称之为"第四种权力"。但细究新闻业的运行规则，我们却不难发现，"第四种权力"的存在不能简单归功于某个媒体、某位记者。在新闻业的巨大能量背后，起到关键作用的往往是消息来源。

比如说，水门事件。水门事件让美国换了一个总统，让两位年轻记者获得普利策奖，一夜之间暴得大名，无疑是新闻界足以彪炳史册的成绩，但如果没有那个来自内部的匿名消息的话，一切都不可能发生。1972年，美国《华盛顿邮报》记者鲍勃·伍德沃德和卡尔·伯恩斯依据秘密线人的消息，捅开"水门事件"的内幕，导致当时的美国总统尼克松下台。事后，这两名记者一直拒绝透露当时线人的身份，但是《华盛顿邮报》的总编辑西蒙斯引用了当时一部知名色情电影《深喉》的片名，作为告密者的化名。在美国200多年的历史上，"水门事件"成为最大的政治丑闻之一。作为在竞选时发生的最为严重的政治腐败行为，这导致民众对总统的看法和印象开始发生某些改变，总统权力也受到更多限制和约束。

而斯诺登无疑是另一个"深喉"。从提供消息的性质和质量来说，斯诺登绝对可以与后者媲美，而他也无疑比后者更有勇气。他不匿名，以真实的身份站在台前，接受逃亡的命运。

我们要感谢这些匿名和实名的消息来源，他们不仅成就了新闻业，还保障了我们每个人的知情权。

维基解密与政府信息公开

‖ 案例概况

网站创建

维基解密（WikiLeaks），是通过协助知情人让组织、企业、政府在阳光下运作的无国界、非盈利的互联网媒体，专门公开匿名来源和网络泄露的文件。其创建者、主编和总监是澳大利亚人朱利安·保罗·阿桑奇（Julian Paul Assange），他同时也是一个互联网积极分子。

网站域名 wikileaks.org 注册于 2006 年 10 月 4 日。2006 年 12 月，网站上线并公布了它的第一份文档。此后发展迅速，在成立一年之后，网站的文档数据库就存有 120 多万份数据了。

维基解密网站宣称他们的目标之一是"把重要新闻和信息带给公众……我们最重要的事情是与新闻故事并肩，发布来自信息源头的第一手资料，以使读者和史学家可以看到真相存在的证据 。"[1]组织的另一个目标是确定告密者和记者未被因为发送敏感或分类文档而审判入狱。

从它的两个目标来看，该网站力图对言论自由和知情权进行保护。这一点也是创办人阿桑奇在公开场合所反复强调的。在美国脱口秀节目《科尔伯特报告》（*The Colbert Report*）的一次访谈中，阿桑奇批评政府对言论自由的限制。他说："它（言论自由）虽不是最终的自由，然而言论自由能够监管

---

1. 引自维基百科词条"维基解密"，http://zh.wikipedia.org/wiki/WikiLeaks，2015年1月1日访问。

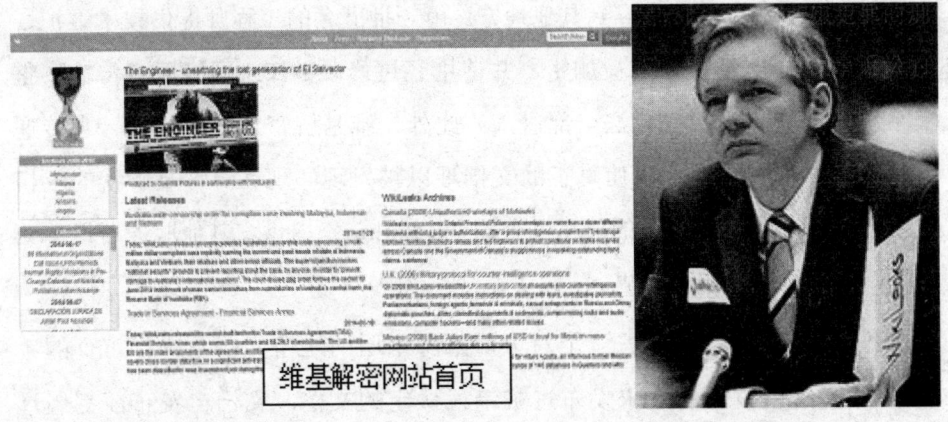

维基解密网站首页

政府和法律。这就是为什么在美国宪法中的权利法案说国会无权制定剥夺传媒自由的法律。它把言论自由权放到比法律更高的地方，这些权利优先于法律，因为事实上是这些权利创造了法律。每一部宪法、法律中的每一条都来自信息的流动。相似地，每一届政府的选出都是人们对世界的理解力所造成的结果。"[1]

网站运作

从运营上来说，维基解密是个很不一样的网站。它没有官方总部，整个团队由五个职员以及 800 个临时工作者组成——而且他们都不领薪水，是纯义务的。

维基解密的目的之一在于保护告密者。因此它运营中很重要的一环就是研究如何从技术上保证告密者不被追查。维基解密的网址可被多个服务器使用且不同的域名伴随着大量的拒绝式服务攻击，同时它的切断服务来自不同的域名解析系统提供者。直到 2010 年 8 月，维基解密网站托管在以坚持客户匿名著称的瑞典网络服务提供商 PRQ，这家公司可以承受法律压力和网络攻击。信息然后送到位于比利时的服务器上，再送到另一个法律上较友善的国家"，

---

1. 引自维基百科词条"维基解密"，http://zh.wikipedia.org/wiki/WikiLeaks，2015年1月1日访问。

然后这些文档被删除，转存到其他地方。由一批匿名的工程师提供技术维护，整个流程和提交的文档都被加密，并使用经过修改的 Tor 网络匿名传输，整个系统即使核心成员也无法全部进入。此外，维基解密还在系统中一直传递许多虚假的提交文档，以使真正的文档难以被发现。现在，维基解密的主机主要由建在一座核掩体中的班霍夫公司（Bahnhof）提供。其他服务器以瑞典服务器为中心分布于全世界。

维基解密形容自己为"一个对大量来源不明的泄密文档不进行审查的系统"。维基解密宣称它从未发布过被错误认定的文档。文档在发布前都经过评估。为了回应公众对于误导或欺诈性泄密的可能性的质疑，维基解密声明误导性泄密"已经被很完美地放在了主流媒体中。维基解密难以再对其进行补充。"

按阿桑奇在 2010 年的声明，被提交的文档由一个五人讨论组进行审核，五人有各自擅长并司职的领域，比如语言或者编程，如果泄密者的身份未被确认，讨论组还会调查泄密者的背景。在这个讨论组中，朱利安·保罗·阿桑奇拥有对文档评估的最终决定权。维基解密每天接到约 30 份用户匿名提交的文档，一般他们会先经过顾问和志愿者团队的可信度审核后，以原始的、未经编辑的形式把那些可信的材料贴出来，并附上评论。

争议

维基解密大量发布机密文件的做法使其饱受争议。支持者认为维基解密捍卫了民主和新闻自由。为此，维基解密获得数个奖项，包括 2008 年的《经济学人》杂志"新媒体奖"。维基解密在 2008 年发表了《肯尼亚：鲜血的哭泣——司法审判之外的杀戮和失踪》（*Kenya: The Cry of Blood – Extra Judicial Killings and Disappearances*）文档，这篇由肯尼亚国际人权协会所发表的关于肯尼亚警察滥杀的报道，在 2009 年 6 月获得了国际特赦组织所颁发的英国媒体奖（"新媒体"类）。2010 年 5 月，《纽约每日新闻报》将 WikiLeaks 列为"彻底改变新闻界的网站"中的第一名。

　　而反对者则认为大量机密文件的泄露威胁了相关国家的国家安全，并影响国际外交。维基解密成了美国政府的"眼中钉"。"维基解密"网站在美国的服务器提供商停止服务，创始人阿桑奇被国际刑警组织红色通缉令通缉。英国警方 2010 年 12 月 7 日以涉嫌强奸的罪名将"维基解密"网站创始人阿桑奇逮捕，后终释放。

‖ 分析与评价

　　知情权这个概念本身就是新闻界在与政府打交道的过程中出现的。正是因为在两次世界大战中各国政府纷纷扩大机密消息的范围，导致新闻界的报道范围缩小，新闻界才针锋相对地提出了"知情"的概念，要求缩小机密消息范围，从而保障公民"知"的权利。也就是说，知情权从历史上来说，本身就意味着对政府行为的约束。在知情权的发展中，它与政府的保密制度（或者说信息封锁）一直是此消彼长的关系。

　　而维基解密的出现，则无疑是新媒体时代知情权的进一步发展。经由各种技术环节的保障，任何知情人都可以不留痕迹地发布内幕消息。在曾经的年代，内幕消息的披露是十分危险的事情。在 1972 年报道水门事件时，记者伍德沃德想要约见"深喉"时，就把一个插着一面红色旗帜的花盆搬到他的公寓阳台上，作为信号。而"深喉"欲约见伍德沃德时，就给伍德沃德寄一份《纽约时报》，并在报纸上画一只钟作为暗号。两人的见面共有 7 次，为了安全起见，大多会面安排在凌晨 2 时，地点则选在地下车库。而有了维基解密之后，任何人只要坐在电脑面前，轻点鼠标上传，就可以公开一份文档，而无被跟踪被盯梢之虞。

　　从理论上说，我们是应该为维基解密而欢呼雀跃的，因为它的存在让政治生活更为透明公开，但在现实的法律层面，维基解密还是面临若干指责的，比如它披露的很多文档本身受到保密法保护，而且很多外交文档的公开对于具体国家的国家利益会产生较大影响。再加上维基解密本身是一个开销巨大的公益性的组织，所以它的创办人阿桑奇也曾表示，对它能否一直存在不甚确定。

但如果超越这些现实的政治经济纠葛，单从新闻伦理的角度来说，哪怕是维基解密的曾经存在，也是扩大知情权的一大砝码。知情权很大程度上与政府透明度相关。政府活动的透明度是减少腐败、建设更好的政府与强大民主国家的关键。各国政府皆可从保障人民的知情权、接受人民的监督中受益。历史上，信息曾是代价昂贵的，人的生命和人权曾因此受到践踏。但是，以维基解密为证，随着信息通信和互联网技术的快速发展，人民获得信息的途径变得更容易。面对如此形势，各国政府可能就不得不进一步增加政府行为的透明度，知情权则必得大张。

言论自由的边界

言论自由是被宪法保障的公民基本权利之一。《中华人民共和国宪法》第二章第三十五条明确规定：中华人民共和国公民有言论、出版、集会、结社、游行、示威的自由。但言论自由也并非一项绝对的权利，除此之外，还有国家安全、司法公正、名誉权等各项重要的社会基本价值和公民基本权利存在。因此，如何在实践中探索言论自由的边界也是新闻伦理的重大课题。

律师的言论边界

‖ 案例概况

2014 年 3 月 19 日,针对新媒体背景下"律师公开言论和案件信息使用"问题,北京市律师协会执业纪律与执业调处委员会发布了"第 9 号规范执业指引"。该指引填补了律师行业指导规范的一些空白,对于促进律师公开言论和案件信息使用的规范化和制度化,维护律师行业的整体形象,具有积极意义。但也有个别条文引发争议。例如,其中第八条规定:"在判决生效之前,律师和律师事务所不得利用包括微博、博客在内的各种方式公开案卷材料、辩护词、代理词,或者向无关人员泄露办案信息。"若干律师与法律学者认为,该条款与宪法和法律规定的审判公开原则及司法公开的大趋势明显不符。

北京市律师协会执业纪律与执业调处委员会

第 9 号规范执业指引

传播媒介因时代发展、科技进步而出现了多种新兴方式,律师表达观点和使用、传播案件信息的渠道更加多样化,也更加容易引起社会关注。律师作为专业人士,对有关案件的公开言论应当严谨审慎,对案件信息的公布和传播应当符合律师执业行为规范。

为了促进律师公开言论和案件信息使用的规范化和制度化,维护律师行业的整体形象,特制定本规范指引,请广大会员遵照执行。

一、本指引所称律师的公开言论，是指律师通过报纸、杂志、布告、影视、广播、网络等各类传媒手段向公众发表的，或在公开场合发表的，与执业有关或与司法有关的言论。

二、本指引所称公布案件信息，是指律师通过传媒手段公开案件资料，披露办案信息的行为。但在事务所内出于交流研究业务目的使用案件资料，或者向司法机关、行业协会披露有关信息的除外。

三、律师和律师事务所发表公开言论、公布案件信息不应造成或可能造成被合理地认为妨碍司法公正、干扰正常司法活动、损害律师行业形象、贬低同行等后果或影响。

四、律师和律师事务所不应对案件进行不实、有误导性的评论等不当宣传，不应以此类不当宣传来诋毁有关办案机关和工作人员或各方当事人的声誉。

五、律师和律师事务所在发表公开言论时，始终应当保持律师的专业形象和严谨的风格。在有关信息构成商业秘密或个人隐私，或为当事人所不愿透露的信息时，均应予以保密。

六、律师接受采访、出版作品、举办报告讲座、发表文章、公开评论事件或人物时，应当以事实为依据，以律师的专业态度，客观地发表意见，不得进行不实的或误导性的陈述或评论，不得以假设、影射、暗示等方式，提供不实或误导性信息。

七、公开审理的案件，律师和律师事务所公布案件信息应当征得当事人或证人的同意，本指引另有规定的除外。

八、在判决生效之前，律师和律师事务所不得利用包括微博、博客在内的各种方式公开案卷材料、辩护词、代理词，或者向无关人员泄露办案信息。

九、律师未经法庭、仲裁庭许可，不得对庭审活动进行录音、录像、摄影，或者通过发送邮件、博客、微博等方式实时传（直）播庭审情况。

十、在办理不公开审理的案件期间或之后，律师和律师事务所不得利用包括微博、博客在内的各种方式披露当事人个人信息、隐私或其他秘密信息，不得向无关人员披露案件资料,不得公开带有当事人可识别信息的辩护词、代理词;发表评论、接受采访时不得泄露案件实体部分的事实信息和当事人、证人的个人身份信息;非承办律师获知不公开审理案件的实体事实或当事人、证人个人信息的,不得加以披露或扩散。上述信息已经众所周知的,律师仍应审慎对待,不能进一步予以扩大披露。

十一、律师和律师事务所不得对所承办的法律业务各方当事人、参与人或相关人进行带有诋毁、贬损、侮辱、诽谤等人身攻击性的评论,不得进行恐吓、要挟。

十二、律师和律师事务所对法院生效判决的评论和公开言论,应当尊重司法权威,保持专业、理性、客观。

十三、律师和律师事务所不得采取发布公开信、恶意炒作案件信息等方式办理案件,不得从事法律禁止的活动影响案件正常办理,干扰正常司法活动。

十四、案件办理终结后,律师和律师事务所不得公开使用下列案件资料:

(一)涉及国家秘密、个人隐私的;

(二)涉及未成年人违法犯罪的;

(三)以调解方式结案的;

(四)其他不宜公开使用案件资料的。

十五、案件办理终结后,律师和律师事务所在公开使用除本指引第十四条所列案件之外的案件资料时,必须采取符号替代方式对下列当事人及诉讼参与人的姓名进行匿名处理:

(一)婚姻家庭、继承纠纷案件中的当事人及其法定代理人;

(二)刑事案件中被害人及其法定代理人、证人、鉴定人;

(三)被判处三年有期徒刑以下刑罚以及免予刑事处罚,且不属于累犯或者惯犯的被告人。

十六、案件办理终结后,律师和律师事务所在公开使用除本指引第十四条所列案件之外的案件资料时,应当删除下列信息:

（一）自然人的家庭住址、通讯方式、身份证号码、银行账号、健康状况等个人信息；

（二）未成年人的相关信息；

（三）法人以及其他组织的银行账号；

（四）商业秘密；

（五）其他不宜公开的内容。

十七、本指引所称律师包括承办律师和案外律师。

北京市律师协会执业纪律与执业调处委员会[1]

▌分析与评价

人人都拥有言论自由，但也确实有些职业的从业人员，言论自由是有边界的，比如医生。医生要保守病人的隐私和秘密，在某些方面，言论的尺度就会稍紧。一般而言，这些特殊职业对从业人员言论自由的限制多是以本行业的自律条规的形式来加以规定，并不靠法律的强制手段来保证执行。

那么，同为专业人士，律师这个职业是不是有言论自由的边界？如果有的话，这个职业的边界在哪里？北京市律师协会执业纪律与执业调处委员会的上述第9号执业规范指引就是一个对律师言论自由边界的探索。

它对律师公开的言论姿态进行了规定：要求律师和律师事务所在发表公开言论时，始终应当保持律师的专业形象和严谨的风格；要求律师和律师事务所不得对所承办的法律业务各方当事人、参与人或相关人进行带有诋毁、贬损、侮辱、诽谤等人身攻击性的评论，不得进行恐吓、要挟。

不止如此，它还对律师公开言论的内容进行了规定：要求在有关信息构

---

1. 本指引全文可见于北京律师协会官方网站，http://www.beijinglawyers.org.cn/cac/4120.htm。

成商业秘密或个人隐私，或为当事人所不愿透露的信息时，均应予以保密；要求在判决生效之前，律师和律师事务所不得利用包括微博、博客在内的各种方式公开案卷材料、辩护词、代理词，或者向无关人员泄露办案信息；要求律师未经法庭、仲裁庭许可，不得对庭审活动进行录音、录像、摄影，或者通过发送邮件、博客、微博等方式实时传（直）播庭审情况。

在上述对律师公开言论的内容进行限制的过程中，保护商业秘密和个人隐私这点没有任何争议，但在要求律师在判决生效之前不能公布办案信息这一条上，却引起了相当的争议。对这部分内容，制定者的初衷可能是想要避免舆论对司法公正的不良影响，但若干律师和法律学者从中国目前的司法审判环境等角度来对这一条禁令表示了不同看法，认为律师在判决生效前主动公开办案信息，让公众在网上围观案件的审理，能倒逼法官更加审慎，反而有助于推进司法的公平公正。

对这一部分内容的争议至今未能停息。但不论具体观点如何，制定方地方行业协会和律师法律学者，双方的目的都是为了要促进司法的公平公正。服从于这一最高利益，各方充分的表达和辩论反倒会成为真理"脱颖而出"的前提。如果能经由这一个执业指引和各方的争论辩驳，最终得出一个各方接受的律师言论自由边界的话，则不仅是法律界之福，也是新闻伦理的一大进展了。

网络言论的法律边界

▌ 案例概况

2013 年 9 月 9 日，"两高"联合召开新闻发布会，公布《最高人民法院、最高人民检察院关于办理利用信息网络实施诽谤等刑事案件适用法律若干问题的解释》。该司法解释将于 9 月 10 日起正式施行。

最高人民法院最高人民检察院

关于办理利用信息网络实施诽谤等刑事案件适用法律若干问题的解释

（2013 年 9 月 5 日最高人民法院审判委员会第 1589 次会议、2013 年 9 月 2 日最高人民检察院第 12 届检察委员会第 9 次会议通过）

法释〔2013〕21 号

为保护公民、法人和其他组织的合法权益，维护社会秩序，根据《中华人民共和国刑法》《全国人民代表大会常务委员会关于维护互联网安全的决定》等规定，对办理利用信息网络实施诽谤、寻衅滋事、敲诈勒索、非法经营等刑事案件适用法律的若干问题解释如下：

第一条　具有下列情形之一的，应当认定为刑法第二百四十六条第一款规定的"捏造事实诽谤他人"：

（一）捏造损害他人名誉的事实，在信息网络上散布，或者组织、指使人员在信息网络上散布的；

（二）将信息网络上涉及他人的原始信息内容篡改为损害他人名誉的事实，

在信息网络上散布，或者组织、指使人员在信息网络上散布的；

明知是捏造的损害他人名誉的事实，在信息网络上散布，情节恶劣的，以"捏造事实诽谤他人"论。

第二条　利用信息网络诽谤他人，具有下列情形之一的，应当认定为刑法第二百四十六条第一款规定的"情节严重"：

（一）同一诽谤信息实际被点击、浏览次数达到五千次以上，或者被转发次数达到五百次以上的；

（二）造成被害人或者其近亲属精神失常、自残、自杀等严重后果的；

（三）二年内曾因诽谤受过行政处罚，又诽谤他人的；

（四）其他情节严重的情形。

第三条　利用信息网络诽谤他人，具有下列情形之一的，应当认定为刑法第二百四十六条第二款规定的"严重危害社会秩序和国家利益"：

（一）引发群体性事件的；

（二）引发公共秩序混乱的；

（三）引发民族、宗教冲突的；

（四）诽谤多人，造成恶劣社会影响的；

（五）损害国家形象，严重危害国家利益的；

（六）造成恶劣国际影响的；

（七）其他严重危害社会秩序和国家利益的情形。

第四条　一年内多次实施利用信息网络诽谤他人行为未经处理，诽谤信息实际被点击、浏览、转发次数累计计算构成犯罪的，应当依法定罪处罚。

第五条　利用信息网络辱骂、恐吓他人，情节恶劣，破坏社会秩序的，依照刑法第二百九十三条第一款第（二）项的规定，以寻衅滋事罪定罪处罚。

编造虚假信息，或者明知是编造的虚假信息，在信息网络上散布，或者组织、指使人员在信息网络上散布，起哄闹事，造成公共秩序严重混乱的，依照刑法第二百九十三条第一款第（四）项的规定，以寻衅滋事罪定罪处罚。

第六条　以在信息网络上发布、删除等方式处理网络信息为由，威胁、要挟他人，索取公私财物，数额较大，或者多次实施上述行为的，依照刑法第二百七十四条的规定，以敲诈勒索罪定罪处罚。

第七条　违反国家规定，以营利为目的，通过信息网络有偿提供删除信息服务，或者明知是虚假信息，通过信息网络有偿提供发布信息等服务，扰乱市场秩序，具有下列情形之一的，属于非法经营行为"情节严重"，依照刑法第二百二十五条第（四）项的规定，以非法经营罪定罪处罚：

（一）个人非法经营数额在五万元以上，或者违法所得数额在二万元以上的；

（二）单位非法经营数额在十五万元以上，或者违法所得数额在五万元以上的。

实施前款规定的行为，数额达到前款规定的数额五倍以上的，应当认定为刑法第二百二十五条规定的"情节特别严重"。

第八条　明知他人利用信息网络实施诽谤、寻衅滋事、敲诈勒索、非法经营等犯罪，为其提供资金、场所、技术支持等帮助的，以共同犯罪论处。

第九条　利用信息网络实施诽谤、寻衅滋事、敲诈勒索、非法经营犯罪，同时又构成刑法第二百二十一条规定的损害商业信誉、商品声誉罪，第二百七十八条规定的煽动暴力抗拒法律实施罪，第二百九十一条之一规定的编造、故意传播虚假恐怖信息罪等犯罪的，依照处罚较重的规定定罪处罚。

第十条　本解释所称信息网络，包括以计算机、电视机、固定电话机、移动电话机等电子设备为终端的计算机互联网、广播电视网、固定通信网、移动通信网等信息网络，以及向公众开放的局域网络。

‖ 分析与评价

言论自由并非尽善尽美。从它诞生的第一天起，就有泥沙俱下的特质：合理的言论自由充分表达自身意见，对他人的权利和公共利益没有伤害；不合理的言论自由则恰恰相反，会给他人权利和公共利益带来损害，比如诽谤、辱骂、危害公共秩序，不一而足。

这些问题原本就与言论自由相生相伴。到了如今的自媒体时代，个人言论自由的广度和影响都进一步扩大，固然言论自由得到保障，但与之伴随的这些负面现象也可能被放大。"网络暴民""人肉搜索"等互联网上的不良现象多多少少都与自媒体时代言论自由的扩大有关。

言论自由原本的负效应是由来已久的，在我国的成文法体系中多半也都有体现和相对明确的规定。但互联网却是新兴事物，互联网上言论自由的滥用更是近年来才凸显的现象。我国作为大陆法系的国家，制定的成文法往往存在落后于现实实践的特点。在很长一段时间里，互联网上言论自由的问题层出不穷，但在法律体系中却没有对这一问题进行规定和约束。各地的司法机构在碰到类似的诉讼案件时，只能是各自为政，独自审判，多少存在尺度不一的情况。

所以，最高法最高检的这条司法解释可以说是正当其时。它澄清和规范了在司法实践中碰到的一些问题：不明知是虚假事实而在网络上发布转发的，不构成诽谤罪；诽谤信息被转发 500 次可认定为"情节严重"；在网上辱骂恐吓他人造成公共秩序严重混乱的属寻衅滋事罪；以发布或删除信息为由索取财物属敲诈勒索罪。通过这些具体规定，让审判的标准统一，更利于司法断案。

经济报道的言论边界

‖ 案例概况

在进行经济报道时，媒体总免不了要对人物和公司陟罚臧否。若是正面报道，那倒还好，负面的批评则往往潜伏着一场新闻官司的可能。那么，在批评公司的时候，言论边界在哪里呢？

南方周末记者陈中小路仔细梳理了几十桩相关刑事案件，得出结论：批评公司是否刑事入罪的一个关键是要看"批评"是否真实，构成犯罪最重要的共同特征是发布和散布的是虚假信息（有偿删帖和敲诈勒索两种情况除外，认定是否入罪时无须考虑信息真伪）；还有一个关键在于常识——说实话，不"收钱"。除了这些涉嫌犯罪的刑事案件，国内外涉及针对公司发布"虚假信息"的争议，更多是通过民事诉讼的方式，由法院来裁定是与非。

以下为陈中小路的报道原文：

"批评"公司的罪与罚[1]

"批评"一家公司，会带来牢狱之灾吗？

从过往刑事案件来看，一个关键是要看这"批评"是否真实——南方周末记者查询了过去十几年来媒体公开的进入公安或司法程序的部分案例，从中梳理出曾被使用过的罪名，发现构成这些犯罪最重要的共同特征是：发布和散布的是虚假信息（有偿删帖和敲诈勒索两种情况除外，认定是否入罪时无须考虑信息真伪）。

1.　http://www.infzm.com/content/95536

需要说明的一点是，除了这些涉嫌犯罪的刑事案件，国内外涉及针对公司发布"虚假信息"的争议，更多是通过民事诉讼的方式，由法院来裁定是与非。判决的处罚不会是牢狱之灾，但也许要付出巨额赔偿。

就国内此前的几十桩刑案来说，以下为曾在现实中出现过的罪名和判断罪与非罪的界限。

最常用的罪名："损害商业信誉、商品声誉罪"

这是过去十几年来与公司相关的侦查与诉讼中，最常被使用的罪名。

刑法第二百二十一条规定，"捏造并散布虚伪事实，损害他人的商业信誉、商品声誉，给他人造成重大损失或者有其他严重情节的，处二年以下有期徒刑或者拘役，并处或者单处罚金。"

其中，"虚伪事实"是指贬低、毁坏他人商业信誉、商品声誉的虚假情况，包括完全虚构的事实和部分虚构的事实。

最近，新快报记者陈永洲即是被长沙警方以涉嫌这一罪名，"跨省"刑拘。

这个罪名是在 1997 年刑法修订时，结合 1993 年出台的反不正当竞争法被纳入，归属刑法第三章"破坏社会主义市场经济秩序罪"下的第八节"扰乱市场秩序"的罪名范畴。

这个罪名要求"主观故意"，至于犯罪动机，是泄愤还是被人指使，都不影响定罪。但若是"无意"，则不入罪。

至于犯罪严重程度，根据最高人民检察院、公安部《关于经济犯罪案件追诉标准的规定》，此类行为入罪，需达到"给他人造成的直接经济损失数额在 50 万元以上的"或"虽未达到上述数额标准，但严重妨害他人正常生产经营活动或者导致停产、破产的，或造成恶劣影响"。

因此，在现实中，一些新闻媒体对公司的"负面"报道，网友、消费者或竞争对手针对公司的"中伤"，都是以此罪名涉案。

值得一提的是，涉及名誉侵权时，另一个往往被人们想到的罪名是诽谤罪。如果受害者是个人，则适用于诽谤罪；受害者是公司，则适用于损害商业信誉、商品声誉罪。

通常来说，最终被判"损害商业信誉、商品声誉罪"的案例，主要包含对手竞争、个人恩怨等几种情况，尤以第一种为多。最近被热议的两桩财经记者撰写上市公司负面报道并涉案经济观察报仇子明报道凯恩股份、新快报陈永洲报道中联重科的事例，背景都是与对手公司斗法。

梳理过往案例可见，最后真正被判刑的此类案件里，被认定为虚假的信息，多是假得不易产生争议的事情：比如有人向媒体投诉喝雪碧汞中毒，后被判刑一年；有人用点钞纸摆拍后在网上散布在中国银行柜员机上取到假钞的信息，被判拘役 5 个月，缓刑 10 个月。

在可见的最终获刑的过往案例中，南方周末记者并未查到有因为负面报道局部失实，或者网友质疑分析出错导致被判刑的情况。

意图"做空"公司而被指损害商业信誉的案件，是这类案例里的最新情况，目前公开可查到的只有一桩，即加拿大 EOS 对冲基金中国区经理黄昆案。

他就职的机构，曾发布针对中概股公司希尔威的调查报告，称该公司可能存在高达 13 亿元的会计欺诈。后来，黄被希尔威矿山所在地洛阳的警方逮捕。当地法院已于 2013 年 9 月对此案一审，尚未宣判。

这与中国资本市场此前没有做空机制，无法通过做空公司来牟利有关。随着资本市场制度不断完善，并不排除这种类型案例可能增加。

"推手"与"打手"公司的罪名

"非法经营罪"：

这一罪名原本主要适用的情况是，未经许可经营限制买卖的物品，但经过 2013 年 9 月"两高"发布的司法解释而有了新的内涵。

新的司法解释规定："违反国家规定，以盈利为目的，通过信息网络有偿提供删除信息服务，或者明知是虚假信息，通过信息网络有偿提供发布信息等服务，扰乱市场秩序"的行为，属"非法经营罪"范畴。

显然，近几年蜂拥而生的"网络公关""水军""网络删帖"类公司，由此被纳入了这个罪名适用范围。

这一罪名的立案起点是：个人非法经营数额在五万元以上，或者违法所得数额在二万元以上的；单位非法经营数额在十五万元以上，或者违法所得数额在五万元以上的。

但是，司法解释也有强调，入罪前提是"行为人明知所发布的信息是虚假信息"，否则就算收钱也不一定被认定为犯罪。不过，对于"有偿删帖"的规定则更为严厉，不需考虑其是否知道所删内容的真实性。

在此司法解释出台前后，网络红人"秦火火"、边民等刑事案件，都涉及这一罪名。

虚假广告罪：

这一罪名同属"扰乱市场秩序"犯罪，也和发布公司"虚假信息"有关。

广告主、广告经营者、广告发布者违反国家规定，利用广告对商品或者服务作虚假宣传，情节严重的，属于"虚假广告罪"，处二年以下有期徒刑或者拘役，并处或者单处罚金。

但在现实中，这个罪名多见于指控非法集资的犯罪嫌疑人。

破坏金融秩序的代价

在"破坏社会主义市场经济秩序罪"范畴内，还有几个属于"破坏金融管理秩序"的罪名，也涉及发布公司"虚假信息"的行为。

"编造并传播证券、期货交易虚假信息罪"：

"编造并且传播影响证券交易的虚假信息，扰乱证券交易市场，造成严重后果的，处五年以下有期徒刑或者拘役，并处或者单处1万—10万元罚金。"

但这个罪名在现实中并不常用到。最新的案例是，2013年9月网友"天地侠影"正是以涉嫌此种犯罪而被刑拘。

因此罪获刑的，是20世纪90年代中国股市知名的"苏三山"事件。这个故事现在看来极为幼稚：一位生活在北海的贸易公司业务员李定兴，借钱炒股，购买"苏三山"这只股票却遭股价下挫，为挽救亏损，他私刻了一个"北海正大置业"公司的印章，拟定了该公司收购"苏三山"股份的稿件传真给特区证券报，见报后带动苏三山股票上涨，他实现了"解套"的目的。后来，他被以"编造并传播证券、期货交易虚假信息罪"起诉，获刑两年半，以及罚金一万元。

另外一起案例则发生在两年前。原伊利董事长郑俊怀的助理张三林和原内蒙古商报社长李希晓等人，在网上发布一则署名张三林的实名举报信《内幕惨不忍睹：伊利被这样掏空》，内有大量外界难以验证的"内部数据"，一度导致伊利股份股价跌停，举报内容后被警方认定为捏造。伊利报案后，张三林出逃，李希晓等人被以这个罪名起诉，最高刑期者为一年半，并处以1万到3万元罚金。

还有一些这种性质的行为，只是由证监会立案稽查。

比如，2012年有"炒股亏损心怀不满"的股民，编造"中信证券巨亏29亿元"的帖子，在网上流传，后被证监会通报。一位传播了这个猜测性消息的财经网站员工曹某，也一同立案被查，不过证监会并未披露处罚结果。

还有一位名为蔡国澍的分析师，2007年上半年连续发布兴安证券借壳SST秋林上市、渤海证券借壳青海明胶上市以及东莞证券借壳辽源得亨上市的三则"失实"报告后，拉动公司股价连续涨停，蔡被证监会立案稽查罚款三万元，以及三年内不得进入市场。蔡所发布的内容，被证监会称为"捕风捉影、主观臆测"。

"诱骗投资者买卖证券、期货合约罪"：

"证券交易所、证券公司的从业人员，证券业协会或者证券管理部门的工作人员，故意提供虚假信息或者伪造、变造、销毁交易记录，诱骗投资者买卖证券，造成严重后果的，处五年以下有期徒刑或者拘役，并处或者单处1万—10万元罚金；情节特别恶劣的，处5—10年有期徒刑，并处2万—20万元罚金。

公开资料里，罕有这个罪名的案例记载。2013年浙江东阳批捕一位涉嫌引诱他人购买期货的犯罪嫌疑人时，最高检察院主管的正义网曾报道称，"这是浙江检察机关首次以此罪名批捕此类犯罪嫌疑人"。

上市公司罪与罚

在"妨害对公司、企业的管理秩序罪"一节里，专门有两个罪名涉及上市公司对自身信息的虚假发布。

欺诈发行股票、债券罪：

主要表现为公司在招股说明书、认股书、公司或企业债券募集办法中隐瞒重要事实或者编造重大虚假内容，发行股票或者公司、企业债券。"数额巨大、后果严重或者有其他严重情节的，处五年以下有期徒刑或者拘役，并处或者单处非法募集资金金额 1% 以上 5% 以下罚金。"

这两年发生的万福生科、绿大地等上市公司造假案里，都曾使用过这一罪名。

违规披露、不披露重要信息罪（也称提供虚假财会报告罪）：

指依法负有信息披露义务的公司、企业向股东和社会公众提供虚假的或者隐瞒重要事实的财务会计报告，或者对依法应当披露的其他重要信息不按照规定披露，严重损害股东或者其他人利益，或者有其他严重情节的，对其直接负责的主管人员和其他直接责任人员，处三年以下有期徒刑或者拘役，并处或者单处 2 万—20 万元罚金。

这个罪名曾出现在顾雏军、银广夏等上市公司案件的公诉中。

证券领域罪名的共同之处

在证券领域，对这类上市公司、证券行业从业者和媒体等各方发布"虚假信息"的行为，证券法里也详列了禁止条款。证监会及其下属机构，也有权对这些行为立案稽查，并予以处罚乃至移送司法。

由于这类违法行为的专业性，一直以来，证券领域涉及发布虚假信息的违法行为，很多都是由证监会或下属机构率先立案调查，后再移送司法。目前的金融改革中，外界也一直呼吁成立专门的金融法庭，处理有关案件。

要强调的是，以上所有这些罪名若要成立，不论动机如何、是否牟利、是否伴有其他违法行为，都必须有一个"故意"的前提，即明知虚假而编造。

中国青年政治学院教授林维称，这类罪名里，判定信息真伪的标准，主要是与事实是否相符，"但虚假信息和细节出入造成的信息不准确是两回事"。

敲诈勒索

在刑法第五章"侵犯财产罪"下，也有一项罪名常与发布公司"虚假信息"有关。

敲诈勒索罪：

这一罪名针对的是："敲诈勒索公私财物，数额较大的，处三年以下有期徒刑、拘役或者管制；数额巨大或者有其他严重情节的，处 3—10 年有期徒刑。"

在两高的司法解释中，还专门提到了"发帖型"敲诈和"删帖型"敲诈。

而罪与非罪的界限，一定要是主动威胁、要挟并索要财物。如果是对方找上门请求删帖，即使收取费用，也不认定为敲诈勒索罪。

需要说明的是，这个罪名并不与信息的真伪直接相关，犯罪嫌疑人即使以发布真实信息为威胁，也构成这一罪名。比如，近年来山西等地都曾出现过，煤矿发生事故后，"假记者"以发布"负面"报道为威胁，勒索"封口费"。

另一起案例，则是知名 IT 网站 DoNews 的创始人刘韧，曾被指控"敲诈勒索" 360 公司而获刑。警方称其与下属"编写负面文章诋毁 360 公司的杀毒软件，而后又以删除文章为名，向该软件所属公司索取 23 万元"。

‖ 分析与评价

《南方周末》的这篇文章对经济报道可能涉及的刑事罪名进行了统计和梳理，对于入罪的细节和关键都作了总结，对于判定经济报道的言论边界非常有参考意义，这是毋庸多言的。但笔者却想从其他的角度多说两句。

从功利的角度来说，这篇文章是非常有价值的：啊呀！梳理与批评公司有关的判例，看看批评公司可能会招惹些什么罪名，怎么可以避免诉讼，怎么可以不输新闻官司，这都是跟切身利益相关的问题呀！一定要好好学习！但仔细学习之后，却发现，结论都是些陈芝麻烂谷子的老生常谈，比如不能散布虚假信息，要说实话，再比如，不能收钱。就好像官场中人看到"怎么能不被双规？"眼睛一亮，却发现，答案赫然是：做个清官。

从最实际的问题中得出最老套、最具道德感的结论，这说明了什么？这提示我们，伦理道德所具备的价值。很多时候我们觉得，道德准则是老套的，是书生意气，是纸上谈兵，但它有时却是解决实际问题最安全、最简洁、最行之有效的方法。

在伦理学理论中，有相当一部分学者强调道德规则本身的功利性。他们不以为道德本身就是目的，认为道德的目的在于达到每个人的最大幸福。我们强调一些价值，鼓励一些行为，并不仅仅因为这些价值或行为有多么正义、美善，而是因为这些价值或行为是对个人或群体有利的。比如，我们说新闻报道要以事实为依据，不仅仅是因为这样是善的，还因为在历史上，通过种种实践已经证明，以事实为依据的新闻报道比不以事实为依据的新闻报道可以带来更多的效益：可以招惹更少的麻烦，更少的新闻官司，更少的纠纷；拥有更多的受众，更高的公信力，等等。所以在这种情况下，我们的职业道德规定，要以事实为依据。同样，在历史上，种种实践已经证明，记者和媒体不收钱可以带来更大的效益，所以我们的职业道德规定，不能收钱。

当然，功利主义只是伦理学各种流派中的一种，也并非每个人都服膺其观点。但他们论及道德的视角倒可以为"为什么要遵守职业道德？"这个问题提供一个更现实的回答。

编造恐怖信息可入罪

▌ 案例概况

2013 年 9 月 29 日，最高人民法院发布了《关于审理编造、故意传播虚假恐怖信息刑事案件适用法律若干问题的解释》，进一步明确了虚假恐怖信息的范围和量刑标准。

发布司法解释的背景

近年来，全国各地陆续发生了一些编造、故意传播虚假恐怖信息的犯罪活动。这些犯罪活动，有的以勒索钱财为目的，向商场、酒店等企事业单位散布爆炸威胁的虚假恐怖信息，有的出于无聊、好奇或者为了"出风头"，还有的则是基于发泄私愤、报复社会等动机，散布"发生地震""飞机上有炸弹"等虚假恐怖信息，引起不同程度的社会恐慌，严重影响了国家机关、企事业单位和人民群众正常的工作、生产、交通、生活等秩序，造成了极为严重的社会危害。据最高人民法院新闻发言人孙军工介绍，2013 年 5 月 15 日至 18 日短短 4 天时间里，全国就连续发生 6 起编造虚假爆炸信息威胁民航安全的事件，造成北京、上海、广州等地共 22 架次航班返航、备降或延迟起飞，给民航企业和广大乘客造成了重大损失。

对于虚假恐怖信息，我国《刑法》中其实有规定的。第 291 条之一规定，"编造爆炸威胁、生化威胁、放射威胁等恐怖信息，或者明知是编造的恐怖信息而故意传播，严重扰乱社会秩序的，处五年以下有期徒刑、拘役或者管制；造成严重后果的，处五年以上有期徒刑。"但在上述条文中，"严重扰乱社会秩序""造成严重后果"的认定标准没有作出具体规定。因此,司法机关对编造、故意传播虚假恐怖信息的违法犯罪行为在适用法律上理解也不尽一致,导致执法标准不统一,难以发挥刑罚应有的惩戒作用。

随着新媒体技术的发展,编造、发布、传播恐怖信息的门槛降低。恐怖信息带来的社会危害也更强。有鉴于《刑法》对相关行为规定不明确的客观情况,为了维持社会秩序,维护人民群众生命、财产安全,准确有力地打击此类违法犯罪活动,最高人民法院制定出台了这一司法解释。

制定出台司法解释,对恐怖信息的范围和量刑标准进行明确,是有现实需要的。一是依法打击编造、故意传播虚假恐怖信息犯罪的现实需要。通过制定具体的定罪、量刑标准,为依法打击此类犯罪行为提供了更加明确的司法依据,有利于统一司法标准,规范司法行为。二是保护公民、法人和其他组织合法权益,维护经济社会发展秩序的需要。在公共场所人员密集地区编造、故意传播虚假恐怖信息,极易引发恐慌情绪,造成踩踏事故等严重后果。相关单位或者公民个人为排除虚假恐怖信息引发的险情或者造成的实际危害,往往要投入大量人力物力,蒙受巨大的经济损失。三是维护信息网络健康发展的需要。随着信息技术的快速发展以及网络的普及,一些违法犯罪分子通过互联网、微博、微信、即时通信工具等手段编造、散布虚假恐怖信息,给广大信息受众造成极大的心理恐慌,危害十分严重。《解释》的出台,有助于规范网络秩序,营造健康、有序的网络环境。

编造、故意传播虚假恐怖信息罪的认定

《解释》首先界定了什么是"虚假恐怖信息":是指以发生爆炸威胁、生化威胁、放射威胁、劫持航空器威胁、重大灾情、重大疫情等严重威胁公共安全的事件为内容,可能引起社会恐慌或者公共安全危机的不真实信息。

在界定了虚假恐怖信息之后,《解释》着力对《刑法》条文进行了更为细致的规定。

首先,编造、故意传播虚假恐怖信息罪的认定标准究竟是什么?《解释》

规定了以下几种情况：1. 对于编造恐怖信息，传播或放任传播，严重扰乱社会秩序的行为，应认定为编造虚假恐怖信息罪。司法实践中，行为人编造虚假恐怖信息后往往会实施传播行为，有的行为人在编造虚假恐怖信息后，即使没有自行传播，也存在着放任他人传播的情形。因此，编造者无论是否自行实施传播行为，只要编造的虚假恐怖信息实际被传播散布，严重扰乱社会秩序，都应依法追究刑事责任。如果行为人编造虚假恐怖信息后，及时采取措施，有效防止了其编造的虚假恐怖信息被传播，没有扰乱社会秩序的，不作为犯罪处理。2. 对于明知是他人编造的恐怖信息而故意传播，严重扰乱社会秩序的行为，应认定为故意传播虚假恐怖信息罪。故意传播虚假恐怖信息，是导致虚假恐怖信息引发严重危害社会后果的关键。即使行为人本人没有编造恐怖信息，但明知是虚假恐怖信息而故意传播，严重扰乱社会秩序的，也应依法追究刑事责任。

如果是在网络上发微博、微信来捏造虚假的恐怖信息的，不论主观原因是无聊还是开玩笑，只要是捏造了虚假恐怖信息，不管是个人直接传播的，还是编造了虚假恐怖信息之后没有起到应当保密的作用，致使信息被传播的，都要承担法律责任。

根据刑法第 291 条之一的规定，编造、故意传播虚假恐怖信息，严重扰乱社会秩序的，才构成犯罪。但条文中有一个欠明确的地方就是，何为"严重扰乱社会秩序"？对此，《解释》第二条采取列举的方式，从六个方面明确界定了什么是"严重扰乱社会秩序"：1. 致使机场、车站、码头、商场、影剧院、运动场馆等人员密集场所秩序混乱，或者采取紧急疏散措施的。2. 影响航空器、列车、船舶等大型客运交通工具正常运行的。3. 致使学校、医院、厂矿企业、国家机关等单位的工作、生产、经营、教学、科研等活动中断的。4. 造成行政村或社区居民生活秩序严重混乱的。5. 致使公安、武警、消防、卫生检疫等职能部门采取紧急应对措施的。6. 其他严重扰乱社会秩序的。

如果行为人虽然实施了编造、故意传播虚假恐怖信息的行为，但是他的行为没有达到严重扰乱社会秩序的程度，就不能够以犯罪论处，只能依据《治安管理处罚法》的相关规定来处理。

此外，《解释》对于编造、故意传播虚假恐怖信息罪应当酌情从重处罚、加重处罚、数罪并罚的情况也都进行了规定。

编造恐怖信息的典型案例

案例 1：张琬奇编造虚假恐怖信息案

2007 年 3 月 23 日 19 时许，被告人张琬奇因和前男友宫某某之间有经济纠纷，到宫某某承包的北京大学第二体育馆歌舞厅欲收取当日的营业款。遭到拒绝后，张琬奇使用手机拨打"110"报警，谎称北京大学第二体育馆内有炸弹，造成公安机关出动多名警力赶赴现场进行排查，并疏散北京大学第二体育馆内群众 200 余人。

北京市海淀区人民法院一审判决、北京市第一中级人民法院二审裁定认为：被告人张琬奇无视国法，编造爆炸等恐怖信息，严重扰乱社会秩序，其行为已构成编造虚假恐怖信息罪。鉴于张琬奇系限制责任能力人，且认罪态度较好，可依法从轻处罚，判处被告人张琬奇有期徒刑二年。

案例 2：潘君编造虚假恐怖信息案

2010 年 11 月 30 日 13 时 30 分许，被告人潘君在广东省广州市海珠区赤沙南约街边，使用手机拨打"110"报警电话，编造在广州市公安局海珠区分局官洲派出所内装了炸弹，会在 15 分钟后爆炸的虚假恐怖信息，造成公安机关出动大量警力对官洲派出所及周围进行排查。

广东省广州市海珠区人民法院一审判决、广州市中级人民法院二审裁定认为：被告人潘君编造爆炸威胁的虚假恐怖信息，严重扰乱社会秩序，其行为已构成编造虚假恐怖信息罪，判处被告人潘君有期徒刑一年三个月。

案例 3：熊毅编造虚假恐怖信息案

2012 年 8 月 30 日 22 时许，被告人熊毅得知债主将搭乘航班向其索债，为阻止或迟滞债主到达，遂拨打深圳机场客服投诉电话，谎称当天从襄阳至深圳的深圳航空公司 ZH9706 航班上有爆炸物，将于飞机起飞后 45 分钟爆炸。深圳航空公司接到通报后，随即启动一级响应程序，协调空管部门指挥 ZH9706 航班紧急备降武汉天河机场。紧急备降期间，导致空中 9 个航班紧急避让，武汉天河机场地面待命航班全部停止起飞并启动了二级应急响应程序，调动消防、武警等多个部门 200 余人到现场应急处置，深圳航空公司为运送滞留在机场的乘客，临时增加 2 个航班，给深圳航空公司造成直接经济损失 17 万余元。

湖北省襄阳高新技术产业开发区人民法院审理认为，被告人熊毅故意编造虚假恐怖信息，严重扰乱了社会秩序，其行为已构成编造虚假恐怖信息罪，判处被告人熊毅有期徒刑四年。判决宣告后，被告人熊毅未上诉，判决已发生法律效力。

最高人民法院关于审理编造、故意传播虚假恐怖信息刑事案件

适用法律若干问题的解释 [1]

法释〔2013〕24 号

（2013 年 9 月 16 日最高人民法院审判委员会第 1591 次会议通过）

为依法惩治编造、故意传播虚假恐怖信息犯罪活动，维护社会秩序，维护人民群众生命、财产安全，根据刑法有关规定，现对审理此类案件具体适用法律的若干问题解释如下：

第一条 编造恐怖信息，传播或者放任传播，严重扰乱社会秩序的，依照刑法第二百九十一条之一的规定，应认定为编造虚假恐怖信息罪。

明知是他人编造的恐怖信息而故意传播，严重扰乱社会秩序的，依照刑法第二百九十一条之一的规定，应认定为故意传播虚假恐怖信息罪。

---

1. 该司法解释可见于中华人民共和国最高人民法院网站，网址为http://www.court.gov.cn/qwfb/ sfjs/201310/t20131008_188662.htm，2014年8月29日访问。

第二条　编造、故意传播虚假恐怖信息,具有下列情形之一的,应当认定为刑法第二百九十一条之一的"严重扰乱社会秩序":

(一)致使机场、车站、码头、商场、影剧院、运动场馆等人员密集场所秩序混乱,或者采取紧急疏散措施的;

(二)影响航空器、列车、船舶等大型客运交通工具正常运行的;

(三)致使国家机关、学校、医院、厂矿企业等单位的工作、生产、经营、教学、科研等活动中断的;

(四)造成行政村或者社区居民生活秩序严重混乱的;

(五)致使公安、武警、消防、卫生检疫等职能部门采取紧急应对措施的;

(六)其他严重扰乱社会秩序的。

第三条　编造、故意传播虚假恐怖信息,严重扰乱社会秩序,具有下列情形之一的,应当依照刑法第二百九十一条之一的规定,在五年以下有期徒刑范围内酌情从重处罚:

(一)致使航班备降或返航;或者致使列车、船舶等大型客运交通工具中断运行的;

(二)多次编造、故意传播虚假恐怖信息的;

(三)造成直接经济损失二十万元以上的;

(四)造成乡镇、街道区域范围居民生活秩序严重混乱的;

(五)具有其他酌情从重处罚情节的。

第四条　编造、故意传播虚假恐怖信息,严重扰乱社会秩序,具有下列情形之一的,应当认定为刑法第二百九十一条之一的"造成严重后果",处五年以上有期徒刑:

(一)造成三人以上轻伤或者一人以上重伤的;

(二)造成直接经济损失五十万元以上的;

(三)造成县级以上区域范围居民生活秩序严重混乱的;

（四）妨碍国家重大活动进行的；

（五）造成其他严重后果的。

第五条　编造、故意传播虚假恐怖信息，严重扰乱社会秩序，同时又构成其他犯罪的，择一重罪处罚。

第六条　本解释所称的"虚假恐怖信息"，是指以发生爆炸威胁、生化威胁、放射威胁、劫持航空器威胁、重大灾情、重大疫情等严重威胁公共安全的事件为内容，可能引起社会恐慌或者公共安全危机的不真实信息。

‖ 分析与评价

个人的言论自由是社会的基本价值，全社会的公共安全也是社会的基本价值。当两者相互冲突的时候，孰轻孰重？答案当然是毋庸置疑的：全社会的公共安全要高于个人的言论自由。

理论上的基本原则是显而易见的，但纷繁复杂的现实生活，尤其是在日新月异的网络自媒体生活中，如何能够在两者之间作出相对精准的判断？最高人民法院的这条司法解释可以说是一个较为具体的指引。

最高院的这条司法解释规定的是言论自由危害公共安全的一个方面，即虚假恐怖信息对公共安全的危害。

司法解释首先界定了什么是虚假恐怖信息，即"以发生爆炸威胁、生化威胁、放射威胁、劫持航空器威胁、重大灾情、重大疫情等严重威胁公共安全的事件为内容，可能引起社会恐慌或者公共安全危机的不真实信息"。

对于这些虚假恐怖信息而言，与个人的言论行为的关系又是如何呢？或者说，罪名的主观要件有哪些？司法解释明确规定，编造并传播或放任传播的行为属于编造虚假恐怖信息的行为；明知是他人编造的虚假恐怖信息还故意传播的属于传播虚假恐怖信息的行为。在不知情的情况下传播虚假恐怖信息的言论行为司法解释未作规定，可以理解为不入罪。

接着，司法解释确定了什么是危害公共安全。什么是危害公共安全？第二条规定了六款内容，前五款是相当具体的。在三个典型案例中，第一例的被告就是谎称公共场所有炸弹，触犯的就是第一款的内容，"致使运动场馆采取紧急疏散措施"；第二例的被告也是以有炸弹的虚假信息触犯第五款，"致使公安采取紧急应对措施"；第三例的被告散布虚假信息，触犯第二款规定的情形，"影响航空器正常运行"。

在危害公共安全的基础上，什么是从重处罚情节，第三条和第四条也规定了较为具体的八种情形，可操作性非常强。

法规精确。最高院的司法解释可以说是给个人的言论自由划了一条清晰的边界，让我们可以辨识出"公"与"私"之间的界限。

新闻采编的边界

有一种观点认为，新闻法制的核心内容有两项：依法保障言论出版自由、依法限制滥用言论出版自由。而新闻采编权限则是言论出版自由在新闻活动中的体现。有鉴于此，发现并确认新闻采编的边界就不仅是一个理论问题和伦理问题，更是一个现实的法律问题。

生命权高于新闻采访权

　　2013 年 9 月 13 日 19 点 27 分，知名歌手王菲发布微博"这一世，夫妻缘尽至此，我还好，你也保重"引发网友揣测，是否她结束了与李亚鹏八年的婚姻关系？不到一小时后，李亚鹏也发布微博，证实二人离婚。随后有媒体指出，两人是 12 日早七点半飞往乌鲁木齐办理离婚手续，王菲会在 13 日晚 11 点前后飞回北京。

　　因为这对夫妻知名人物的身份，这条消息迅速成为当天最引人关注的新闻，众多媒体纷纷聚焦于此，组织力量进行报道。当晚八时许，数百位媒体记者聚集首都机场 T1 航站楼，扛着"长枪短炮"守候在接机口，希望能够第一时间捕捉到王菲。然而，飞机降落后，将近 12 点时，王菲戴着口罩，独自一人从贵宾通道离开，与李亚鹏经纪人马葭一同乘车离开，数家媒体记者一路驾车跟踪拍摄。

　　南方娱乐周刊总编谢晓事后撰文称，当时的情况是："王菲离婚回京，被一百多家媒体围堵在机场，当时只有经验丰富的三队狗仔记者在贵宾通道外候着。本来抢着了报道先机，以为胜利在握，可王菲从贵宾通道出来时以一晃眼的速度从眼前经过，令狗仔记者都没反应过来，只拍到了车身照。在激烈的新闻竞争中，当时隶属于三家媒体的摄影记者眼见王菲从眼皮底下溜走，原本高昂的情绪受到了沉重打击，不愿空手而归的他们决定开车继续追赶！在王菲走进自己居所之前，一切都来得及改写。于是三队狗仔在机场辅路上与王菲的座驾展开了追逐，这种似乎只有在好莱坞电影中出现的镜头也让王

---

1. http://ent.ifeng.com/a/20140402/40011999_0.shtml

菲的朋友惊着了，于是他们决定停下车来让记者们拍照，这时记者们欢呼雀跃，拍到了那张隔着车窗王菲眼噙泪花的独家照片"。[1]

在记者追逐拍照的同时，其所属的媒体便已经开始对事件细节进行"现场直播"。所属媒体之一腾讯娱乐自称，记者的车将天后座驾逼停在桥下，并拍摄到独家图片。该媒体在独家新闻中如此报道："23：58 腾讯娱乐的车，一路紧紧跟随王菲乘坐的座驾，驶上机场高速，王菲乘坐的保姆车车速并没有太快，遇到红灯也正常停车，当腾讯娱乐的车开到和丰田车并排时，可以拍到一些车内的图片，虽然非常不清晰，但已经可以肯定王菲就在车内。""00：10 王菲乘坐的保姆车驶出机场高速，腾讯娱乐迅速将王菲的车截停在了桥下，王菲的车只得停在原地。记者下车拍摄到了王菲在车内的独家清晰图片，从图片可以看出，王菲眼眶发红、含泪，似乎有哭过。王菲并没有躲避记者的镜头，只是低头一动不动坐在车内。""00：12 在拍到王菲坐在车内清晰的图后，媒体主动让出道路'让王菲回家'，王菲的保姆车重新上路送王菲回家。"

而在另一家媒体的报道中，则如此还原整个"飙车大戏"过程："两辆车'嗖'地驶出 VIP 大门，一路飞驰到宽阔的机场高速上。千钧一发时刻，记者跳上车，几乎是冒着驾驶证被扣危险，一路跟紧王菲。几辆车的平均时速达 130 公里／

小时,在夜幕之下,颇有拍摄《生死时速》的意味……也许是慌不择路,也许是为了摆脱记者,王菲的司机竟然两度被记者逼停。由于当晚雷阵雨,道路湿滑,夜色朦胧,王菲座驾不慎走了一条泥泞小道,行驶艰难,记者立马下车一顿狂拍,'啪啪啪'……"[1]

记者逼停王菲座驾拍照的行为,立即引来网友一片谴责。有人质问:"媒体拍到了独家,却模糊了公私的边界,这样的采访合适吗?"当事媒体之一腾讯娱乐也于9月14日通过微博发表致歉信,就拍摄王菲回京的新闻采访过程中发生的"截停并过度拍摄行为"和审稿不严一事,向王菲本人和其他受此事件影响的人表示诚挚的歉意。

‖ 分析与评价

拍摄离婚后王菲回京的照片,虽然无关社会公共利益,但肯定属于公众的合理兴趣范畴,此时记者为了发稿需求而不惜侵犯明星生命权,即便拍到照片也遭到公众的唾弃。这就属于行使报道权过程中方式手段运用的尺度不当,导致三者的关系没有平衡好。所幸的是没有车祸发生,否则会让我们从此钉在新闻伦理的耻辱柱上,成为后来者永远的反面教材。在至高无上的生命权面前,空谈任何新闻自由都没有意义。这就是底线。[2]

媒体在实现公众知情权过程中,如果方式不当,没有把握好伦理底线,反而会失去知情权的正义。美国新闻摄影师协会前任会长威廉·桑得斯也曾提醒过:"你首先是人类的一分子而其次才是新闻记者。"

---

1. 以上直接引文见中国网相关报道《生死时速逼停王菲车 交管称相关媒体涉两项违法》,http://news.china.com.cn/2013-09/15/content_30032138.htm
2. 谢晓:《娱乐新闻的伦理底线》,见《南方传媒研究》第45期。

严禁以非法手段获取新闻

2011 年 7 月 10 日，传媒大亨默多克旗下最畅销的英国小报《世界新闻报》由于深陷一系列非法窃听私人电话信息的"窃听丑闻"而被迫停刊。此事经过多方的追踪、深究，一步步还原真相的面貌，成为新闻界近年来备受关注、引发热议的事件之一。

窃听皇室

世界新闻报的窃听历史由来已久，相关丑闻第一次曝光在媒体与公众面前是在 2005 年。2005 年，英国王室高级助手发现，他们手机中很多未收听过的语音邮件被莫名地保存在了收件箱里。同年 5 月，《世界新闻报》刊登了一则威廉王子膝盖受伤的消息，而王子受伤的事情几乎不为外人所知。这些可疑的现象引起了皇室工作人员的怀疑，他们随即向警方报案，要求警方展开秘密调查。

警方的行动一直没有什么进展，直到 2006 年 4 月，《太阳报》刊登了哈里王子流连脱衣舞夜总会的新闻，随后《世界新闻报》对此事进行了跟踪报道，甚至在新闻中引用了威廉王子嘲笑哈里王子的邮件。于是，警方盯上了该报的皇室新闻记者克里夫·古德曼，也由这个人牵扯出了私家侦探格伦·马凯尔。

2006 年 8 月 8 日，古德曼和马凯尔在各自家中被拘捕，分别判处 4 个月和 6 个月监禁。警方从马凯尔家中搜出了长达 11000 页的窃听记录，确认了他们曾 609 次窃听留在王室职员手机内的信息，其中一些来自威廉王子和哈里王子，同时也有王储查尔斯和夫人卡米拉的语音信箱窃听记录。当时，以半王室身份生活的凯特王妃被窃听了 155 次。[1]

古德曼向法庭承认，他与私家侦探格伦·马凯尔达成协议，并向后者透露了威廉王子的助理、秘书以及查尔斯王储新闻官的姓名。时任世界新闻报主编库尔森同意每周付给这名私家侦探 500 英镑，用于窃听威廉王子和哈里王子身边工作人员的电话。

根据世界新闻报母公司"新闻国际"被曝光的邮件显示，古德曼从当时的编辑安迪·库尔森那里申请了一笔 1000 英镑的资金，从皇室卫队官员格林·布克那儿购买了盗窃得来的电话通讯录。而库尔森则一口咬定这些事件只是古德曼的个人行为，自己对此毫不知情。

在古德曼和马凯尔入狱 4 个月后，安迪·库尔森引咎辞职，但他仍旧否认自己和窃听事件有任何关系。随后，库尔森被当时还是保守党领袖的卡梅伦聘用为其媒体主管，并且在卡梅伦担任首相后，成为其发言人。

深陷泥淖

世界新闻报窃听皇室的丑闻以逮捕古德曼、马凯尔以及库尔森的引咎辞职告终，虽然有明显的证据表明窃听行为也许并不仅仅是某些记者的个人行为，但警方并没有追究下去，这次的事件也没有引起公众对这份小报的强烈反感。

然而，这件事却引起了老牌严肃报纸卫报的极大兴趣。在之后很长一段时间内，卫报对世界新闻报的窃听行为进行了一系列的严肃报道：2009 年，卫报曝料称，不少明星和政界人士遭到了窃听；同年 7 月 21 日报道称，世界新闻报搞窃听，受害者可能多达 3000 人；2010 年，卫报继续报道称，一名

1.《〈世界新闻报〉窃听凯特王妃155次》，《京华时报》，2014年5月16日第25版。

叫马克思·克利福德的公关顾问从世界新闻报获得 100 万英镑"封口费"……但这些报道在英国国内并未引起广泛关注。于是，卫报主编艾伦·拉斯布里杰给美国纽约时报总编比尔·凯勒发了一封邮件，鼓励纽约时报也调查电话窃听丑闻。

于是，在 2010 年 9 月，纽约时报发表了长篇报道，其中提及前世界新闻报记者肖恩·霍尔透露称库尔森曾鼓励电话窃听。一位匿名的伦敦警察厅警探也在报道中宣称，由于伦敦警察厅内部一些人员与世界新闻报关系密切，警察厅有意地压制了对窃听事件的调查。卫报紧接着发布报道，报道中引用了前世界新闻报编辑保罗·麦克马伦的话，称库尔森对电话窃听内幕十分了解。

2010 年 12 月，伦敦警察厅宣布，在对霍尔和麦克马伦的询问中并未发现新的罪证，但有关电话窃听的民事诉讼案件显示事实并非如此。演员西耶娜·米勒的律师宣布，在世界新闻报首席记者伊恩·埃德蒙森的指示下，私家侦探格伦·马凯尔窃听了米勒及其前男友裘德·洛的语音邮件；英国前副首相约翰·普雷斯科特起诉世界新闻报曾经在 2006 年窃听自己的首席助理琼·哈姆梅尔的手机，以便获取他与女秘书婚外情的更多细节[1]……这些被窃听者大多来自演艺界、体育界和政界，案件牵涉到了世界新闻报的很多记者，这表明电话窃听行为显然并非该报某个记者的个人行为，但警方似乎并不想深究此事。

2010 年圣诞节前夕，迫于多方压力，新闻集团暂停了埃德蒙森的职务。2011 年 1 月 21 日，库尔森也辞去了卡梅伦首席新闻主管一职，但依然不改口风，坚称在担任世界新闻报主编期间，对电话窃听事件毫不知情。随着舆论压力的增加，1 月 26 日，伦敦警察厅对窃听事件正式展开了名为"威廷行动"的调查。

2011 年 4 月，女演员西耶娜·米勒被窃听一事尘埃落定，世界新闻报副总编辑伊恩·埃德蒙森担有不可推卸的责任，被警方逮捕。

---

1. 《起诉〈世界新闻报〉》，《现代快报》，2011年7月10日星期日第B5版：世界·焦点。

6月底，工党议员汤姆·沃森告诉下议院，世界新闻报曾经窃听了两名10岁女孩家人的电话，这两个女孩在2002年8月4日被绑架撕票。这个案件意味着世界新闻报的窃听对象也涉及普通的平民百姓。

导火索爆发

7月4日，掀起"窃听丑闻风暴"的导火索终于爆发！英国卫报头条报道称，世界新闻报在2002年非法窃听失踪少女米莉·道勒及其家人的电话，并擅自删除语音信箱中的信息，对警方判断、破案造成了干扰。消息一出，英国举国哗然。那个封存了多年的事件真相也随之浮出水面。

2002年3月21日，13岁女孩米莉·道勒从位于泰晤士河畔沃尔顿的学校回家，却没有回到家中。她的家人焦急地给她打电话，但是电话总是处于留言状态。家人也报了警，但案情一直毫无头绪。米莉就这样失踪了。

米莉的亲朋好友仍然不断给她的手机留言，哀求她尽快和家里联系。很快，米莉手机的留言就存满了，人们越来越绝望了。但是，没过多久，亲人们惊喜地发现米莉的语音信箱又可以留言了。这意味着米莉很可能还活着，她自己删除了一些信息。

4月14日，世界新闻报刊登了一则消息称："一个名为米莉·道勒的女孩在一家招聘中介找工作，她向中介提供的正是米莉的真实电话号码。随后，中介拨打了该号码并留下口讯。这发生在米莉失踪6天后。"正因这条消息，世界新闻报还获得了米莉家人的独家专访权。

因为上述种种迹象，米莉的家人对她能够平安归来始终满怀憧憬，而警察也没有把这件失踪案想得太过严重。在米莉失踪的第一个月里，警察都没有把这个案件和谋杀联系在一起。

然而，事情的结果却出乎人们的意料。米莉失踪6个月后，她的尸体在树林中被发现，警方通过调查证实她被一名夜总会守卫绑架并谋杀。

那么，之前米莉的手机为什么会自行删除语音留言呢？世界新闻报又为何能得知她的消息呢？

时隔近 10 年后，卫报揭露，这些谜团的始作俑者是世界新闻报！当年，在米莉失踪后很短的时间内，世界新闻报的记者就开始雇用私家侦探去挖掘所需的新闻线索。他们先是雇用了一名汉普郡的私家侦探斯蒂夫·怀特摩尔，找寻米莉的家庭住址。这名侦探先是从沃尔顿区选举登记处找到了 3 个名为道勒的有效地址，然后通过窃听固定电话排除了其中两家，从而确定了米莉的家庭住址和电话。随后，世界新闻报又雇用了另一名全职侦探格伦·马凯尔，他通过固定电话获得米莉的手机信息，并入侵了手机语音信箱。卫报报道称："世界新闻报记录了女孩父母恳求她回家的每一个字。"当米莉手机存满留言后，世界新闻报的记者为了获取更多新的讯息，私自删除了语音信箱中的一些信息，这也导致了米莉家人的空欢喜和警察办案的误判。

后经调查，格伦·马凯尔和世界新闻报有一份价值 104988 英镑、名为"研究和信息服务"的合同，他还从该报额外拿了 12300 英镑的现金。这名全职侦探帮着世界新闻报完成过多次"窃听"任务，几乎没有一次失手。

对于米莉·道勒及其家人的电话窃听彻底惹怒了英国民众。同时，有消息称，伦敦地铁爆炸案死难者家属，英军驻伊拉克、阿富汗阵亡士兵家属都在世界新闻报的窃听名单上。[1] 英国民众这才知道，世界新闻报的窃听魔爪不仅仅针对名人，也伸向了和他们一样的平民百姓。一时间，人人自危，窃听丑闻愈演愈烈，扩大成为英国举国上下关注的焦点，也吸引了全世界媒体的相继报道。

后续发展

2011 年 7 月 6 日，英国议会针对该报的窃听丑闻，召开紧急会议，首相卡梅伦将丑闻形容为"极其恐怖"的无情行为，并承诺展开独立调查。

7 月 7 日，默多克之子、《世界新闻报》的拥有者、"新闻集团"亚洲和欧

---

1. 徐菁菁：《谁在窃听英国人》，《三联生活周刊》，http://www.lifeweek.com.cn/2011/0729/34198.shtml。

洲区总裁詹姆斯·默多克宣布停办《世界新闻报》。

7月10日，《世界新闻报》出版了最后一期，用头版的"谢谢，再见"几个字，终结了168年的历史。据称这期发行量高达500万份。

7月12日，"新闻集团"旗下的另外两家报纸《星期日泰晤士报》和《太阳报》也卷入了窃听风波。《卫报》披露，这两份报纸的工作人员，曾入侵前首相布朗的法律文件，并6次假扮布朗用电话从银行骗取他的账户信息，非法盗窃布朗儿子的医疗记录。当时《太阳报》的编辑曾直接致电布朗，称他们已经获悉其子患有囊肿性纤维化疾病，并打算公之于众。布朗对此极其愤怒，甚至当众落泪。[1]同日，默多克飞往伦敦救急，但仍然无法平息人们心中的怒火。

7月13日，迫于多方压力，默多克不得不宣布，"新闻集团"放弃收购英国天空广播公司，扩张的计划遭到重挫。

7月15日，默多克新闻集团在英国的最高级别经理、新闻国际首席执行官、《世界新闻报》前主编丽贝卡·布鲁克斯辞职。几小时后，新闻集团旗下道·琼斯公司首席执行官莱斯·辛顿（曾任新闻国际总裁）辞职。同日，美国联邦调查局（FBI）一名官员透露，FBI已开始着手调查新闻集团旗下报刊记者窃听"9·11"事件受害人电话的报道。

7月16日，默多克在当天英国的7大主流媒体（包括竞争对手旗下的报纸）

---

1. 默多克《世界新闻报》停刊全程披露，来源：《新京报》http://news.xinhuanet.com/newmedia/2011-07/17/c_13990153.htm。

上刊登了道歉信，标题是"对不起"。同日，默多克亲自前往窃听受害人米莉·道勒家中道歉。

7月17日，布鲁克斯被伦敦警方逮捕，至此与"窃听门"有牵连而被捕的人增至10人。同日晚间，伦敦警察局长斯蒂芬森因卷入窃听丑闻宣布辞职。

7月18日，曾揭发窃听丑闻的世界新闻报前记者肖恩·霍尔被发现死于家中。同日，英国伦敦警察局助理局长耶茨也辞去职务。当天，新闻集团董事会成员表态，支持首席执行官鲁珀特·默多克及其管理层，无意"换人"。

7月19日，默多克和儿子詹姆斯以及刚获保释的布鲁克斯到英国议会接受有关窃听丑闻的问讯。默多克接受议会质询，但拒绝为窃听门负责；其子詹姆斯负责道歉，表明"这些行动不符合我们所追求的准则"，他们为此感到十分愧疚，并"决心纠正错误"。

7月20日，英国首相卡梅伦提前结束非洲访问，出席议会紧急会议，表示将扩大对窃听丑闻的调查，进一步审查警方、媒体以及政客的行为，就自己曾经雇用世界新闻报前主编库尔森担任首相府媒体事务主管的做法及由此在公众中引起的骚动表示歉意。同日，默多克离开英国，返回纽约。

7月21日，英国伦敦警察局宣布将增加窃听丑闻调查人员人数，由45名警员增至60名。另外，警方表示除新闻集团旗下报纸外，其他纸质媒体也可能被纳入调查范围内。

2014年6月24日，伦敦老贝利英国中央刑事法庭就世界新闻报案件作出判决，称对该报前主编丽贝卡·布鲁克斯的指控无效，而曾在该报任职的安迪·库尔森则被认定密谋窃听电话，或将面临最高两年的监禁。[1]

世界新闻报的窃听丑闻还未彻底落幕，就目前的形势来看，这次事件给

---

1. 夏晓，张建华：《世界新闻报窃听丑闻案宣判 库尔森或面临最高两年监禁》，新华网，http://news.xinhuanet.com/world/2014-06/25/c_1111307865.htm。

默多克新闻集团带来了不可忽视的负面影响和惨痛代价。世界新闻报的停刊，意味着其估计不低于 5000 万美元的年广告收入泡汤，同时，原就职于世界新闻报的约 200 名员工的遣散费也将是不小的数目，还有被窃听的受害者约 1.9 亿美元的赔偿。此外，放弃收购天空股份带来的潜在损失也无法衡量。集团的股票市值缩水近 140 亿美元，4 只股票最高累计跌幅曾一度接近 20%，默多克家族也因持有集团股票损失数十亿美元。除了这些，对于默多克新闻集团来说最为严峻的应该还是企业信誉及公信力在这次丑闻中所遭受到的猛烈冲击吧。

‖ 分析与评价

最大限度地获取新闻，是新闻媒体对公众知情权的保障。但需要注意的是，尽管目的是好的，但如果达成目的的手段不当，也会造成伦理上的困境。就比如世界新闻报，存在 168 年之久的老牌报纸，单期发行量基本都在 200 万份以上，拥趸无数，但一朝窃听门事发，也不得不停刊，以谢天下。

目的和手段的冲突，是一个常见的伦理困境。面对这一类型的冲突该如何自处，从不同的伦理学观点来看，可能会得出不同的结论。

以康德为代表的义务论将伦理学等同于对责任的尊重，强调道德原则对所有有理性的生物都有无条件的效力，这是不允许任何例外的。照这种观点来看，不论任何情况之下，窃听本身就是不对的，不被允许的，遑论以窃听手段来获取新闻呢？

功利主义的观点则强调判断某行为是否有道德主要看其行为所引起的后果如何，当某行为能够为大多数人带来最大幸福便是道德。按照这一观点，窃听这种行为是否能被允许就没有一个斩钉截铁的回答，而是可以商榷的了。窃听这种行为固然是不道德的，但如果此窃听行为能够带来善的结果，其后果能够给大多数人带来最大幸福，那么，窃听新闻就是可以被允许的。

　　具体到世界新闻报来说，它用窃听手段获取新闻也不是一次两次了。在最终事发并引发停刊的对米莉·道勒的电话窃听之前，它已经频频对英国王室成员进行电话窃听，但英国警方和公众都没有追究到底。之所以会这样，可能就是在功利主义的权衡中，后果占了上风。在对王室的窃听中，一方是新闻媒体所代表的受众知情权，另一方则是作为公众人物，理应让渡部分隐私权的王室人员。两种权利相比较，可能前者就占了上风。

　　但在世界新闻报对米莉·道勒的电话窃听事件中，情形又不一样了。米莉·道勒只是个普通的 13 岁小女孩，不是什么公众人物，而且她失踪，警方正在对失踪的情形进行调查。此时，世界新闻报非法窃听失踪少女米莉·道勒及其家人的电话，并擅自删除语音信箱中的信息，对警方判断、破案造成了干扰，最终损害的是米莉·道勒的生命权。面对一个鲜活的生命，任何以知情或别的什么理由进行的辩白都是苍白无力的。所以，在此案中，即使是从功利主义的角度来权衡轻重，窃听所带来的后果也是极端惨痛的。

　　用非法手段获取新闻，结局可能就是世界新闻报这样。我们应引以为戒。

新闻敲诈即为职务犯罪

‖ 案例概况

中国特产报及其记者违法从事经营活动

2010 年 7 月以来，中国特产报社记者刘会丽、郭焕璋、杨飞三人多次到宁夏永宁县、灵武市，对地方存在的个别问题进行反复采访，并以报道当地占用基本农田、拖欠工程款相要挟，迫使当地党委宣传部和政府部门先后三次交纳专版宣传费，共 22 万元。

自 2010 年 5 月以来，该报记者王铭泽在陕西省咸阳市等地多次利用新闻采访活动牟取不正当利益，数额巨大。

2011 年年底至 2012 年 2 月，该社记者郭焕璋先后两次赴宁夏永宁县和灵武市采访当地有关问题，编造"恶意拖欠工程款、招投标有猫腻、推搡民工、收取高额保证金"等虚假信息，并向当地有关部门发去核稿函和批评稿，在协商未果的情况下，将内容严重失实的虚假报道发布到相关互联网站，造成不良影响。

2013 年 4 月，国家新闻出版广电总局责成该报主管单位对报社进行停业整顿。但中国特产报社在停业整顿期间仍未吸取教训，未认真组织从业人员进行整改，未严格管理新闻记者采访活动，致使新闻敲诈问题再次发生。

2013 年 8 月，该社记者王铭泽赴陕西省咸阳市彬县采访，并利用新闻采访活动谋取不正当利益，被当地公安机关刑事拘留，并经检察院批准逮捕。后查实，王铭泽长期在陕西基层搞新闻敲诈，先后获取 80 多万元违法所得。

经国家新闻出版广电总局查实，中国特产报社内部管理极其混乱，社领导班子主要由退休或者内退人员组成，主要负责人均来自同一家庭，未能履行对新闻采编活动和新闻记者的管理职责，对部分采编人员不发工资让其自谋生计，还要求这些人每人每年上缴 20 余万元费用，其中仅王铭泽一人就上缴 50 余万元。目前，国家新闻出版广电总局已吊销《中国特产报》报纸出版许可证；吊销涉案记者的新闻记者证，并列入不良从业记录；注销该报社其他人员的新闻记者证。

中国经济时报及其记者利用新闻采访报道活动牟取不正当利益

中国经济时报社记者郗永丰自 2010 年 10 月担任该报河南记者站副站长（主持工作）以来，借助记者站工作条件和记者身份，与该报记者李国鹏、原记者耿付安、事业发展中心主任乔国栋、河南记者站工作人员刘云涛等人，多次利用新闻采访报道活动谋取不正当利益。

2011 年春，郗永丰、刘云涛采访河南兰考县某企业涉嫌污染等问题。郗永丰收受了该企业 5000 元现金并与刘云涛各分得 2500 元。此后，郗永丰未对该企业进行公开报道。2011 年年底，郗永丰、刘云涛先后两次到河南省潢川县采访该县教育局涉嫌违规建楼和该县某镇干部涉嫌违规建房及打人事件，并由刘云涛撰写新闻稿件发给该县有关部门主要负责人。潢川县有关部门先后给了郗永丰 1.8 万元现金，郗永丰、刘云涛各分得 9000 元，未对潢川县涉嫌违规的问题进行公开报道。

2011 年夏，李国鹏采访河南省某房地产公司涉嫌违规问题。郗永丰受人请托，通过耿付安和乔国栋出面协调李国鹏停止"曝光"该企业。事后，郗永丰收受该企业现金 3 万元。自 2011 年至 2013 年，郗永丰两次受某银行委托，通过乔国栋出面分别游说李国鹏及某新闻单位记者停止曝光该银行负面消息。事后，郗永丰收受该银行 9 万元现金，其中他分得 2.5 万元。

2012 年春，郗永丰、刘云涛利用采访河南南阳移动公司之机，向该公司负责人发去该公司涉嫌话费虚高的批评稿件，迫使该公司支付 5.8 万元在《中国经济时报》刊发标题为《以人为本筑和谐 凝心聚力促发展——南阳移动精神文明建设巡礼》的报道。事后,郗永丰将钱占为己有。

据统计,2010 年 10 月以来,郗永丰伙同李国鹏、耿付安、乔国栋、刘云涛等人,多次利用新闻采访报道活动牟取不正当利益,共获得非法利益 24.6 万元,违法从事发行活动收取发行费 33.36 万元,利用新闻采访活动为该报社协调专题广告费、赞助费共 100 万元。

此外,经查明,中国经济时报社河南记者站违法从事报刊发行等经营活动。

经查,郗永丰原为河南省漯河市源汇区一名普通公职人员,由于渴望找到一条快速致富的捷径,千方百计混进了新闻行业,并利令智昏地走上了违法违纪之路。郗永丰在检查书中写道:"一个人如果品德操行不健康、不健全,无论取得什么样的名利地位,早晚都会跌得头破血流。"

针对中国经济时报社记者站及从业人员存在的违法问题,国家新闻出版广电总局已对中国经济时报社及郗永丰等相关人员作出行政处罚:给予中国经济时报社撤销河南记者站的行政处罚,吊销郗永丰、乔国栋、李国鹏的新闻记者证;根据《新闻采编人员不良从业行为记录登记办法》,决定将耿付安(新闻记者证已注销)、刘云涛(未持有新闻记者证)列入不良从业记录。

西部时报及其记者利用职务便利牟取非法利益

《西部时报》是中国西部研究与发展促进会主管的一份报纸,该报管理混乱,新闻出版广电行政部门多次接到该报涉嫌违法违规的举报,新闻出版广电总局查实该报存在严重违法违规问题。

2013 年 1 月以来,西部时报甘肃记者站站长马玉华、山西记者站站长田华伙同山西市场导播记者于健康利用新闻采访的职务便利,以曝光地方干部、企业涉嫌违法的问题相要挟,牟取非法利益,数额巨大。其中,马玉华敲诈勒索他人财物共计人民币 75 万元(其中 50 万元未遂);田华敲诈勒索他人财物共计人民币 55 万元(其中 50 万元未遂)。2013 年 12 月 23 日,马玉华被法院以敲诈勒索罪被判处有期徒刑 6 年 6 个月,并处罚金 10 万元;田华被法院以敲诈勒索罪被判处有期徒刑 4 年,并处罚金 5 万元。

西部时报记者王龙飞到新闻出版广电总局作调查笔录时反映,该报不仅不给新闻记者发放工资,还向新闻记者下达广告、发行等经营任务,并且提出如果完不成任务就吊销新闻记者证,换岗位或辞退。王龙飞称报社 2007 年给其下达了 24 万元任务,2008 年下达了 20 万元任务,2010 年向报社"城市周刊"下达 80 万元任务,2011 年要求每个持证记者完成 1 万元经营任务。

经新闻出版广电总局核查,西部时报未能严格审核采编人员资格,致使多名记者提交虚假材料骗领新闻记者证。2010 年,在该报提交的新闻记者证申领材料中,记者王龙飞、李静两人的《领取新闻记者证人员情况表》中的"基本信息"存在虚假,两人提交的学历证书系伪造。

目前,山西省新闻出版局已对西部时报驻山西记者站予以注销。新闻出版广电总局已责成该报主管单位对该报进行停业整顿,并将该案移送到中央纪委驻国家民委纪检组进一步追究报社相关责任人领导责任。

今日早报记者金侃群利用职务之便非法受贿

金侃群为浙报集团事业编制员工,参照属于副科级;2002 年以来,在浙报集团下属今日早报社从事采编工作,于 2009 年被任命为今日早报经济中心副主任,负责证券领域报道策划、采访及报纸证券版编辑出版工作。

《今日早报》证券版在工作日有 3 至 4 个版面,在周末有专刊 12 个版面,金侃群在工作日负责 1 至 2 个版面,在周末负责 2 至 3 个版面稿件的采编工作。另外,作为中心负责人,金侃群还负有证券版的管理职权,负责证券版稿件的审稿工作。金侃群的职权包括了对证券版中稿件的选稿用稿删稿权。

2007 年 1 月至 2013 年 5 月,金侃群在担任浙江今日早报经济中心副主任、主管早报证券版工作及兼任早报证券版部分版面采编工作期间,利用采编、审核稿件的职务之便,多次收受贿赂。

上海若涵公关策划公司、上海东方德盛广告公司、北京英沃博越公关策划公司、北京正商时空营销顾问公司、北京了望广告公司、北京普纳国际顾问公司、宣亚国际品牌管理（北京）公司等多家基金宣传代理公司为在《今日早报》证券版发布宣传稿件，赠送金侃群贿款共计 3322595 元。金侃群将公关公司写好的成品稿与新闻媒体的报道作对比后，直接转载相关报道，不存在劳务行为，且报社相关制度也不允许收取费用。公关公司根据刊发稿件的数量，周期性通过汇款的形式，支付到其个人招商银行账户内。2011 年底，为了逃避查处，他还使用了庄某、曹某办理的招商银行卡、民生银行卡各一张，用以收取发稿好处费。

2013 年 5 月，在都市快报朱卫被查处后，他到上海与若涵公司施某签署了一份虚假的劳务协议，将协议时间倒签至 2005 年；当日还在茶馆里收受了若涵公司送的 10 万元现金。

2013 年 12 月 19 日，金侃群被法院以受贿罪判处有期徒刑 12 年，并处没收财产人民币 10 万元，冻结、追缴其全部非法所得。国家新闻出版广电总局决定吊销金侃群的新闻记者证，并将其列入不良从业记录，终身禁止从事新闻采编工作。

都市快报记者朱卫利用职务之便非法受贿

2009 年 1 月至 2011 年 9 月，朱卫在担任都市快报证券部编辑主任期间，利用其负责证券部日常新闻采编及对证券版刊发稿件的审核、修改等职务便利，将宣亚国际品牌（北京）股份有限公司、北京普纳公关顾问有限公司、上海若涵公关咨询有限公司、上海东方德胜广告有限公司、北京正商时空营销顾问有限公司、北京宏润营销科技有限公司、北京了望广告有限责任公司、北京英沃博越公关策划有限公司等多家代理基金公司信息发布业务的单位提供的基金信息稿件，在《都市快报》证券版刊发。上述单位为感谢朱卫刊用稿件，分别以"稿费""劳务费"等名义共向朱卫支付好处费共计 1653500 元。[1]

---

1. 朱卫受贿罪二审刑事裁定书，见http://www.court.gov.cn/zgcpwsw/zj/zjshzszjrmfy/xs/201404/t20140402_690894.htm

2013 年 12 月 19 日，朱卫被法院以受贿罪判处有期徒刑 11 年，并处没收财产人民币 10 万元，追缴其全部非法所得。国家新闻出版广电总局决定吊销朱卫的新闻记者证，并将其列入不良从业记录，终身禁止从事新闻采编工作。

杭州日报记者杨剑利用职务之便非法受贿

杨剑于 2007 年 11 月进入杭州日报社，分配到专刊中心金融工作室，担任记者工作，主要负责采访写稿。从 2009 年初开始，杨剑兼任《杭州日报》财富版责任编辑，主要负责线上新闻的采编工作。杭州日报的责任编辑负责版面的编辑工作，统筹责任版面的所有稿件，管理好自己权限内的稿件，做好新闻策划，负责对所在版面的广告内容进行审核，引导美术编辑设计承担版面的版式等。财富版的责任编辑总共有两个，一个是杨剑，一个是朱某乙。杨剑负责的是基金，朱某乙负责的是银行保险。责任编辑的工作就是由他们两人协商分工负责的。杨剑担任责任编辑时，关于银行保险的稿件由朱某乙提供的，杨剑都会采纳；朱某乙担任责任编辑时，关于基金方面的稿件由杨剑提供的，朱某乙也会采纳。

利用这样的职务便利，杨剑在选稿、改稿、发稿和编排版面的过程中选择刊登上海若涵公关咨询有限公司、上海东方德盛广告有限公司、北京英沃博越公关策划有限公司、北京正商时空营销顾问有限公司、北京了望广告有限责任公司、宣亚国际品牌管理（北京）股份有限公司等多家代理基金公司信息发布业务的单位提供基金信息类推广稿件。上述公司则在稿件刊发后，按照发表稿件的篇目给予杨剑好处费。至案发时，杨剑共收受上述 6 家公司为感谢其在《杭州日报》上发表稿件所送的好处费共计人民币 306600 元。

2013 年 12 月 19 日，杨剑被法院以受贿罪判处有期徒刑 6 年零 6 个月，追缴其全部违法所得。国家新闻出版广电总局决定吊销杨剑的新闻记者证，并将其列入不良从业记录，终身禁止从事新闻采编工作。[1]

---

1. .杨剑受贿罪一审刑事判决书，http://www.cnnexis.com/case_4E7A6B304E54673D/

证券时报记者罗平华索要"封口费"敲诈勒索

罗平华为证券时报记者，陈某锚为证券时报财经公关。2013年5月20日左右，罗平华向陈某锚提出某公司正在准备上市，可以利用发布该公司负面消息的方式对其实施"媒体控制"，进而索要巨额财物。为了实现目的，被告人罗平华、陈某锚、陈某濠（陈某锚之弟）三人商量，由罗平华负责策划和文稿撰写，由陈某锚负责进度联络，由陈某濠负责同某公司交涉并提供收款账号。

2013年5月27日至5月28日，被告人陈某濠用罗平华提供的一个北京的电话号码，打电话给被害公司董事会秘书史某某，称掌握了该公司上市的负面材料，随后被告人陈某濠将罗平华撰写的一篇带有联合境内外知名媒体揭发该违规操作上市、虚报财务信息、偷税漏税等内容的电子邮件发给史某某，并以此向该公司索要人民币200万元。2013年5月30日，被害公司撤回了IPO材料，中止申请上市，随后亦中止了与被告人陈某濠的联系。2013年6月6日，陈某濠再次向被害公司发去由罗平华杜撰的包含该公司走私、欺骗上市等主要内容的电子邮件，威胁该公司向陈某濠与其妻子开办的深圳市某旗策划有限公司支付人民币100万元，事后再支付50万元，否则就将相关资料发布给各知名媒体。2013年6月17日，被告人陈某濠、罗平华、陈某锚被抓获归案。

深圳市龙岗区人民法院于2014年2月21日作出（2013）深龙法刑初字第2922号刑事判决：罗平华犯敲诈勒索罪，判处有期徒刑4年，并处罚金人民币4000元；陈某濠犯敲诈勒索罪，一审判处有期徒刑3年6个月，并处罚金人民币4000元；被告人陈某锚犯敲诈勒索罪，判处有期徒刑3年，缓刑4年，并处罚金人民币3000元。[1] 国家新闻出版广电总局决定吊销罗平华的新闻记者证，并将罗平华及相关涉案人员列入不良从业记录，终身禁止从事新闻采编工作。

---

1. 陈某濠敲诈勒索罪二审判决文书, http://www.cnnexis.com/case_4F4451794D546330/

坚决遏制新闻敲诈蔓延

2014 年 4 月 1 日，国家新闻出版广电总局新闻报刊司负责人通报了上述 8 起典型新闻敲诈案件的查办情况。同时指出，2014 年 4 月，总局将组织换发新版新闻记者证。各地在换证工作中，须严格审核所有人员的申报材料，结合换证工作，清退不合格人员。

据总局新闻报刊司负责人介绍，这些新闻敲诈案的主要特点有：

第一，利用基层害怕曝光的心理，假借舆论监督之名谋取非法利益。这是中国经济时报记者郗永丰、中国特产报记者王铭泽等人屡屡得手的重要原因，他们均是抓住基层企业在城镇化进程中存在的排污、违建、征地、拆迁等问题，借机进行敲诈勒索。

第二，真假勾结、相互利用、威逼利诱、团伙作案。上述案件，涉案人员多为真假勾结、相互利用、利益均沾。他们一般通过 5 个步骤就能敲诈成功。

第三，利益驱动、管理混乱，向记者站或记者摊派经营任务。如，中国特产报社管理混乱，机构私设乱设、人员私聘滥聘、证件私发乱发，报社主要负责人对该报持证记者大都不认识，版面由各专刊部主任自行负责，持证记者由专刊部自行招聘，自付成本，报社不仅不发工资让其自谋生计，还给这些人摊派经营任务，每人每年上缴 20 余万元。

第四，利用职务便利，通过公关公司，从事有偿新闻。今日早报、都市快报、杭州日报、证券时报涉案记者均是金融财经领域新闻采编人员，他们大多是抓住企业上市或其他融资、营销活动机会等，利用稿件审核、报道的职务便利，以曝光负面消息相要挟，实施敲诈勒索，或通过公关公司刊登有偿新闻稿件，收受不法利益。

对此，中宣部等 9 部门 3 月 27 日联合印发了《关于深入开展打击新闻敲诈和假新闻专项行动的通知》，要求坚决清除新闻队伍中的"害群之马"，切实维护新闻采编的正常秩序，推动新闻事业健康发展，以实际工作成效取信于民。总局下一步将采取更有力举措，遏制新闻敲诈势头蔓延。

首先，建立健全新闻敲诈案件"双移送"机制。及时将查办案件中发现的违法犯罪线索和问题，移送司法机关处理；及时将查办案件发现的违反党纪政纪的问题，移送纪检监察机关处理。

强化日常管理和制度执行力。一是严格主管主办制度。对于屡次出现新闻敲诈、有偿新闻等问题的新闻单位，要求主管主办单位追究新闻单位主要领导及相关责任人的责任。对于新闻单位与主管主办单位是挂靠关系，主管主办单位不履行管理职责导致新闻单位出版权流失、经营权失控的，除要依法追究新闻单位的责任外，还要依据有关管理规定调整主管主办单位，难以调整的要吊销其出版许可证。二是严格报刊年检制度。对存在严重违法问题的报刊不予通过核验，直至撤销出版许可证。

加大对违规记者站整治力度。在 2014 年的新闻单位记者站年检工作中，各地已将群众举报较多、社会反映强烈的记者站作为核验重点，严格审核；对年度核验中发现存在非法从事广告、发行等经营活动，擅自设立新闻网站，搞新闻敲诈、有偿新闻等严重违法违规问题的记者站，一律不予通过年度核验并注销登记。

时任新闻出版广电总局副局长邬书林说，媒体是党和人民的喉舌，党和政府通过媒体上情下达、下情上传，是社会健康发展的重要方面。但是现在新闻敲诈使舆论监督"污名化"，严重影响媒体正常的舆论监督，严重损害新闻队伍形象，侵蚀新闻媒体权威性和公信力，是新闻事业健康发展的一剂毒药，必须出重拳严厉打击，恢复媒体原本的社会功能。

‖ 分析与评价

从上述几个案例看来，曾经的有偿新闻、有偿不闻，现在的新闻敲诈，都不只是伦理问题，而是法律问题了。

在上述几个案例中，西部时报及其记者利用职务便利牟取非法利益、今日早报记者金侃群利用职务之便非法受贿、都市快报记者朱卫利用职务之便非法受贿、杭州日报记者杨剑利用职务之便非法受贿等都属于职务犯罪的范畴。

看到职务犯罪，可能有人会觉得惊诧，因为印象中这只是与国家公职人员有关，而很多记者也并非国家机关公职人员啊。这种看法，就把职务犯罪界定得过窄了。

职务犯罪指国家工作人员、企业工作人员或者其他工作人员利用职务上的便利，进行非法活动或者对工作严重不负责任，不履行或者不正确履行职责，破坏国家对职务的管理职能，依照刑法应当受到处罚的行为的总称。

我国刑事法律中规定，某一行为构成犯罪包括所必需的主观与客观要件的总和。这种主观要件与客观要件是法定的一般犯罪的基本要求。职务犯罪也不例外。具体来说，（1）职务犯罪主体：我国法律中规定一是国家机关工作人员，二是国有公司、企事业单位中的国家工作人员，三是人民团体中的工作人员，四是受国家机关、国有公司、企事业单位、人民团体的委托管理、经营国有财产的人员。（2）职务犯罪的主观要件：指行为人对其行为的危害后果，所持的一种心理与心理状态。（3）职务犯罪的客体要件：侵害的是国家对职务活动的管理职能。（4）职务犯罪的客观要件：我国法律规定一是利用职务之便；二是滥用职权；三是严重不负责任，不履行或不正确履行职务。[1]

从上述几个案例来看，犯案人员或为报社在编人员，或为报社的聘用人员，从犯罪主体上来说，属于企事业单位中的国家工作人员，或受企事业单位的委托管理、经营国有财产的人员；从犯罪的主观要件来说，都存在主观故意；从犯罪的客体要件来说，侵害了国家对新闻报道活动的管理职能；从客观要件来说，均存在利用职务之便、滥用职权、不履行或不正确履行职务的行为。所以，以职务犯罪来处理这几例新闻敲诈案件可以说是比较恰当的。

我国没有成文的《新闻法》，但也并不意味着新闻业的违规活动就无法可依。这几例新闻敲诈案件的主角被绳之以法就是一例。

---

1. 《职务犯罪的构成及其要件》，见法律快车网站，http://www.lawtime.cn/info/xingfa/zhiwufanzui/20120829137822.html，2014年10月2日访问。

采访不可结论先行

‖ 案例概况

达芬奇"密码"

　　2011 年 7 月 10 日中午 12 点 35 分,中央电视台新闻频道《每周质量报告》播出"达芬奇'密码'"。节目一开始,北京的唐女士自称花 280 多万元从达芬奇家居专卖店购买了 40 多件家具。但这些昂贵的家具一进家门,唐女士就发现存在质量问题:规格错误、质量低劣、气味刺鼻,随之对家具的意大利身份产生怀疑。

　　以此为由头,央视记者开始对达芬奇家居进行明察暗访,历时半年,终于在东莞长丰家具有限公司展厅里,发现有一张床与北京达芬奇专卖店里的卡布丽缇双人床几乎一模一样。"东莞长丰总经理"彭杰说,达芬奇销售的卡布丽缇家具"正是他们公司生产的",并出示了深圳达芬奇家居公司给长丰付

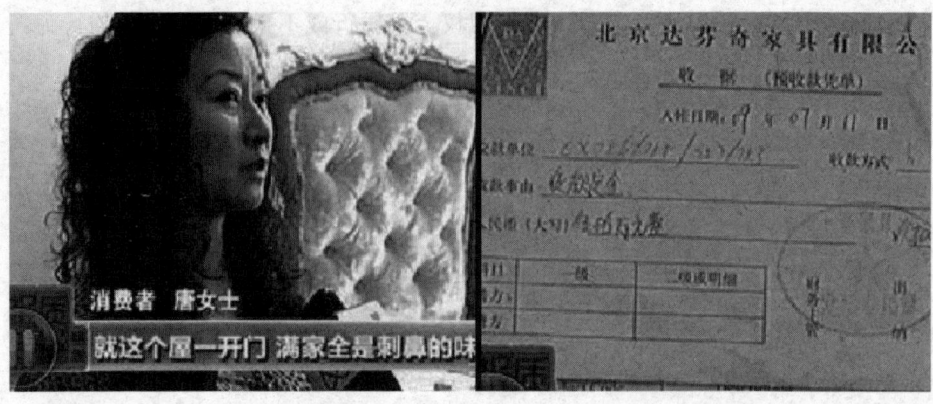

款的一张 9000 余元的电子回单。彭杰还介绍说，从 2006 年开始东莞长丰就为达芬奇生产家具，品牌分别有卡布丽缇、好莱坞、瑞瓦，现在和达芬奇的年交易额 5000 万元。

通过对"东莞长丰总经理彭杰"和"东莞长丰财务经理黄连聪"的采访，节目证实了达芬奇家居"洋家具国内造"的制假售假贩子。而后，记者进入了东莞长丰的生产车间进行采访，发现了"更多的造假手段和运作内幕"。

车间里面有"冒着刺鼻气味"的两桶原料，暗暗呼应了节目开头消费者唐女士对达芬奇家具的指控；车间里面使用的密度板和大芯板则证明达芬奇家居中所售意大利家具并非实木所制。彭杰还透露了具体的"运作内幕"：达芬奇将这些家具从深圳口岸出港运往意大利，再运回上海报关进港，这些家具就有了全套的进口手续，成为达芬奇家居所说的 100% 意大利原装"国际超级品牌"家具。

节目反响强烈。达芬奇家居中国总部所在地上海，近 70 名工商执法人员和媒体记者，甚至在节目播出两小时前即到达达芬奇四家门店；之后几天，深圳、广州、北京、成都、重庆等地的工商、质监、海关、税务等部门迅速行动，达芬奇家居在当地门店的部分家具和仓库被查封，东莞工商部门也开始对长丰公司展开检查。

人们对达芬奇家居的印象也迅速定格——"假冒伪劣"的代名词。当月，达芬奇全国 14 家门店的销售锐减八成以上。根据其提供的数据，2011 年 7 月—10 月的销售收入从上年同期的 1.9 亿元减至 2775 万元，同比降幅高达 85.5%，同期净利润也由 3178 万元逆转为亏损 8457 万元。另外，应上海市工商局的要求，达芬奇家居为消费者办理退货合计 1.2 亿元；已经箭在弦上的深圳中小板上市无限期推迟，商誉损失无法估量。

如果事情到此为止，这就是一个不良商贩被舆论监督的故事。但后续的发展却出人意料，变成了一个舆论监督者被舆论监督的故事。

达芬奇决意反击

从第一期"达芬奇'密码'"播出开始，达芬奇家居就对电视节目的报道提出了质疑。7 月 13 日，漩涡中的达芬奇家居召开新闻发布会，坚称占达芬奇销售额 80% 以上的意大利产品全系原装进口，否认央视报道中有关卡布丽缇、瑞瓦等意大利品牌在东莞生产的指责。公司董事长潘庄秀华只承认占其销售额 12% 左右的美国品牌家具属全球采购，有部分产地为印尼、菲律宾、越南、印度、中国等，在标识上仅注明"美国品牌、全球采购"，没有完整披露原产地信息，部分销售员在向消费者介绍情况时也存在混淆家具材质的问题。她解释东莞长丰是美国品牌好莱坞的代工厂，达芬奇家居 2002 年—2005 年曾因推出"明确告知中国制造"的自有品牌"富尔敦"，与当时尚在深圳的长丰家具有过供货合作，但后来达芬奇放弃了"富尔敦"，央视采访中出示的账目是东莞长丰为其制作的展览挂件，双方并无家具生产交易。之后的官方结论也支持了达芬奇家居一方的说法。

7 月 15 日，上海市工商局发布消息，初步认定达芬奇家居存在三方面问题：部分产品不合格；大部分家具产品标志不规范；广告宣传使用绝对用语。但通报未提及达芬奇存在节目中谈到的售假和产地造假问题。

7 月 16 日，上海海关审核显示，达芬奇申报进口商品的原产地与随附的运单、发票、启运地、装货港一致，海关方面因此认为，达芬奇的问题不是出在进出口方面，而是国内销售环节，"应充分尊重消费者的知情权，告知消费者准确、全面的信息"。

与此同时，中国家具协会理事长朱长岭在接受采访时表示，达芬奇不是生产厂家，而是销售代理商，"舆论的质疑其实存在一个常识问题"，很多国际品牌的产品产地都来源于世界不同的地方，产品从中国出口再进口，包括在保税区的"一日游"，都并不违法。

官方的初步调查与央视报道结论并不一致，不过舆论并未冷却。新华社发布海关调查结论的次日，7月17日，央视《每周质量报告》播出跟踪报道达芬奇'密码'2"，主持人援引说，达芬奇已涉嫌触犯法律，应当予以严惩，"按照《刑法》第140条生产、销售伪劣产品罪的规定，生产者、销售者在产品中掺杂、掺假，以假充真，以次充好或者以不合格产品冒充合格产品，销售金额200万元以上的，处15年有期徒刑或者无期徒刑，并处销售金额50%以上2倍以下罚金或者没收财产"。

2011年8月31日，沸沸扬扬的"达芬奇造假门"终于有了官方调查结论。上海市工商局宣布，经查实，达芬奇公司代理的所有意大利品牌家具，海关申报材料合乎要求; 赴广东等地的调查，未发现达芬奇在原产地上有伪造行为。

也就在此时，潘庄秀华看到了7段来自意大利的视频。达芬奇决定反击。之后，这一事件持续发酵，终于引发其他媒体的介入，还原出一个不一样的"达芬奇密码"。

意大利蹊跷

在之后的报道中，7段来自意大利的视频成为一个绕不过去的证据。这7段总长100多分钟的视频，拍摄的是中央电视台驻意大利记者朱锋到卡布丽缇采访的对话，以及他与国内每周质量报告同事通电话的过程。

"2011年4月19日，也就是意大利米兰家具展会结束的第二天，一位自称中国中央电视台记者的年轻人来到意大利坎图镇，要求采访卡布丽缇工厂的老板。"卡布丽缇家具总裁 Tino Cappelletti 后来对财新新世纪记者回忆说。

因为涉及中国业务，他邀请珍宝（Jumbo）总裁 Antonio Munafo 共同接待了这位记者。谈话中，记者称央视将会播出有关达芬奇家居售卖假冒卡布丽缇家具的报道。"我们当时很震惊，所以录了像。"Cappelletti 说。

央视记者给他们看了一些卡布丽缇家具照片，并说这些家具是中国国内仿造的。但 Cappelletti 辨认后指出，这家具是自己工厂生产的。"当时的情况有点尴尬。记者显然也有些震惊，开始用中文打电话，我们不知道他在讲什么。"

这位中国记者，就是后来在 2011 年 7 月 10 日"达芬奇'密码'"中出镜的央视意大利驻站记者朱锋。意大利人提供的视频显示：朱锋反复询问照片中的产品是不是意大利生产的，Cappelletti 称达芬奇家居"从来都是 100% 卖我的产品"，并表示可以和记者一起去中国，认证这些家具的真伪。朱锋对卡布丽缇床头雕花材质提出疑问，意大利人表示，照片中床的雕花是用一种特别的树脂制作，这些树脂是通过欧盟认证的。

意方提供的视频中，意外录下了朱锋现场与北京几次通电话的过程，都是在纠结于国内同事是否确定达芬奇在销售假冒卡布丽缇家具。朱锋多次提到一位"李老师"，称"李老师"之前很确定地告诉他达芬奇在卖假货，希望他能得到意大利人的确认。在听到卡布丽缇对达芬奇 100% 的支持后，朱锋又被同事告知，售假的可能是"其他厂家"。

从视频中可以看出，朱锋明显有些不满了：

> 朱锋：你们确信那个达芬奇卖的确实就是偷拍的这个工厂里面这些东西，你们能保证吗？你们能保证这件事情吗？你们都不敢保证，那你叫我查这个东西我怎么敢保证？而且如果是万一播出去的话，对咱们……

> 朱锋：我想问一下，你们这个到底要做一个什么样的结论出来呢……你们得把情况都告诉我，我现在一头雾水，一会说他卖假货，一会又和我说他不卖假货，我只是想知道现在是什么样的情况……那你必须告诉我一个问题，你们为什么之前一直跟我说，达芬奇在卖假的东西。我实在不明白你们要跟我表达怎么一个意

本台记者 朱锋

你们刚把情况都告诉我,我现在一头雾水,一会说他卖假货,一会又和我说他不卖假货,我只是想知道现在是什么样的情况

思?现在他们认为,我即使跟他们采访这个东西,然后你们拿回去,做出来说达芬奇卖假货这么一个结论……你们之前告诉我的是,他们说这个东西不是他们生产的就 OK 了,然后你们又跟我说怀疑达芬奇在卖假的东西,然后你们又跟我说怀疑达芬奇在这边买(假货),然后现在你们又和我说这么一个版本。他已经有戒心了,他说怀疑我们在搞破坏你知道吗?怀疑我们要把达芬奇弄倒……那你们接下来做下去是一个什么样的效应呢?就是说这个东西是真的,达芬奇卖的是真的,对不对?

三个月后,这次采访在"达芬奇'密码'"中出现的,是朱锋在工厂门口的几十秒钟出镜和简单的解释:"掌门人卡布丽缇先生告诉我,这些雕花是由一种特殊的树脂材料做成,并非实木雕刻。"至于意方坚称相信达芬奇家居的内容,则选择性地消失了。

被暗访的"总经理"彭杰

在"达芬奇'密码'"中,证明达芬奇家居造假的最有力的证人,就是令人印象深刻的"东莞长丰家具公司总经理"彭杰。在暗访偷拍的镜头中,彭杰是整个证据链条中最核心的一环。他确认达芬奇家具销售的卡布丽缇家具是他们生产的;他介绍从 2006 年开始东莞长丰就为达芬奇生产家具,品牌分

别有卡布丽缇、好莱坞、瑞瓦,现在和达芬奇的年交易额 5000 万元;他总结达芬奇"洋家具中国造"的具体操作流程。而且,在得出上述结论上,彭杰都是孤证。几乎可以说,没有彭杰提供的这一系列说法,就根本无法得出达芬奇造假的结论。

但他真的就是东莞长丰的总经理吗?他的话真的可信吗?具体的采访情形是怎么样的呢?这些问题在后来的报道中被一一还原。

2011 年 11 月 27 日,财新新世纪记者赶到深圳,在真正的东莞长丰总经理黄文聪陪同下,通过电话采访了至今没有露面的彭杰。

"他们前后一共来了两次,第一次是在 2011 年春节前,马上就要放假了。来之前他们先打了一个电话到厂里,当时已经是晚上 8 点多,我刚好有事来公司坐一下,顺手就接了起来……"

2011 年 1 月末的一个晚上,24 岁的彭杰接到一个咨询电话,对方自称手里有一个很大的工程项目,想订购达芬奇家居经销的那类欧式家具。"他问长丰是否有生产欧式家具,并且反复提到达芬奇,当时我回答他说,'我们有,可以来工厂看一下',然后对方马上就约了第二天在厂里见面。"

彭杰其实是一名跑单员。黄文聪介绍说,彭杰并不属于每月可以在长丰领取固定薪水的受聘员工。在东莞一带家具制造业集中的乡镇,像彭杰这样的跑单员往往是"自由身",可以灵活服务于任何一家有需求的企业,平时所赚取的就是 1%—3% 的项目提成。

"为取信于客户，跑单员往往会在名片上将职务印为某某家具厂的'业务经理'，但绝不会给自己加官三级。"黄文聪说。他和彭杰都表示，彭曾带央视暗访记者见过黄文聪，央视记者并非不知道谁才是东莞长丰真正的总经理。

关于每周质量报告如何找到的东莞长丰，"达芬奇'密码'"一片的编辑肖博在 2011 年 7 月 24 日北京电视台播出的演播室访谈"揭穿'达芬奇'的秘密"中曾回忆，他们怀疑达芬奇在国内加工厂生产假冒意大利家具，先是派两名暗访记者在达芬奇上海总库房蹲守了两个多星期，一无所获。北京栏目组这时得到一个线报，深圳一家叫金凤凰的家具公司曾为达芬奇做过代工。暗访记者赶到深圳，金凤凰的人称，2004、2005 年曾经给达芬奇生产过家具，2006 年之后停止了。线索又断了，记者将目标转向拥有 3000 多家家具厂的东莞，"大海捞针"，走访了上百家家具厂，最终筛查出有四五家企业生产与达芬奇门店里意大利家具相似度极高的产品，当时已是 2011 年 1 月 25 日。

据彭杰描述，如约而至的"大客户"，头有点秃顶，个子高高的，东北口音，自称"李总"。在"李总"的身边还有一位戴眼镜的男士，自称是"李总"的助手。

"针对企业的暗访，最方便的手段就是假扮成客户。越大的客户，只要扮得像，就越容易博得对方奉迎和配合，于是也越有机会套取公司运营机密。"肖博这样总结每周质量报告的暗访经验。

双方刚一见面，"李总"就主动向彭杰出示了一份用 A4 纸影印的文件，以及一两份户型图。

"文件的标题大概是关于河北某地老干部局别墅项目的通知，他把文件拿在手里，就给我看了下。"彭杰被告知这个项目有 20 套别墅，全部需要配家具。这确实是个大单子。

"他自我介绍说是项目的负责人，名片刚好派光了。我感觉他形象挺像老板的，而且还带了助手。"彭杰说，对"李总"的姓名、所在公司名称以及任职情况等个人信息，自己一无所知。

"他对我们展厅里的欧式家具表现出很强的兴趣，特别是在一张雕花大床前，他站得最久，还问了价格。"彭杰回忆说，"李总"提出的要求是，"一定要欧式、高端、上档次"。

"他说去北京达芬奇门店看过，就是想要他们卖场的那种家具，认为我们的家具正是他想要的，说我们做的跟达芬奇很像。"彭杰表示，自己当时并不知道那张雕花大床仿的就是卡布丽缇的款式，但他听说过长丰代工的一个美国品牌好莱坞，是要运到达芬奇门店进行销售。

参观完展厅后，"李总"以"先要向领导汇报"为由告辞，结束了第一次暗访。临行前他交代彭杰要对这个项目先保密，说这个别墅项目规模很大，需要提防别人抢单。

彭杰并不确信仅凭这次短暂接触，客户真会回来与自己签下这笔大单。但是"李总"心中却已认定——彭杰就是他们寻找多时的"猎物"。

"这个人年轻气盛，而且很有表现的欲望，很愿意去表达自己的能力……"肖博在北京电视台访谈节目中说，"对于暗访记者来说，愿意去表达的人，会成为一个更好的采访对象，因为他愿意把他好的一面都表达在你面前，去吸引你的关注。"而这恰恰就是肖博和"李总"眼中的彭杰。

2011年2月下旬，过完春节长假两周后，"李总"带着助理又出现在东莞清溪镇。

根据肖博的回忆，栏目组在准备会上制定了二度采访方案：对彭杰"一方面要接着捧，另一方面要吓唬他"。

为了"接着捧"，"李总"与彭杰展开了更进一步的项目商谈——他让彭杰按自己提供的户型图开始配方案。彭杰很快拿出一份报价111万元的单套别墅家具配备方案。以"李总"所说的20套别墅的规模，项目的总报价超过2200万元。

"我给家具厂跑单也有两三年了，以前做的单，总价连二三十万元都看不到。"超过2200万元的大单摆在眼前，彭杰既兴奋又忐忑。

2月23日，"李总"将一份"董事长"对家具配置方案提出的修改意见转至彭杰邮箱。主要内容是指示继续砍价，要对20套别墅提出差异化配置方案，"首长卧室应与其他房间的配置拉开档次"，同时提出项目"较为敏感"，应注意保密工作。此外，所有产品需要在7月1日之前交货，时间紧任务重，配置方案中应详细标明家具所使用的材质。

"领导"指示要砍价、要优化方案，这给了"李总"充分的理由增加与彭杰接触的机会；"保密"和"标明家具使用材质"，则为下一步展开产品材质调查"埋线"。之后三四天里，"李总"几次约彭杰在厂里谈生意，对项目推进表现出了充分的诚意。

"他说自己早上起不来，所以每天都是过了中午来厂里，每次都是坐一会就走。他解释说自己血糖高，不能长时间工作，每天多多少少还有一些进展。"彭杰强调说，"我给他做的方案，用的都是我们展厅里那些长丰自有品牌的古典欧式家具。"

因为"时间紧任务重"，"李总"提出要进入生产车间，考察一下工厂的生产能力。服务热情的彭杰于是就做起了导游，其中还特别讲解了这些古典欧式家具的制作工艺，包括雕花部分是用高分子树脂材料而非实木。

"看完生产车间，他说这还不足以证明我们能做出跟达芬奇家居品质相同的家具。"彭杰开始发现，眼前的这个大客户越来越让自己难以招架——从考察批量生产的能力，转到要求订购与意大利进口家具品质上一样的产品。

"他反复跟我提到达芬奇，因为当时已经谈到价格了，他说'你这东西有点贵，我没办法跟老板交代，要是达芬奇的家具，那还算合理'，然后问我们能不能生产……"24岁的跑单员彭杰一步步走上对方设定的轨道。

"我当时想，离拿下大订单只差一步之遥，李总不断拿达芬奇的意大利家具与我们生产的欧式家具作比较，我就干脆说就是我们帮达芬奇生产的。"彭杰说，"因为我们生产的产品（指为好莱坞代工的家具）确实有在达芬奇卖，我当时觉得这就是稍微夸了下口。"

据黄文聪说,在那之前,东莞长丰与卡布丽缇唯一的关联是他曾买过一个卡布丽缇的五斗柜,供仿造拆解。但他认为那不算侵犯知识产权,因为自己会作修改,他还为这些修改申请了专利。

但在"李总"追问下,彭杰点头认下达芬奇展厅的卡布丽缇家具是"我们帮达芬奇做的"。在"达芬奇'密码'"片中,记者先用旁白抛出疑问——"这位总经理的坦诚还是让我们产生了几分怀疑,难道达芬奇宣称的国际超级品牌的意大利卡布丽缇家具,真的是国内这家名不见经传的家具公司生产的?"

"李总"要求彭杰为自己的话拿出"真凭实据"。"我为了能做成这单生意,就带他去见了黄连聪。"彭杰说。

29岁的黄连聪,帮哥哥黄文聪打理海外客户的订单业务。因为是家族式小企业,黄连聪在厂里一直没有正式职务,在"达芬奇'密码'"中,他的身份被显示为"财务经理",他所在的办公室被显示为"财务室"。

央视播出的电视画面中,随后出现了电脑屏幕上的一张电子回单。这份由深圳达芬奇家居贸易有限公司通过民生银行账户向长丰支付货款的电子回单,显示的转账时间为2010年2月,距记者暗访已经过去一年,结算金额显示仅有9795元。

"我记得他们有两个人,在我这边聊了十几分钟。他的那个助理一直凑在我旁边,不断地问我'还有什么证据'……"在长丰,很多对外业务往来的单据都是黄连聪经手,就存在他本人使用的这台电脑里,"跑单员"彭杰则完全没有查看权限。

听说彭杰带来这么重要的客户,黄连聪当然不敢怠慢,叫了同事帮忙,最终查出这张回单。与之相应的一份"预付账款明细账"上显示,这笔业务是达芬奇家居委托长丰加工展会所需的布艺布板及挂件。

电子回单的画面一经显示,每周质量报告记者马上在片中表态称,因为有了这一证据,从而让自己"彻底打消了此前的怀疑"。

但彭杰和黄连聪回忆说,"李总"当时还是觉得"这数额看上去很小",用这张单子显示的金额和合作项目来证明实力实在有些牵强。彭杰和黄连聪又为"李总"找来一些印有达芬奇家居新加坡公司抬头以及地址的 PI（形式发票）报价单、订单、产品装箱单。

黄连聪称，"达芬奇'密码'"中显示的这些单据，所指向的客户是达芬奇代理的美国品牌好莱坞，长丰曾为好莱坞的几个产品系列做过代工。这些好莱坞家具最后被摆进达芬奇家居的展厅。

2011 年 11 月 28 日，财新新世纪记者在深圳见到了好莱坞公司在中国大陆的"采买"负责人陈锐湘。他进一步解释说，好莱坞因为是"进口家具、全球采购"的身份，在东莞的家具企业完成代工后，即使是在国内销售，也还是要"先出关，再进关"。

"所以我们的货从深圳出关，通常会运往达芬奇在新加坡或香港的公司。"陈锐湘告诉财新《新世纪》记者，发往两个港口的区别在于，前者是投放达芬奇在东南亚地区的门店，发至香港的货则供应中国市场，会由达芬奇负责转运至上海港，由那边的仓库转到国内门店。

为什么好莱坞与长丰之间的业务往来单据中，会显示有达芬奇新加坡公司的名称及地址？黄连聪解释说，在东莞，像长丰这样的家具厂，做外单生意时主流的报价方式是选用"离岸价格"。这意味着生产企业还要负责联络物流货柜、完成报关，直至产品装船出港才算完成一份订单业务。从流程上，长丰需要事先从好莱坞拿到收货地址——也就是达芬奇新加坡公司和香港公司的地址，用来完成出港相关表格的填写，"因此在公司内部使用的单据表格上，为操作方便而预先写上最终收货地址也不足为奇"。

看完这些证据之后，"李总"终于表示不再怀疑长丰的生产能力。

一行人回到会客室，"李总"又抛出一个问题："这 20 套别墅配下来要2000 多万元，在客户面前如果简单说这是国内生产的，恐怕不好交代，有没有什么办法可以提高一下这批家具的附加值？"

"李总"将话题顺势拎回至达芬奇家居，开始拉着彭杰分析，"如何才能在客户面前，让这批货可以像达芬奇的意大利家具那样，也能卖个好价钱"。

"他就问是否能通过出口转内销这种手段来增加附加值，他还叫他助手去注册一个运输公司这一类的事。"彭杰称，"李总"很明确地表示，提高附加值一事"不需要长丰负责"，只是想找自己讨论"如果想把家具转至意大利再转回国内，这事该怎么弄"。

"他坐在那里，不仅跟我，也跟他的助手在交流，我自然一直要附和他的观点，顺着他的思路说怎么做出口。"彭杰说。

"大买卖"眼看着很有戏了，可"李总"离开后再无音信，彭杰有些懊恼。他并不知道自己为拿到大单而说和做的一切已经被偷拍，更没想到，4个月后，这笔"大买卖"给他带来的是噩梦——节目播出当天，不知道等待自己是什么的彭杰选择了逃亡。

2011年7月21日，广东省工商局在其官网上发布《关于达芬奇事件的情况介绍》，称东莞市工商局对东莞长丰的办公及生产场所进行了全面检查，现场发现的发票及银行回单显示，当事人曾与上海达芬奇家居的深圳子公司有两批布板挂架的业务往来，销售金额分别为9795元及12921.4元。除此之外，并未发现长丰与达芬奇家居存在业务往来的合同、发票以及银行资金往来。

另据查证，东莞长丰与达芬奇家居的间接关系——2010年至2011年6月为好莱坞品牌代工过两个系列的家具，合计结算金额为47.2万元美元，合330万元人民币，距"达芬奇'密码'"中所称东莞长丰为达芬奇每年生产5000万元卡布丽缇、好莱坞、瑞瓦品牌家具差别巨大。

广东工商的调查，证明电视节目里的那个彭杰说了谎。财新新世纪记者问黄文聪是否记恨彭杰，黄文聪摇摇头说："他也是受害者，他已经很可怜了，精神崩溃了几个月，还吃过一次安眠药自杀。他只是个孩子。"

尾声

2012年2月10日，新闻出版总署调查通报称，央视的报道存在一些问题，包括个别采访对象的身份未经核实、结论不够严谨等问题，报道用达芬奇公司代理的好莱坞牌家具部分在中国境内生产的问题，来证明卡布丽缇牌家具原产地造假，得出卡布丽缇牌家具"根本就不是商家宣称的意大利制造的而是国内生产"的结论。

‖ 分析与评价

　　记者不是被动的看客，在纷繁复杂的新闻事实前有闻必录。相反，记者要有一定的主体性，在零碎的事实碎片、假象之间，以理性和常识，去伪存真，去粗取精。南京大学王辰瑶认为：新闻业是需要主体性的。但她也同时提到：新闻业的"主体性"是个危险的提法，因为对于习惯了以客观／主观，事实／价值的二分法来评价新闻报道的我们来说，提"主体性"好似就不要客观记录了，提"主体性"好似就一定别藏着什么用心 。[1] 诚然，在新闻工作流程中，如果没有记者本身的主体性，没有理性的搜集、甄别、判断，就不可能呈现真相。但在实践中，记者自身的主体性却是很容易"跑偏"的。

　　这个案例就是非常典型的一个。

　　在这个案例中，有非常明显的"主题先行"的痕迹。记者首先接到消费者投诉，然后以消费者的投诉为认识的起点，先入为主地产生了一个达芬奇"制假售假"的结论。在此结论之下，再多方去寻求证据，比如在东莞的暗访，对彭杰的诱惑和引导，比如在意大利的采访，对事实的裁剪和取舍。尤其是在意大利的采访以及采访所得事实在节目中的最终呈现，是一个非常明显地将记者的主观意见——即结论——凌驾于事实上的报道行为。这段意大利的采访在之后的进一步讨论中也成为舆论对记者大加挞伐的主要"硬伤"。

　　这提醒我们要进一步思考的是记者主体性的边界在哪里。没有主体性就没有好的新闻报道，这是毋庸置疑的。但记者主体性首先应该是以事实为边界的，所有的思索判断都必须以事实为准绳，依照事实本身的思路和逻辑去展开，而不是凭借记者自身的想象和主观意愿去展开。前者才是健康的主体性，后者就成了有违新闻伦理的"假新闻"了。

---

1. 王辰瑶：《评南方报业专访李嘉诚报道》，《南方传媒研究》第45期。

新闻报道能否介入事件发展?

‖ 案例概况

台湾原住民邹族青年汤英伸到台北谋生,9 天之内,身受欺骗侮辱压榨,终于杀害了他所供职的翔翔计算机干洗店老板一家三口。这是一起令人震惊的社会惨剧,在 20 世纪 80 年代的台湾,众所瞩目。

在对汤英伸一案的报道中,《人间》杂志的声势最大。这是由台湾知名作家陈映真所创办的报导文学杂志,素以精彩的报导摄影、深入追求真相的文学描述及丰富的社会关怀,形成独特的杂志风格,深刻影响台湾 80 年代的学运、社运。从案发时的第 9 期,到最终结案的第 20 期,《人间》杂志花了很多篇幅来报道此事。

不止简单的报道,杂志社同仁还做了很多事情来帮助汤英伸,希望能够从死刑改判无期徒刑。他们联系知名人士上书,通过各种管道向台湾领导人陈情,买下媒体广告版面呼吁……在这一事件中,杂志社同仁的热血和同情心让人感动,但就学理而言,却触及一个更为重要的议题,那就是:新闻报道究竟是独立于事件进程之外的客观记录,还是推动事件发展、从而实现具体目的的工具?

以下两篇文章是《人间》杂志对汤英伸案的两篇报道。第一篇《不孝儿英伸》是对该案过程的描述;第二篇《我把痛苦献给你们》则记录了杂志社同仁为汤英伸奔走的全过程。

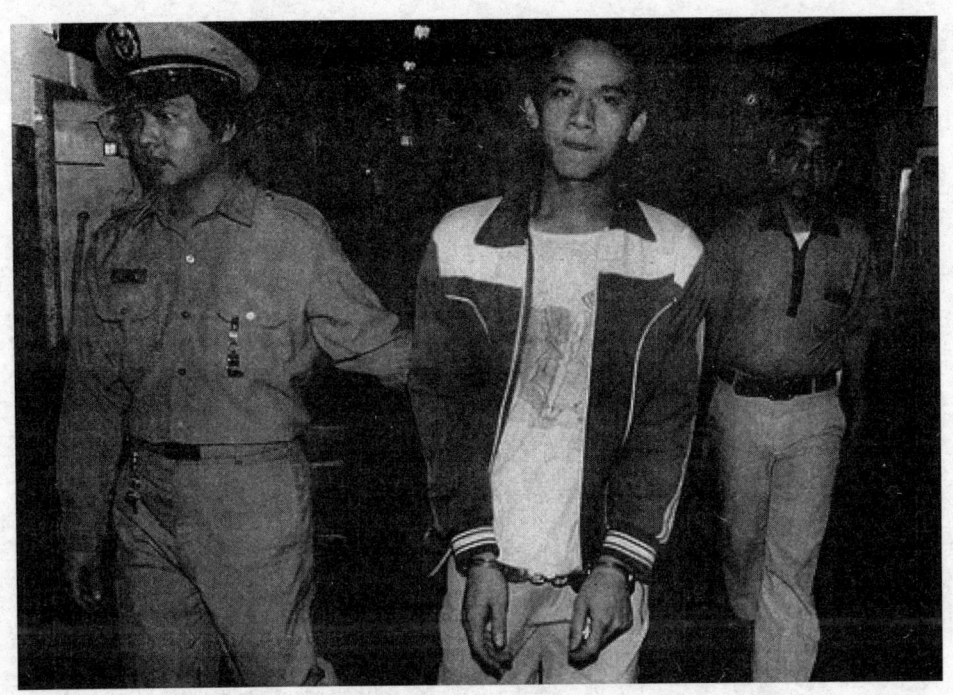

汤英伸从土城看守所来到台北地方法院一审，右后方是他的父亲汤保富先生。 蔡明德 摄

不孝儿英伸

原文刊载《人间》杂志第 9 期

摄影 / 蔡明德　文 / 官鸿志

一月二十五日清晨，台北新生北路一家洗衣店里

发生了一起惊动社会的惨案

行凶者竟然是一个师专肄业的国家公费生

来到台北九天，

只有十八岁的邹族少年；……而且

他能诗、能歌、学艺双全；

是同学心中的好朋友，族人眼中的好兄弟

是校园里熠熠发光的明星，一大堆奖牌的得主……

为什么这样的一位山地青年，

从纯朴的小山村只身来到繁华的台北，

一霎时竟成为三条人命的凶嫌？为什么？

令人悲伤的社会新闻背后，

是不是也有一个严肃的社会的困局呢？

我们能不能为它找出一点沉痛的线索？

请你不要看我们的罪过，请看天主的羔羊……

阿里山麓底下，仍然阴阴地笼罩着凛冽的寒冬。吴凤乡分驻所所长郭孝华接到台北一通电话，立即率领几名部下，匆匆地驱车赶到特富野，那是一座纯朴的小部落，坐落在高高的山岭上，四周环山依水，住着五十余户邹族人家。村内，最靠近翠谷断崖的一户，主人汤保富因公去台北出差；太太汪枝美一个人在屋子里。四年前，她因为骑车坠落山谷，脊椎骨重摔受伤，半身不遂，正躺在床上休息。

她隐隐听到屋外有人敲门，呵卡答呵卡答的皮鞋声，在庭院四周走动。汪枝美勉强拄起拐杖，走进客厅，才赫然发现所长郭孝华坐在沙发上。

"你儿子汤英伸有没有回来？"所长问。

汪枝美怔了一下，说："他，才离家出去，失踪了几天，我们也找得心急呢！"

"他在台北可能涉嫌一件案子！"郭所长说。

电话铃响。恰好是目前还在台北警察学校念书的大儿子打来的，"爸，我找到汤英伸了，听说在一家天祥餐厅打工……"才从台北回到家不久的汤保富接了电话，也没等对方说完，就问："人呢，你看到他了？"

"没有，昨晚本来可以去找他的，但我把荣誉假转让给一位同学，他摔柔道受伤，必须去看医生……"电话的那一头说。

"听说你弟弟出事了，你赶紧去找人，带他到警察局解释清楚。一定有误会，你们老老实实地讲，没有关系，一定是个误会。"汤保富说。

由于住在这宁静的高山上，与外面的世界隔得很远，这一家人为什么缘故被惊动？当时连所长郭孝华也说不出个道理。他只是奉命调查。但，当天的晚报，却早已传出一起凶杀命案，以三版头条刊布了出来："一月廿五日上午，在台北新生北路二段开设翔翔洗衣店的彭喜衡、妻子王玉琴、女儿彭珊珊，遭歹徒以重物击打，头部破裂死亡，仅余被害人的两名儿子幸免……"

报上的消息还不能确定凶手是谁，只隐隐地提到一个年约二十余岁的洗衣店工人可能涉嫌。警方正封锁现场，进行搜索、勘验中。

电话铃又响。下午四点，汤英伸在台北建国北路的亲戚家，被哥哥找到了。"妈妈没事啦，您放心……"汤英伸在电话中低声地说，这是他离家十五天后，第一通打回家里的电话。"你和哥哥去警察局解释，老老实实地讲……"汪枝美再三叮咛着。她对老二抱有信心。在她心中，老二基本上是个很善良的孩子，她相信一定是个误会。

挂了电话，汤保富又匆匆地开车北上了。

说来倒也奇怪，就在前一天，一月廿三日，他也听说汤英伸在台北的一家天祥西餐厅打工。本来和汪枝美约好一月廿六日（星期日）去找儿子，但熬不住内心的焦急，在嘉义开完会议后，当天下午他便直接北上了。

汤保富按地址去找，报纸广告栏明明写着"北市民族西路六十五号二楼，富国大饭店对面"，却怎么也找不到天祥西餐厅。他挨家挨户，几乎踩遍了街头一带的小巷，直到午夜，总算找到一家"天祥自助餐厅"。一问之下，老板说："奇怪，很多父母也和你一样，没头没脑的，跑到我这儿要孩子。你自己看看，我这个店像西餐厅吗？"老板无可奈何，看看汤保富一脸的风霜，开始用同情的口气说，"依我看，你还是赶紧到派出所报个案吧！"

山上的初春，一贯比平地冷。可是这时候的冷瑟瑟的台北街头，使汤保富感觉到一股打心里窜出来的冷意。英伸离家出走的这些天来，音讯全无，好不容易找到一家同名的餐厅，却遇上诡异的难题，他急忙跑到民族西路派出所查询，值夜的警员说："天祥西餐厅没有登记！"

哥哥,让我先回家看爸爸妈妈……

廿五日下午六点,台北建国北路上,汤英伸和哥哥俩人,坐上出租车径自往台北中山分局开去。汤英伸脸上没有一丝表情,只是沉默地看着窗外的街景。突然间,汤英伸嘘嘘地抽泣起来。他努力抑制抽搐,抬起满是泪水的脸,说:"哥哥,我们能不能先回家,看爸爸,妈妈……好不好?"

事实上,当天下午三点,汤英伸已经打电话给中山分局说:"我杀了人,下午去警察局自首。"

他一个人怀着全世界最大的孤单,站在约定的弄口上等警察来带走他。然而,警察没有出现。他又茫然地,孤单地走了。

第二度打电话自首时,才又讲明:"下午六点左右去自首",这时,汤英伸在哥哥陪同下,向中山分局自首投案。他一字一泪地向警方笔录人方真彦招供。

这是文书上的供状:

问:教育程度?现操何种职业?家庭状况?

答:嘉义师专四年级肆业。现在没有做事。家有父亲汤保富、母亲汪枝美等五人。生活依靠父亲薪金收入维生。小康。

问:有无前科?有无参加不良帮派?

答:没有前科。没有参加不良帮派。

问:你今天是为何事来分局?

答:因为我于七十五年(1986年)一月廿五日凌晨一时许,在本市新生北路二段一三七巷四十九号翔翔计算机干洗店杀人,现在来分局投案。

问:你是如何到本市新生北路二段一三七巷四十九号翔翔计算机干洗店做工?

答:我于七十五年一月十六日中午,由世吉介绍所邱世芳先生介绍到本市新生北路二段一三七巷四十九号翔翔计算机干洗店工作,至今有九天。

工作才九天，他成了杀人嫌犯

命案发生以后，舆论哗然，给社会带来不少的惊动。电视新闻以"灭门血案"为题，做了很大的报导；有一家报纸把这件命案定性成"引狼入室的悲剧"。但凶嫌汤英伸却只是一个嘉义师专肄业的国家公费生，这个事实引起教育界关注，也造成省内罕见的议论话题。政大法律教授黄越钦在校园内演讲，说这个案件是"我们社会的悲剧"；台大心理学教授杨国枢，在一项针对汤英伸涉嫌杀人命案为题的座谈会上表示："我们必须了解山地同学的言行背后，意义并不一样"；海德堡法学博士朱高正建议社会："应该从法律人类学的角度，来看这个命案。"……

更重要的是，这件命案在几个大学和中学校园内，引起青年学生的讨论。汤英伸在狱中也收到雪片般飞来的信函。法务部长施启扬的侄女写信给他；一位云林地区的中学生在信中倾诉："你是我们年轻人的一面镜子！"……

一月廿六日下午，《人间》杂志编辑部也为此感到震惊。大家的议论焦点，集中在台湾社会现代化过程中，少数民族的文化差异与适应问题上。"我们要找出个原因：为什么一名师专生，从山地村落到台北之后，只在台北过了九天，就变成了杀人的凶嫌？"这个问题沉沉地压在大家心头。小说家黄春明坐在椅子上，感叹地说："我们一定要探讨这个问题。去听一听汤英伸的父母亲怎么说，他的老师、同学、族人如何看待这个问题。"他的话，令人油然想起黄春明的一些动人的自叙：他是如何被几所师专三次退学、转学的记录，使得他在这所、那所学校之间流浪……"我想，我最能了解汤英伸的心情……"黄春明说。

陆陆续续地，山地音乐田野工作者明立国，作曲家邱晨，原住民诗人莫那能，也先后跑到《人间》编辑部，大伙儿凝重地谈着汤英伸的案子。双眼失明的莫那能，絮絮地道出他早年那一段悲凉的岁月。他说："十三年前，我被职业介绍所卖了。当时我也真的曾经有过冲动，想要讨回一个社会公道……"因此，他认为这是少数民族的共同问题。

"山地青年的命运，怎么十三年前是这样，十三年后也这样？"他哽咽了，目盲的双眼中，亮着满眶的泪。

而意想不到的，邱晨竟也成为我这次采访中，最勤劳热情的工作伙伴。

他正以难以置信的热切和敬业的精神,开始了田野工作的调查,作为他迈向"报导音乐"的第一步。这是他创作上新的尝试,也是音乐家"接触人生真实的、具有反哺意义的事业",他说。我们一同寻问着这个沉重的疑问:一位山地青年从纯朴的小山村,只身到繁华的台北市,才短短工作了九天,竟成为三条人命的杀人嫌犯。

这是为什么?这令人悲伤的社会新闻背后,是不是也有一个严肃的社会的困局呢?我们能不能为它找出一点沉痛的线索?

土城看守所:向世界告别

到台北县土城看守所探监时,才知道汤英伸不久前才割腕自杀过。二月二日清晨,他留下一封简短的遗书,在单人牢房内打破眼镜,以破碎的镜片割腕,被值勤人员发现,送医急救以后,才挽回一条生命。

不能看见哈雷彗星,是人生一件憾事。……也带走一颗忏悔的心,向世界告别。未能侍奉父母,放心不下的女孩……可爱的世界再见了。……我的死不足回报,但诚心祈愿三位被我杀害的死者,在天之灵能永享极乐。……我愿把身体器官赠给任何需要的人……

立书人汤英伸

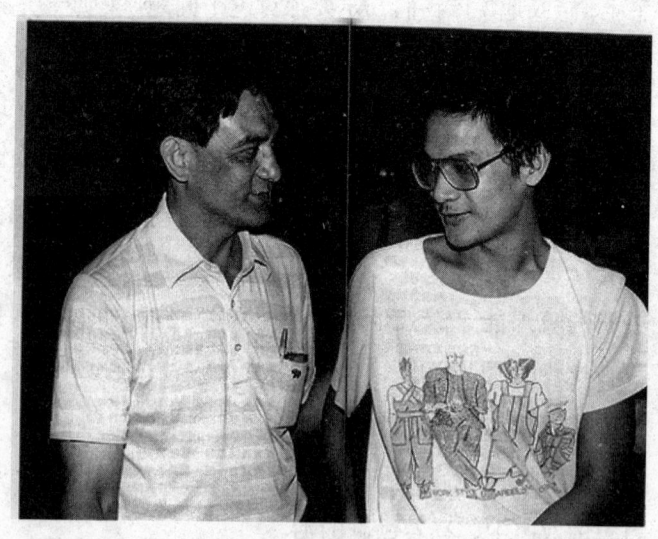

汤英伸在这封遗书的右上角,歪歪扭扭地写下了许多名字,父母、邻居、兄妹、嘉义师专四年

汤英伸从土城看守所来到台北地方法院一审,右后方是他的父亲汤保富先生。 蔡明德 摄

甲班的同学，师长，以及一名被嘉师退学转到花莲师专的朋友。名字下面，他简单记了一句话："谢谢大家，但愿来世再相报！"

二月十一日，汤英伸才鼓起勇气，在狱中写了第一封家书，也是他离家出走后的第一封信。

双亲大人膝下：

本来早该给你们写信。道出我对双亲的愧疚与感谢，却百感交集，提不起笔。世事多变化，双亲养育十八年的儿子，现在，竟然犯下滔天大罪，身系囹圄。一切后悔已经太迟了，但我仍然希望，在双亲的心目中，我仍是一个纯洁的孩子。纵使这是全然不可能了。

好想家啊。美丽的家园，只能在梦中浮现。双亲的慈颜，只能从记忆的箩筐中去寻找。真想痛哭一场。其实，早已泪源枯竭了。恨，只恨自己太冲动。我不奢望会得到法律什么样宽容的制裁，甚至那极恶毒的制裁，我也应当接受。毕竟，我已铸下了大错，但是，若有幸让我重新改过，我愿尽我所能去补偿我所有的过失。

近来，得到许多关心的祝福，使我更有信心向前走，也请双亲替我谢谢他们！最后，也谢谢双亲、罗律师以及亲友为我的官司奔走之苦，并主佑大家。

不孝儿英伸敬上

割腕伤愈以后，汤英伸在牢内开始看一点书。他要求家里寄"徐志摩全集"给他，一次可以寄送三本。但女朋友的来信，一字一泪，使他无法卒读，他全数撕毁了。心中最为惦念牵挂的，是他那贤淑慈蔼的母亲，却又害怕她来探监时自己不知如何面对才好。他盼了四个多月，母亲始终没有来，倒是土城看守所门外，许多陌生人和亲友，排队等着要和他面会。他的囚衣九十七号。每逢单日，可以接见两个人。

台湾地方法院（一）：罗律师哭了

二月三日这天，汤英伸杀人命案第一审侦查庭，开始审理。台北地方法院第十七法庭白色墙壁的布告栏上，这样写着："汤英伸，强盗杀人罪。"

汤英伸没有戴眼镜，眯着一双眼睛，戴手铐，由两名法警从走廊侧门，带进法庭。他一张瘦削的脸，苍白、疲弱，恍如隔世。看见拥挤的、黑压压的人群，他显得有些惊慌失措。众人的眼神下，他像古代极刑中被游行示众的人犯。

走廊的另一头，传来悲痛的哭叫声。苦主家属含愤悲凄，汤保富只能垂首请罪，忍气吞声。职业介绍所的老板邱世芳，扔掉手上半截香烟，来不及踩熄，就开始拉开嗓门，咒骂汤英伸。

审判长宣布开庭。死者的父亲彭阿升，在庭上控诉。他指控汤英伸是杀人抢劫、狡猾、残暴不仁的凶手，请庭上依法重处。"我儿媳妇的血，冲到天花板上。"他痛心地说着。

在被告席上，汤英伸俯首站立，不断地恸哭和抽搐，使他看来脆弱而孤独。他像是撕裂着自己最深的伤口，喃喃地说："我犯了滔天大罪，愿意接受国家制裁！"这呜咽的自白，使他的辩护律师罗国宁捏了一把汗。后排座位上，一个嘉义师专的女同学流着满面的泪冲出法庭。她那跟跄的身影，在阴暗、窄仄的走廊上，显得那么渺小而无助。

整个法庭内，秩序井然。法官的问话，汤英伸的口供，轻重地交迭着……和血衣、凶器混织成一片令人寒颤、悲伤、绝望的故事。这些对话——审判长与汤英伸的对话，深沉、悲痛，汤英伸短短九天零碎工的生涯，仿若一道瞬间迸裂的火芒。短促，却永劫不复。

审判长向罗国宁律师说："你有没有其他补充陈述？"

罗国宁站起身。"汤英伸年轻，不懂事。"他说。他的声音开始发抖，旋即泣不成声。整个法庭陷入一片沉默……

台北地方法院（二）：离开了家园

"因为休学，他到洗衣店打工，不幸发生这种悲剧，其情可悯。"罗国宁说着，一边弯身从桌上抱起一叠数据，絮絮地从头讲起。

一月九日，汤英伸离家出走。

在笔记本上，他抄下台北"天祥西餐厅"的地址，匆匆北上。报纸上、那一段诱人的广告词：月薪一万五千元。他盘算一下，暗自设想，若是一个人省吃俭用，还足足可以租房，在台北补习英文。"广告词这样写着，"罗国宁准备了一份影印本，大声朗读起来：

"新开幕中西餐厅，急征小弟小妹各三十名，免经验供吃住，月薪一万五千，小费多，供制服，学历不限。环境单纯，工作轻松，随来即可直接上班。天祥餐厅。"

显然，离开了故乡，急切地想要自力更生的汤英伸满怀了希望，却丝毫不知道这家餐厅根本没有营业登记。如果他稍加留意，他就会发现，这家始终自称"新开幕"的餐厅，在报上已经足足登了一年余广告。

（命案发生以后，一直到本文撰稿的六月十四日，这则广告依然刊登着。）

那一天，搭上嘉义客运班车，汤英伸告别了吴凤乡达邦村。几公尺外，他的父亲汤保富在乡公所上班，母亲汪枝美在卫生所服务。那一封具名"不孝子英伸"的留书，静静地躺在家里的书桌上。

> 经过无数次的挣扎与抉择，我还是决定找寻自己的世界。或许，在双亲的眼中，这是不智之举。但一个十八岁的男孩，即使还没做好准备，仍必须承受这些事实吧！因为压力太重，无法承受，迷失了。但或许在年轻的岁月中，这些是必须历练的。我宁愿有个疯狂的年少，而不想在暮年时，叹悔自己。并请双亲勿挂念，就当我像平常出去一样，我会好自为之，也请不必找我，我不会耽误我的前途！

汽车在阿里山公路奔驰着。公路边，一座被"欣欣水泥厂"铲平了的秃山，像一颗被剖开的南瓜，腰腹上满布了惨淡的流沙，像血一样流着……

他可无法知道，父亲汤保富看了这张留书，心里多么伤心。汤保富把英伸的留书狠狠地揉在手上，丢进字纸篓，却又在半夜里爬起床，心疼地捡了回来，一读又读。汤英伸更不知道，去年暑假，嘉师四年甲班一位同班女同学，也曾经一头栽进这同一家介绍所的经过。她说："我去应征时，被带进一个小房间。老板说先缴八百元。我问：何时开始上班？老板也说还没开幕，但可以帮我介绍到希尔顿饭店。后来我打电话去问希尔顿饭店，才知道他们并没有雇人的事。"

台北地方法院（三）："妈妈请不要挂念……"

"你是邱世芳吗？"审判长问。

"是，世吉介绍所负责人。专门介绍工作。"邱世芳回答。

邱老板三十岁出头，能说一口流利的普通话，对答也十分机敏。他手上持着一张备忘的小卡片，站在法庭前。

"汤英伸是你介绍的吗？"

"是，翔翔洗衣店才开业三个月。以前，彭喜衡的父亲开一家纺织厂，他的员工都是我介绍过去的。"

"你们谈了什么条件？"

"我们不谈薪水。薪水是雇主和找工作的人之间的事。汤英伸的待遇多少我不知道。我们只收介绍费三千五百元。汤英伸没有钱，来介绍所两趟，共付一千五百元。我告诉他洗衣店老板会自动扣钱，送过来给我们，叫他不用担心。"

"工作情形呢？你了不了解？"

"不了解。"邱世芳答。

一月十二日，汤英伸离家后第三天。他按着报纸广告，打电话给天祥西餐厅。电话筒里传来一个女人的声音：

"有，随到随做。带身份证来登记就行！"

办公桌上，邱老板摆一本没有注明任何公司行号的工作登记表，只注明是"本中心"，第一项求职须知清清楚楚写着："求职人员委托工作登记时，应先付清费用"。所以，邱老板开门见山地说："这个工作，你愿不愿意做？"他没有指明是什么工作。汤英伸点头，表示："愿意。"

"先缴一千块"，邱老板说。

汤英伸愣住了。没想到应征小弟也要缴钱。离家时，他身上只带一千多块，只好怯怯地说："我没钱，可不可以先缴五百。"

"行！"邱老板亲切地回答。然后"本中心"表格上，潦草填写"小弟"两个字，并在左下角，盖了手印，签上"邱世芳"三个字，表示收到五百元无误。

一月十六日，汤英伸坐车到三重市向亲戚借钱，又转回世吉介绍所，向老板缴了五百元。前晚，他在表哥家里写了一封家书，告诉远在特富野的双亲："儿子在一家餐厅上班，妈妈请不要挂念。"

不料，在汤英伸的回忆里，这一回邱老板的说法却有不同，他说："要缴三千五百元，不够的钱有人会帮你先缴，再从你的第一个月薪水扣下来！现在餐厅还没开幕，等过年以后马上就开张，你先去一家洗衣店做工。待遇也不错，一天五百元。"

汤英伸一直不知道邱老板开的其实就是职业介绍所。他一直还很感谢邱老板的好心善意，在餐厅未开幕之前先给他介绍工作，"反正过年快到了"，他心里这样想。但三千五百元这笔不小的数目，使他开始觉得懊恼。再说，一千元都已经缴了，求职须知第二项又说明："求职人员在本中心登记后，被本中心介绍去做任何一项工作，而不做再回来者，介绍费不能退回，可免费介绍工作。"

无可奈何，汤英伸只好答应去做，又缴了五百元给邱老板。他摸一摸口袋中那一封家书，不禁庆幸着没有寄出去。

汤英伸追述，当时邱老板曾挂了一通电话。不久，翔翔洗衣店的彭先生跑来了，他当场付清了汤英伸的欠款二千元。

"你欠我们的钱，要扣留身份证做抵押，请你签一张借据。"邱老板说。

这张借据，总共签下二千二百元。原来，去翔翔洗衣店上班的这一程出租车费两百元，也签在汤英伸的账上。

台北地方法院（四）："……只能回答，我不知道！"

审判长问："你为彭喜衡总共介绍过几个人？"

"三个月来，我介绍两个人。一个小女孩做五天，就走了。"邱世芳回答。

那名小女孩被父亲带回家以后，一月十六日，汤英伸接下洗衣工人的工作。由于年关迫近，店里生意特别忙碌，每天上午九点开店，一直不停地工作到深夜两点，是常有的事。

一月廿四日中午，汤英伸到洗衣店做工的第八天，他趴在床上写日记。在彭老板小孩的卧房，彭喜衡用一张布帘和板架，隔出一个小角落，算是他睡觉的铺子。就在这个灰暗的屋角，汤英伸每天把疲惫的十八岁的身体，抛在那铺子上，在思亲的泪水未干之前，呼呼沉睡过去。

日记本上，他零乱地写下片段文字："洗衣店蒙难记""世界上最大的罪恶""我立誓要辞职离开这里"……

下午三点，汤英伸向老板辞职，他说："我要回家过年，家乡运动会和丰年祭都快到了。"汤英伸心里仔细盘算过，已经做了八天，一天工资五百，应该可以抵偿欠债，剩余的钱还给亲戚。至少，回家的车资有了。

因此，他也向彭老板提出要求，索回被扣留的身份证。不料，彭老板竟说："你吃我的、住我的，一天工资两百，就想一走了之，你还欠我钱哪！"

下午四点，汤英伸送衣服出门。他顺道去建国北路的表哥家里，一口气喝了五六瓶红露酒。"我不做了！"他向表哥诉苦，他对台北感到疲累了。"也好，你先回特富野过年，等过完年后，我再替你找工作。"表哥是一个弹钢琴的乐师，在台北人面熟，可以为他找工作，他这样安慰着汤英伸。夜台北的路上，千家灯火。

汤英伸想到还要回去洗衣店，从建国北路到新生北路的这一段路途，他走得好疲累。就在前一天，他在日记本上写了这样一首诗。也许头一次吧，汤英伸在生活中，切肤地感受到"不公平"的存在……

不为了什么……

没有目标，没有理想，

竟也甘愿投身红尘。

问，那是你不灭的梦想吗？

却只能回答，我不知道。

走过褪色的红砖道，

看汽车驶远时扬起的尘埃，

不禁觉得好孤独，

曾说过要成功！

曾说过要忍耐！

却按捺不住即将崩溃的神经，

大骂一声：太不公平了！

在深夜的路上，汤英伸一个人孤单单地走着。初春的冷风迎面吹来。他感到凄愁，感到伤痛。

那天下午，汤英伸向彭老板要身份证。他想辞掉工作回家，彭老板的回答却是——

"番仔！你只会破坏我的生意！"

"番仔"的辱称，使他感到遭受重击似的挫伤。原先讲好每天五百元的工资，刚刚邱老板却说是二百元。照这样盘算起来，八天的工资却成了一千六百元，差借据上的二千二百元还有六百元。白白做了八天的工，却还倒欠了人家六百元。他怎么算都算不清楚这笔奇怪的账。他想起平时彭老板常对他说："好好干！不会亏待你的！"却从未谈到工资到底有多少。想着自己手脚笨拙，给机器轧了一条条伤痕，又总是惹老板生气……学校、同学、父母一一都让他背弃了，独独剩下这口饭，供他吃的、住的，至少，让他一个人躲在陌生的城市……

他流泪了。好几度，想打电话回家，却怎么也鼓不起勇气。那些奇诡而疯狂的年少之梦：他在千百人的会场上，忘我地唱着他自己写的曲子。雷动的掌声和口哨声……现在，眼看梦碎了，阻绝了回家的路。偎靠在电话筒旁边，他拨了两次电话，给在警察学校读书的哥哥。不知多少回了，这电话一直没打通过。"呜——呜——呜……"电话筒传来那单调的声音。他不知道，他那粗心大意的哥哥给了他一个错误的号码，也不知道哥哥那一头也正急着找他。颓然地挂上电话，汤英伸一个人拖着细弱的影子，彳亍地走着，消失在夜间的台北。

在沉酣的睡梦中，他被彭老板强拉起来。汤英伸说，当时他心中忽然涌起一股哀怨和愤怒；他脱口而出："老板，我不做了，你另请高明。这总可以吧？"午夜一点多，屋子里一片死寂，只传来洗衣机轰隆轰隆地搅动声。他躺在布帘背后。小孩子的鼾声，温馨、均匀地传来。突然，彭老板出拳打过来，冷不防地，他被重重一击。

"彭喜衡，你不要看我瘦弱，好欺负！"

这次，汤英伸冷冷地喊出彭老板的名字。"我工资不要了，你给我身份证，我要辞职回家。"他说。

洗衣机轰隆轰隆地怒吼着。

彭喜衡猛力一推，把汤英伸推到门边。两个人扭打了起来，一推一挡，汤英伸被推到洗衣机旁，顺手抓到一支拔钉器，他奋力一挥，击中彭喜衡的下巴……

"是不是这一支？"审判长从桌上高高举起一支拔钉器。锋锐的尖口冷冷地朝向旁听席。

"是的"，汤英伸低着头说。

"你怎么打他的？是不是用尖口打的？"

"不记得了。我打了一下，他又冲过来，被我推了一把。因为地板潮湿，彭老板滑了一跤，第二次打去，正好击中后脑。后来，我失去理智，不断地打他的胸部，不知打了几下……"

"当时彭老板有没有死？"

"有呼吸，没死。他的太太冲过来，拿椅子打我。两个人打成一团。我把椅子夺过来，用拳头打她。她倒在房间门口。我开始找我的身份证。彭珊珊一直哭，我哄她，劝她不要哭。她不听。我心里感到很害怕。我急了，想把她勒死，用手勒了一下，她还是哭，我就把她推倒在床下。"

"有没有打彭珊珊？"

"有，用手掌打她！"

"王玉琴有没有死？"

"不知道。我心里很慌，一直很想找到身份证。突然看到王玉琴往屋外跑，我又捡起拔钉器，追上去打了好几下。打到她不动为止。"他开始啜泣。

"你与什么人一起行凶的？"

"只有我一个人。"他孱弱地说。

"……"

就读师专时期的汤英伸。 汤保富 提供

地方法院（五）：死刑

三月二十日，汤英伸杀人命案第一审审理终结进行宣判。审判长站在法官席上。全场静默无声。罗国宁律师低头沉思着，静听着。

"本庭宣判"，法庭里，全场的人都站立起来。审判长低沉的声音仿佛自遥远的地方传来：

台湾台北地方法院刑事判决。七十五年度重诉字第二十六号。公诉人，台湾台北地方法院检察处检察官。被告，汤英伸，男，十八岁，嘉义县人。业工。选任辩护人，罗国宁律师……

右列被告因杀人等案件，经检察官提起公诉，本院判决如左：

汤英伸连续杀人，处死刑，并褫夺公权终身。又窃盗，处有期徒刑陆月。应执行死刑，褫夺公权终身。

瞧，那就是特富野……

五月梅雨，向山里走去，路上只有滴答岑寂的雨声。"那是一种悲剧吧。

我们老一代的邹族人，多半一辈子守在山上；年轻人却只想往台北跑，然后一个一个受到各种挫伤回到山上来。像汤英伸，到台北，才工作九天，就出了事，判了死刑……"阿碧低声地说，她那一双深黑的眸子里，充满了迷惑。

那天，我们走向特富野的半途上，一个叫作阿碧的邹族姑娘，戴一顶宽边草帽，喘着热汗赶下山来。她解释由于汤保富不在家，村里推派她作代表，"老人家不会说普通话，所以，让我来接你们。"她说。

崎岖、弯曲的山路上，远远可以望见忽隐忽现的阿里山公路。云霄里，远处的汽车，看来就像小小的火柴盒子，无声地在阿里山公路上穿梭、盘旋着。五月的季节，山路上落了满径洁白的油桐花。走过特富野大桥，阿碧指着远处，一座垂直、孤立的高岭上，隐约地露出几户人家的屋顶和袅袅的炊烟。她说："瞧，那就是我们的特富野。"

五分钟，生死相隔的刹那

虽然才见面不多久，阿碧没有丝毫生分的感觉。她开门见山，直接道出了她对汤英伸命案的感受。

她说，在一月廿五日那个晚上，分驻所所长郭孝华离开特富野汤伯伯家以后，族人一批一批地涌到英伸的家，大伙的心都悬着、念着，直到晚间电视新闻节目的荧光幕上，赫然出现了汤英伸那张熟悉、清秀的脸庞，大家顿时撕裂了心似的，放声地号哭……

"谁能相信啊？"她说："一个从小就文静内向，不太说话，眼看着他长大的孩子，竟然变成了杀人犯！"

阿碧说，因为英伸小时候特别乖巧，族人给英伸取了一个乳名，叫"弟仔"，是一种亲密的昵称，含有大家的弟弟的意思。读达邦小学时，弟仔连续当了六年的班长，毕业时拿了一个县长奖，奖品是一本字典。后来，英伸还得了世界展望会的"资优学生奖助金"，考上嘉义辅仁中学，那也是一所南部著名的教会学校。

求学期间一直是汤英伸学姐的阿碧回忆说："我们山上的孩子，上学、下学，喜欢在山路上互相丢石头玩。可从来没有听人说过，汤英伸会丢石头。"

她望着路边断崖下的翠色的山谷，说："也没听说汤英伸和别人打过架。"

在台北做过事的阿碧，比什么人都知道，一个山地孩子离乡背井到繁华都市的苦楚。"有好些山地孩子在城里落得永劫不复，有的以各种不同的方式，客死他乡……我在外面跌跌撞撞，才发现山上的故乡最好。"她说。

"在台北听说过，他们族人有人愿意卖掉房屋，田产，损钱出来为汤英伸抵命，有这回事吗？"我问。

"有。村子里几个读大学的年轻人也发起联名为英伸的人品作证，甚至有人跑到新竹买玻璃材料回来，打算做成手艺品，义卖了捐给汤家。但是这些都给汤伯伯婉拒了。"

我不自觉地望向那悠渺的山涧，脑海里浮现了汤保富一张黝黑、沉静的脸庞。

在台北时，和他打过几次照面。每回看见他，总是匆匆忙忙。印象中，他经常提着一只公文包，经常是仆仆风尘的样子，在嘉义、台北之间为汤英伸忧劳奔波。有一回，我看见他在法庭上向审判长说："如果，给我儿子一个自新的机会，我，愿意……"他的话没有讲完，就被打断了。他语结地站着，低下头，让泪水簌簌地落下……

初审宣判汤英伸死刑那一天，汤保富听不清楚审判长念着什么，只看见汤英伸带着满脸的泪水，绝望的表情，退出第十七法庭。簇拥在汤英伸身边的族人群中，有人塞了一千块钱给汤英伸，汤英伸一直摇头不肯拿。也有人摸着汤英伸的头流泪。那一双双粗糙、焦虑和钟爱的手，似乎使法警也感动了，特别通融在还押之前，多给了几分钟，让汤英伸和族人相聚……

窄仄的法庭中廊前，这些迢迢从嘉义特富野山上赶来的邹族父母，看来木讷、谦恭，不住地抽搐流泪，在这陌生的大城市里，他们只能用眼泪表现他们巨大的哀痛、惊惶和悲伤。

生死相隔的五分钟，刹时，任何言语都岑寂了。最后汤英伸抽泣地说："给大家添了这么多麻烦，实在对不起！"

他转过身，随着法警走了。

一条让特富野活络起来的山路

五月的梅雨季节才开始不久，梅树的枝桠上，还沾着晶莹的水珠。

断崖下，一棵壮硕的樟树旁边，躺着一条隐没的、废弃的小路，如今，已经在梅雨中长满了怒生的杂草，向着山谷底下蜿蜒而去。

指着那条小路，阿碧说："从前，我们到学校上课，就是打这条小路走到十字路口，一个阿里山铁道的小站。再转搭小火车到嘉义。"

阿碧说，那段苦日子，大家也都这么咬着牙熬过来了。"现在，我们可方便了。我们乡里人自己出钱出力，开出这条长十一公里的宽敞的公路。当时是汤伯伯找族人商量、核计，用全村的热情和力量实现的……"她说。

民国六十七年（1978 年），当时年轻力壮的汤保富，满脑子建设故乡的炽热理想，为了测量地形，他每天清晨五点就起来了。当时没有测量工具，他居然学会了用眼睛测量，就这样一天又一天，竟也划出一张有模有样的施工地图来。

"请你们不要看我们的罪过，请看天主的羔羊"高义辉神父说："英伸的悲剧，一定有文化差异的问题。"

"蓝图有了，经费呢？我们村民穷惯了，可从来没有人想过这问题。"阿碧闪耀着光芒的眸子，说："我们倒想过，纵使再穷，只要下定决心，我们还是可以改变自己的命运啊。"

经过商量，族人共同决议：每户缴出一万两千块。几经辗转，汤保富终于募到了更多的钱——买水泥，租挖路机……大家轮流出劳力。有钱的时候动工，没钱的时候，汤保富天天望着停顿的开路工程焦急。"前们山边的经济。□□□□□没有人去采。一斤才两块五毛，谁来啊□□动上山来采购、订契约。”

有了这条山路，汤保富拿着族人用心血开凿出来的成果，到曾文水库建设委员会申请拨款，请求建设特富野大桥。“因为架个桥，少说都是几百万元的事，不能说由村民一万、五千地凑，是不是？”阿碧说。

让公文往返了一年多，省方面批下了架桥计划，拨下钱和工程队伍，才把特富野桥漂漂亮亮地架起来了。如今，它静静地弓在河水上，族人打桥头走过来时，总会想起汤保富这个人。

通车典礼那天，乡里的人兴高采烈地庆祝。在桥的那头，邹族妇女穿着鲜红的民族传统盛服，夹道欢迎县府的官长来剪彩。震耳的炮竹声中，汤保富背着相机，站在人群里。可他的脑海中却忙着想另一条更高的山边公路。经过他不断联系、奔波，目前也在开工了。至今，汤保富怎么也卸不下“道路主任委员”的差事。这个义务职，族人信任他，不让他辞职改选。

在农产合作社工作，阿碧对于整个特富野近几年来的经济变化，心中有她一笔清清楚楚的账。

阿碧说，自从他们自力开了这条山路，村里的每户人家，一年平均增加了二十余万收入。现在，特富野部落里看不到精壮的男人在喝酒闲荡。“他们全上山干活去了。一批批的种植计划，透过乡公所农业课的推广，一步一步落实起来。”阿碧说，“山茶油、栗子、大蒜、夏季蔬菜，也一季一季在山坡上开了花、结了果；一季季换成一叠叠钞票，根本地改变了我们的物质和精神生活的面貌。”

阿碧沉思了，望着满山的翠绿，她独语似的说，“特富野，就是汤伯伯这条山路开活了的。”

“山地生的衣服洗不干净……”

特富野这个山村坐落在一个山谷底下，美丽的峻谷在村头上边，岔开成两条支流，曲曲弯弯地淌着一条婉约的流水，四周散置着这座高岭上的几十……至在屋檐走廊下，谈起了这不幸的命案。

　　"我在日本听到消息，觉得惊愕。我心里想，如果说汤英伸跟别人打架，那是有可能的，但置人于死地我万万没有想到。"他说。

　　辅大哲学系毕业的高神父说，当时他的第一个直觉，英伸的悲剧，其中一定有文化差异上的问题。

　　他说他还记得自己读台中一中时，因为自己是山地人，"有些同学把我当牛马一样看待"。再加上每次数学都考零分，他内心感到极度的颓丧，埋下深深的自卑感。"每回有人骂我是'番仔'时，总觉得痛痛快快地打它一架，会使自己比较舒服。"他说。

　　高神父又举了一个例子。

　　目前在日本福冈大学教中文的刘三福，跟他是台中一中的同学，也来自山地。有一回，他和刘三福在宿舍水槽边洗衣服，旁边的同学无意间丢了一句："山胞的衣服洗不干净"，"这个两三拳可以打死一个人的刘三福，蓦然扑了上去，把对方打成重伤了……"高神父说。

　　事隔二十余年，高神父还记得他握紧着刘三福颤抖的拳头，激动着说："你要表现得比他坚强啊！"

　　台中一中的两位山地生，就那样相对着流着满脸的眼泪。高神父说，山胞在劣势文化下，过着城市底层的游牧生活。他们容易冲动、紧张，经常会感到不安全感，而"辞职""想家"只是这个综合复杂体的一个代名词罢了。高神父清楚地记得，就在去年，汤英伸到教堂向他告解：

　　"我已经变成病态的人！"汤英伸苦痛地说。

　　高神父听着他内心的剖白，耐心地安慰过他，高神父太熟悉这份苦楚了。一个离乡背井求学的年轻人，绝不是"不能适应，就不要来平地"的问题，高神父内心里涌起了一份伤痛，踌躇一会儿，沉沉地说出了这么多年以来，他以神职人员身份一次又一次听到的，山上的孩子们心灵最深处的苦闷。

128

不必查了！

安玉英，一个如今已长得亭亭玉立的邹族姑娘。有一回，因为山上交通不便，星期六下午必须提早一堂课下学，坐游览车回特富野。那天，女教官把邹族同学集合在操场上，安玉英也站在队伍中。也不知什么缘故，教官突然对着她们说："听同学的反映，你们山地人常常不洗澡……"

安玉英忍着满眶的热泪，跑回山上。才尽情地号啕大哭了。她向高神父倾诉："不要把全部的错，都往我们山地生身上戴啊！"

安玉英满腹的委曲，幽幽地道出一件一件在学校中的辛酸。

"为什么我是山地人？为什么我们山地人就要被别人当成怪物？"这是长期压抑在她心中的问号。也有一回，邹族同学明明看见杜秀云的爸爸，送了一千余元到学校给她；谁知道那天恰巧宿舍里传出有人掉钱的消息。杜秀云口袋里准备缴食宿费的一千余元，竟成为偷窃的赃物证据。杜秀云抵死也不肯承认，邹族同学也都挺身作证，"我们的确看见她爸爸送钱到学校。"同学们说。不料，女教官却说：

"大家确定是她拿了钱，不必查了！"

"我们山上的学生在学校宿舍里，经常遇到这样的困扰，凡有人掉钱，山地孩子就变成当然的嫌犯了！"高义辉神父说。

高神父把话题转回到那一次汤英伸的忏悔。他说："我建议他去接受心理治疗，汤英伸只是苦苦地笑。"

高神父说，当时他心里想，汤英伸平时很乖巧，每天笑眯眯的，这个对人家客客气气的愣小子，不可能做了什么大错吧！他因而并不特别着急，也没向汤英伸的父亲提起。"哪里想到，厄运却降了大祸了！"高神父说。

害怕心愿会变成泡影……

提起这个遗憾，高神父开始不断地反省，不断地想，也开始替村中的小孩感到忧心。他说，汤英伸杀人命案，是一个相当复杂的典型例子，要真正去彻底了解，并不十分容易。他忧悒地说——

"现在我们只能假设：汤英伸的病态在于他的双重性格——"

据高神父说，在村子里，他一向对汤英伸另眼看待。英伸生长在本村的一个公认的"模范家庭"，爸爸、妈妈都是那么好、那么有风格和尊严的人，英伸又凭着自己的实力考上嘉义师专，内心当然有一份秀异之感吧。"尤其是他成长于一个虔诚的宗教家庭，在伦理道德与做人处事方面，英伸对自己有很深的期许。因此，汤英伸到平地社会求学时，遇到客观压力，他身为山地人的自卑感就会被激发了出来，从而形成对于平地社会的一种激烈的反拨。"高神父说。

高神父严肃地说，"我的看法，只是一个自我反省下的假设。"他还记得就在去年，特富野举办了一个天主教夏令营。"汤英伸就那么自然而然变成夏令营的领袖人物。"高神父回忆地说："白天，他表现得真是杰出，勤奋、彬彬有礼。但有一个夜晚，他忍不住凑上了一群比较低俗的年轻人，结伙跑到后面山岗去喝酒，被我们发现了。"

身为一个山胞，汤英伸隐藏的自卑感，在不断的压抑中反弹、化装而成为外表的优越感了。他从小就奋力上进，也时时患得患失，为了他许下的心愿——毕业后回到达邦国小教书——他努力考上了嘉义师专。但还没等他毕业，特富野的孩子，竟早已当他是小学老师一样敬畏他，爱他，不敢在他面前说脏话，而更多的时候，他却又私下害怕自己的心愿有一天会变成泡影！

我们好爱汤英伸

汤英伸的家，坐落在那青翠的幽谷旁，是汤保富亲手盖起来的一栋木造房子。

二十余年前，汤保富白手成家。如今，墙垣四壁还留着他辛劳岁月的痕迹。汪枝美，英伸的母亲，平时沉静寡言，喜欢坐在屋角，静静地听别人说话。自从汤英伸系狱以来，她的眼神有时变得飘忽、忧悒了，仿佛总是在想念着什么。但是，尽管心里压着爱儿失脚的重创，她看来端庄、恬静，只在有意无意中，透露着母亲的深重的凄寂了。

"我们好爱英伸。……在父母面前，在我们部落里，从小他一直是乖巧、受人称赞的孩子。"汪枝美说着，眼眶红了起来。

厨房里，传来汤保富下厨的炒菜声。

自从汤英伸出事以后，汪枝美始终不敢上台北去。她寄了一整册的照片给汤英伸，母子相隔至今，也有四个多月了。"也好在是这样，凡事我都是坐在家里想……"她说。她的眼神中充满着对丈夫汤保富的一份感谢。但每每有人向她问起汤英伸，汪枝美总是低头不语。一个曾经让她骄傲的儿子，如今却成了夺走三条生命的杀人犯。这难言的苦衷，任谁也不能诠说啊……

她对于儿子英伸一步一步走过的不能回头的破灭困境，感到神伤。去年年底，汤英伸休学返家，在情绪上很不稳定，常常望着屋外的浮云发愣、叹息。发闷的时候，他偶尔会弹弹钢琴自娱，看看书排遣，几乎是足不出户了。直到有一天，"大概是去年十二月三十日吧！英伸他去了一趟学校，参加学校的音乐比赛晚会。回到山上时，我看他显得更加闷闷不乐了，"汪枝美说："我知道英伸实在很怀念学校生活，尤其是那些朝夕相处的师专同学。休学以后，同学们时常打电话来，写信给英伸，鼓励他奋发起来，昂扬向上。奈何，命运竟然粉碎了一切。"

在忏悔中无穷地放逐下去

那天，汤英伸离家出走后，家人刻意不让英伸房间里的一切受到丝毫变动。他的各种奖牌，仍然兀自挂在墙头上。那是一次又一次在师专全校师生的瞩目和热情的掌声下，辛苦挣来的光荣。寂静的窗外，可以望见他在庭院小菜圃里种植的高丽菜，已经亭亭地抽出嫩叶子。更远处，那巍然耸立的鼻涕山，隔着一条山谷，苍翠地逼向他的窗口。

日落深处……

你若住在市区，日落在高楼大厦；

你若住在山林，日落在群山之外；

你若住在海边，日落在地平线下。

然而，无论日落何处，

　　我仍真挚地追寻……

　　小房间里，汤英伸有一架子的杂书。这首他写好的小诗，依旧静静地躺在他的书桌上。没有署明日期，也没有落好题目，却深深地叩紧着我的迷惑……在这样温馨有仪的家庭里，就在这小房间长大的青年，他文静、内向，他怀着一份虔诚，开始追索着生命中无数的疑问，开始了他那充满尴尬、欢悦、苦闷的青春期……

　　"即使汤英伸能免于死刑，我想他也要被自己的忏悔无穷地放逐下去，无颜回到这美丽的家乡。这才是最残酷的重刑吧！"

　　在汤英伸的小房间里，我隐约记起了高神父的这句话。

　　不是我一个人可以救你啊！

　　离开特富野，走进嘉义师专校园，迎面就感受到围墙之内一股尚未平息的议论。同学们的口中，不免也分析起这件命案的远因：汤英伸被迫离开学校。

　　"他被迫休学离校时，我们全班哭着送他走的……"

　　"谢美桦导师在课堂上说：休学对汤英伸而言，是福是祸，目前还不知道。同学们应该鼓励他，多给他写信。当时，我坐在我的位子想，应该是福吧，没想到他竟杀了人。"

　　"他跑去找教官求情，跪在地上，忏悔地哭泣，但教官说：不是我一个人可以救你啊！"

　　同学们都说，这位教官很疼爱汤英伸，却也无可奈何。那一阵子，为了苦苦等候学校召开训导会议，对他的命运做一个审判，英伸变成了另一个人样。"一大早，他走进教室，便趴在桌上，他的眼眶发黑。"这位坐在汤英伸旁边的女同学，含着泪说："我劝过他，好好照顾身子啊。英伸他就朝我凄苦地笑……"

　　训导会议的结果下来了。汤英伸因为在学校打麻将，林总教官认为汤英伸犯的这个错误，非处分不可，"否则，老师和学生的心里会怎么想？在立场上，我也有苦衷啊。孩子是你的，你自己带回去管教吧！"

　　最后，父子俩人商议的结果，决定自动办理休学。汤英伸说，"我对'留

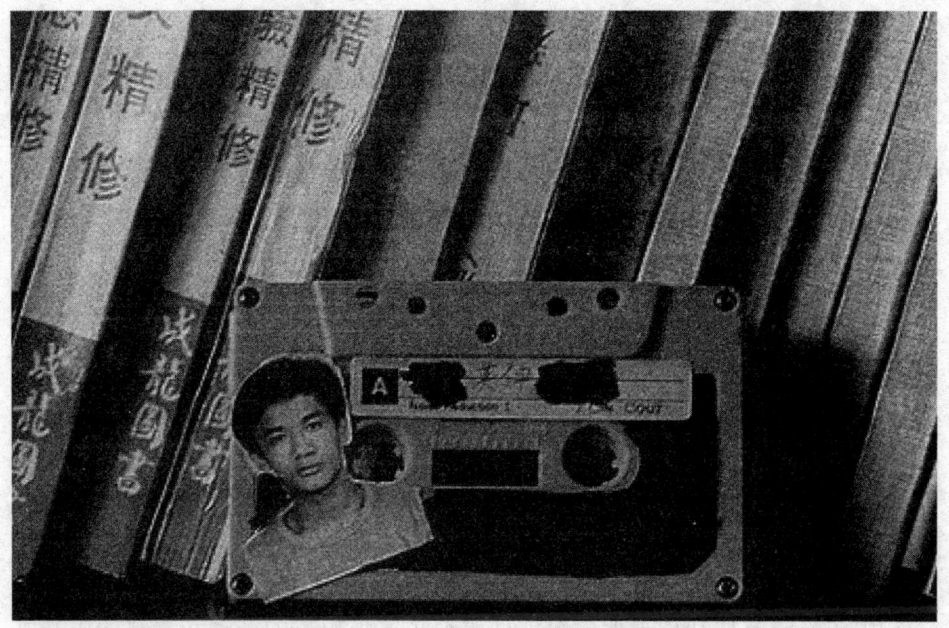

汤英伸录制的音乐卡带。 蔡明德 摄

校察看'实在没有把握，万一再犯了小错，被学校退学了反而不好。爸爸，我们下学期重新来，我用生命向您承诺……"

最后一次学期考试，汤英伸无心考试，在卷子上填了名字，便径自走出教室。他回到寝室，自弹自唱地录下这卷录音带，向四年甲班全体同学告别："亲爱的四甲，我们要别离了。啊！这一刻，不知道……心里什么滋味都有，真的不知道说些什么。说感伤，是有那么一点：说高兴，也是有那么一点点。但是，我还真是舍不得你们。相聚了三年，有欢乐，有悲伤，我们都一起度过了！我，不能改变什么，虽然我们要暂时分离一段日子，但我相信我们的友谊一定会永远存在……"

"下面这首歌，叫作'别离'，是多年前我流着泪做的……"

录音带里响起一阵铮铮鏦鏦的吉他和弦……

暮色中，我望见你的背影

深深呼唤失落的你

......

汤英伸落寞的歌声，似远似近地，在男生寝室萦绕着。闷热的午后，窗外传来低低鸣唱的蝉声。一个绰号叫"黑马"的同学说："一脚踩进那洗衣店，汤英伸他一定会这样想吧，'如此下去，我的前途在哪里？'每天送衣洗衣，好强的他，怎么受得了啊……也没想到结果竟会如此！"

汤英伸的室友坐在椅子上，沉入回忆中，想起过去汤英伸带给他们的许多欢笑。有些女同学说着说着，就哽咽、掉泪了。

到美国看热门音乐演唱会

"他是班上的核心人物！"

"他人很慷慨，所以自己口袋里常常没有钱。"

去年，汤英伸利用暑假到台北做水泥工，那粗重的劳动和毒热的阳光，使他全身晒得黑亮亮地回来。返校后，他嘴里时时挂念着那群陪他流汗、唱歌的山胞伙伴。他甚至一心想着与他们一起合组合唱团，走唱天涯。黑马说："他对音乐非常狂热。他说他最大的愿望，就是到美国看演唱会。"

从同学的口中，让你想见汤英伸是一位热情、上进的青年，他常常说："我要让他们在亮丽处看见我，不要在黑暗中看见我！"有谁知道，他的遭遇会把这句话整个儿颠倒过来呢？他失败了。三年之内，他被逮到几个小辫子：单车双载、不绣学号、爬墙、抽烟。这些让他总共记下三次大过、三次小过，再加上四次警告。可汤英伸也记过不少次大功小功和数不清楚的嘉奖。他参加校际才艺比赛、优秀山胞联谊会、党干部研习会、田径比赛、残障青年村，都为他争来一个又一个光荣和奖励。

提起抽烟这回，汤英伸被记大过，有一位同学黯然地说："其实，香烟是我抽的！"

"那天清早，我跑到他们的寝室去找汤英伸，他生病躺在床上。我坐在他床边，抽完一支烟便上课去了。没想到，我前脚才走，教官后脚就踩进了寝室。"这位同学说。"这个大过，汤英伸为我顶下来了，事后他不为这个冤屈吭一声。汤英伸就是这种人，全校同学都知道，他是我们学校的明星。"

经过几次叫他灰心黯淡的挫折和打击，有一天，汤英伸索性豁出去，他理了一个庞克头，奇装异服地在校园里晃荡。

"师长们应该学一学教育心理学，再来辅导我们，不要光是喊口号：说什么合理的是管教，不合理的是磨炼。"有一位女同学说。"合理的是管教，不合理的是磨炼"，是每一个嘉师同学口中，人人都能朗朗上口的一段道白，同学们说，在朝会上，在课堂上，他们听到太多次了。

去年十二月三十日，已经休学在家的汤英伸，接受同学们写信和打电话再三邀请，兴致冲冲地返校参加音乐晚会。就那个晚上，有位教官却冲着汤英伸说："汤英伸，往后你尽量不要回来！"同学们气愤地哭了，"即使汤英伸休了学，他仍然是学校的一分子啊！"同学们说。

汤英伸站在同学面前，佯作镇静地说："这位教官，也是为我们大家好吧！"可是，至今还没有人知道，在他返回特富野的路上，汤英伸那年轻易感的心，是怎样地因羞辱、挫折、怒恨而绞痛啊。

也就在那条山路上，在那个寂静夜晚，汤英伸悄悄地决定离家出走，不再返校。像一切受挫的年轻人一样，他必须离开使他感到挫败的环境，逃到另一个天地，从头开始。他想靠着自己的双手，去闯出自己的路子。

流尽了眼泪，也要让法官相信……

回到台北，我的办公桌上已经搁着几封信。有一封是这样写着：

亲爱的邱叔叔、蔡叔叔、官叔叔：

短暂的相聚，愿别后无恙。

事情发生后，我们只会哭，一面祈祷一面哭。因为我们根本不敢相信，真的不愿相信。但还是得面对事实，打电话问迪亚（汤英伸）的住址，"台北县土城乡立德路二号"，这是我们永远记得的地址。

初次去特富野，就深深爱上那个地方，相信你们也爱上了，可不是？你们问起我汤英伸写的那篇小说，我现在告诉您，题目是："爸妈！我们探险去！"内容描写一群年轻人到台北谋职的故事。小说中的人物读起来都很哀伤落寞。是否这就是迪亚潜意识里的悲怀呢？

迪亚就是这么尽责的一个男孩，有时甚至让我们觉得，我们实在配不上他，不配当他的朋友。真的，你们一定要相信。

我们曾经去打工，为了要体会老板对待工人的那种滋味。我们也曾想到台北去看迪亚，但他的时间都被排满了。至今，我们虽一直未曾谋面，但我们到特富野帮忙汤妈妈扫地，做家事。我们好喜欢汤妈妈和汤伯伯，和他们谈话也让我们学到许多的启示。我们也曾想跪在法官面前，即使是流尽眼泪，也要让法官相信迪亚不是个坏孩子。要是丹诺（注：美国著名的正义律师）来到台湾，丹诺一定能够救迪亚的吧，但是，谁肯相信我们年纪未满二十岁的小女孩的话呢？谁愿意听呢？然而我们一定要做下去，即使别人怎样骂我们傻，社会上若缺了这样的人，就不可爱，不温暖了，您说对不对？

祝

编辑顺利

雅惠敬上

一九八六年五月十三日

雅惠是斗六某中学高一的学生。去年，天主教青年团契在特富野举办活动，她的好同学刘雪燕游泳时陷入漩涡，差一点使她沉溺水中，被汤英伸救了起来。黄雅惠是这样认识了至今不曾谋面的汤英伸。汤英伸失脚之后，黄雅惠特地到特富野去，认识了汤家。一直到今天，她不断地为英伸祈祷，写信安慰汤保富夫妇。在特富野过母亲节那天，我认识了这位纯真的小妹妹。没想到她的信比我还要快速地抵达台北。

回到台北，心里却一直惦记着汤英伸妹妹的一句话。她坐在学校会客室里说："我立志要考上法律系，"她说，回想着她旁听了几次的台北地院，"将来，我要坐在那个高高的位置上，好好倾听每一个陷落法网的人，每一句打自内心的话。"

一起杀人命案，引起社会如此重大的回响，是大大地出乎人们意料的。

当我们从特富野回到了台北，四处采访几位律师时，他们都表露出极深的关切；愿意为汤案担任义务辩护律师的就有四位。这种人与人的友爱光辉，竟也抹去我们一路采访时心头上的阴影。落笔时，我禁不住掩卷喟叹着。我想起雅惠、雪燕、玉莲、淑燕、高神父、嘉师四年甲班的全体同学们。啊，但愿你们期盼英伸得免一死的愿望，不会落空，为了英伸，让我们大家再努力下去吧！

董律师的信念

当《人间》杂志的法律顾问董良骏律师，决定义务接下辩护律师时，已经是汤案第二审的尾声了。董律师花了两天两夜的时间，一口气读完所有的数据。他告诉我，正准备进入自己的书库，从犯罪学、社会学，和法律人类学的角度去着手研究。他也相信，不少的犯罪案例，往往是社会早已积累下来的罪恶所致，"人是脆弱的，人是很可怜的！"董律师喃喃地说着这句丹诺的名言，他充满悲悯的眼神，让我隐然觉得，董律师已经真正了解了汤英伸这个孩子。

五月廿六日，董

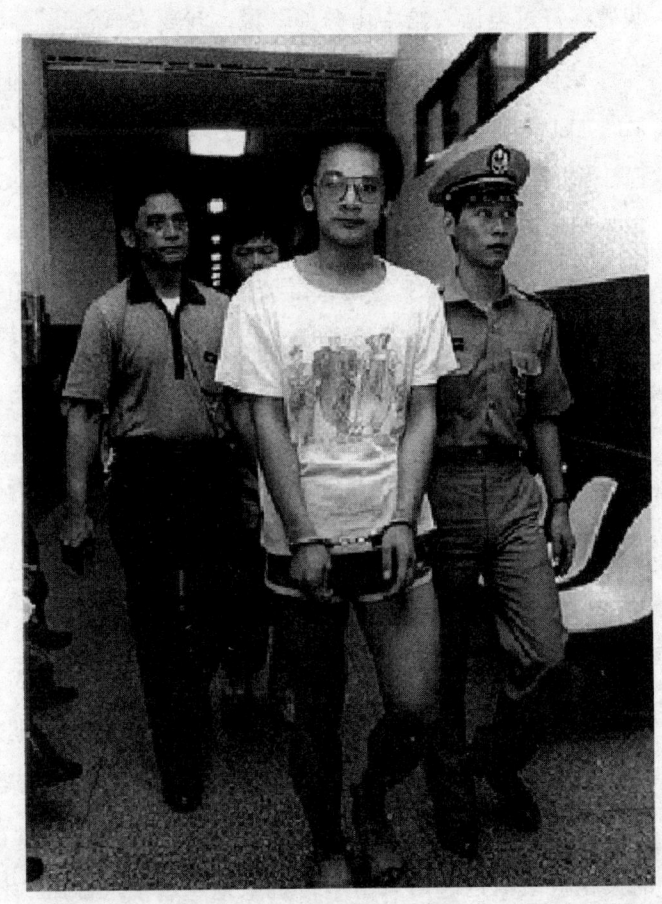

2月2日清晨，汤英伸在狱中打破眼镜，以碎片割腕自杀。6月25日上午，汤案第二审宣判，由于他在狱中表现良好，汤英伸奉准戴眼镜出庭。

律师向台北地方法院提出补充上诉理由：

"按上诉人于七十五年一月廿五日零时许案发后，于当日下午六时许，即主动向中山分局投案，坦承犯罪，有分局移送笔录可证。是上诉人应属刑法第六十二条对于未发觉之罪自首而受裁判者。"

"在汤英伸没有投案自承犯罪之前，没有任何人确认他就是凶手……遍查整个警讯笔录，汤英伸应该合乎自首要件的，"董律师严肃地说，"我还查到具体判例……"

由于董律师找到辩护的新角度，不到短短的几天，使得整个案情开始有了转机。六月十八日，汤英伸在法庭上嗫嚅地说："一月廿五日那天，下午三点，我曾经打过电话，给中山分局，说：我要去自首！"

法律上明文规定，自首是唯一减刑的充足条件。但汤英伸受到过度惊吓之后，加上他对自己苛重的忏悔，除了坦承罪行，已完全丧失正常求生意志。不懂法律的他，竟把这个自首的事实经过，隐藏在心里长达五个月，距离他第二审宣判日期六月廿五日，只剩七天。

六月廿二日下午。汤保富一个人坐在特富野的山谷中钓鱼。他一颗早已濒临崩溃的心，仍然高高地悬着。他默默地望着淌呀淌着的河水。即将登陆台湾的南施台风，开始细细地散起雨白来了。山巅上，阴阴地布下橘红色的浓郁云影……汪枝美独自坐在客厅角落。电话中，她慈祥的声音说："是下午，我要他去河里钓鱼的。这半年来，他，过的是什么样的日子……"在她哽咽的声音中，我也一时沉默了。

不！我们还有三审！

六月廿五日，汤保富和许多关心汤英伸的亲戚、朋友、神父，三个《人间》杂志的同仁和董良骏律师，都赶到高院第十八法庭。这是英伸二审宣判的日子。

从早上九点开始，我们都坐在法庭里，等着法官逐案审理和辩论。法庭的天花板上垂挂着两只吊扇，沉默地送着催人欲眠的风。我的心里抱着来自董律师答辩状的一线希望。辩护状说，汤英伸投案的过程、人证合乎自首要件。此外，董律师主张从英伸丰富的品格证据和杀人当时的情境脉络，说明杀人的激情因素。他希望庭上不单从三条人命死亡的结果去论断。"社会在它自己里面包含着许多犯罪的萌芽，由某种意义说，准备犯罪者是社会，个人只是它实行的工具！"

十一时三十分，全庭肃立，审判长开始逐案宣读判决主文。英伸的案件夹在十几个同时宣判的案件中，几乎没有人听清楚英伸的判决，我只听到"褫夺公权终身"，英伸就被押走了。

大伙儿疾走跟着英伸，问他听清楚没有。他只茫然地说"不清楚"。押送的法警说是无期徒刑，英伸的眼睛亮了，对汤保富说，"爸，我到里面，要好好请客……"

我们望着英伸被押走了，却怎也放心不下。后来问退庭的检察官。"死刑。绝对没错。"他说，消失在法院的走廊上。在我们沉默地站着的当儿，一个女孩忽然急奔下楼。我瞥见她满是泪的脸，啊，还是她，英伸的女朋友。

"我们长期一块作战，到了最后……"汤保富说。

"不，我们还有三审……"董律师说。

"请一起吃过便当再走。"汤保富说。

大家都推辞了。"我们还有事……"多么愚笨的推托之辞。我不知道和汤保富握了几次手，看着他黧黑的脸、浓浓的眉，比汉人大而且明亮的眼睛，和强抑在眼眶中的泪意，送他们上了出租车。

我想起带着"无期徒刑"的欢悦回到押房的英伸。"不！这个社会，不能这样把罪恶全归到你的身上。"我的心中呐喊着，"不！我们都是负罪的人吧……"

我把痛苦献给你们

原文刊载《人间》杂志第二十期

摄影 / 李文吉　文 / 官鸿志

整整的一年，我五次上山到特富野采访。编辑部也再三地督促，有关汤英伸的牢狱生活和审判结果，必须持续地追踪报导。我们所持的理由，在于即便站在弱小者的立场去作报导记录，人的关爱，也常常会失去耐性、经不起时间上的考验。以及，任何采访报导的人事题材，皆是活生生的人的问题，而不再是文化市场上的商品而已。这种工作哲学，当然是莫大的精神负担，却指导我尝到了另一种记者生涯的滋味。

这一年，我收到了许多读者来信。他们热切地讨论汤英伸杀人犯罪的社会因素。但总的来说，读者最关心汤英伸目前怎么样。也有人提出警告："世吉职业介绍所又在报纸上刊登广告，怎么办？会不会再度牺牲第二个汤英伸？"

许多问题，都是我无法答复的。一桩杀人命案，它的背后隐含着欺骗、压榨和侮辱，至少可以让我们去再三省思，从而在罪恶的苦果中提炼出有益于社会进步的养料，让一切受到欺骗、压榨和侮辱的人，重新获得释放。何况，罪恶也是可以赦免的，那必须依靠我们社会的正义结构因为汤英伸杀三条人命，而深有戒惕，不再漠视着人吃人的社会毒疮。

今年四月初，英伸的母亲曾经告诉我："刘律师已经来电话通知，要我们尽量抽空到土城看守所去看英伸。因为，来日恐怕无多了！"她只是想劝服我一个事实，法院并不肯采纳英伸的自首行为。

四月中旬，汤保富夫妇请假到台北土城看守所，我和李文吉在山上看家。回家时，汤伯伯说："英伸已经写完了第二刀稿纸。他在牢里写小说……"我问小说题材是什么？汤伯伯愣了一下，沉默地笑了。整整的一年，我从未真正地触摸到汤伯伯内在心灵的怆痛，他一直掩饰着。每天，从乡公所下班回家，他第一件差事就是钻进厨房里做饭，汤伯母撑着拐杖在庭内打扫落叶。这个家，一直过得很平静，却抹不去一层悲郁。我也知道，英伸的双脚和手，被铁镣和手铐磨破了好几次，长出了一圈厚厚的茧。

"他已经磨破了五床被子，"汤伯母说："放风时，英伸只能站在地上投篮……"

五月十一日上午，我在家里看书，心中还惦记着要去台湾大学采访"自由之爱学生运动"。突然，门外一阵铃响。杂志社同事范振国跑上楼，他说："汤英伸死刑定了！"

骑车到办公室，我的眼眶已经溜转着泪水。我不肯相信这是事实。我最先想到汤伯母的苦绝遭遇。七年前，她重摔跌落山谷而半身麻木。三十余年前，她的父亲汪青山在土城看守所因为政治事件被枪决。如今，一颗子弹又即将划破她默忍悲泣的胸膛。

这几天，我窝在家里写稿子，足不出户，却让我成了杂志社中最后一个知道消息的人。从昨日起，许多同事已经开始分头去奔走，为英伸请命。在办公室向各地联络消息，并打电话回到特富野。

"我也不知道。汤伯伯、汤伯母和玉堇都一声不响地赶去台北。听说，高神父和马神父也都赶去了！"英伸的表姐汪雪梅在电话的那一头这样说。

我内心起了一阵不祥的感觉。我也知道，汤伯伯不会去惊动任何人了。自从英伸出了事，他始终心怀惭愧；也始终没有忘记，这已经是全体邹族人内心里的哀痛。现在，他想独自去办理儿子的丧事。三十余年前，他已经默忍了这一切，他的叔叔汤守仁也是因为政治事件在土城看守所被枪决。这相隔三十余年的两声枪响，愈来愈逼近，重叠了。

发行人陈映真提前结束哲学博士王浩先生的访问，赶回到办公室。下午三点半，我从南国饭店被召回社内开会。在饭店小客厅，我足足守候三个钟头，并没有等到汤伯伯一家人，而一切请命行动又必须请示汤伯伯做主。

王菲林、范振国和陈映真都分别提出最新状况的报告和意见。但他们的话，我一句也听不进去。主观上我认定这不可能是事实。"如果这个大前提没有搞清楚，一切讨论都是空的！"我这样说。这个幻想，使我掉入严重错误的盲点，不能自拔。

五点三十分，汤伯伯终于联络上了。高神父也打电话来，表示愿意参加今天晚上的聚会。

晚饭当中，汤伯伯冷静地说："今天上午，我们获得狱方格外通融，在一间小型的会客室和英伸会晤了。为了不动声色，我们分别编了一套全体来探望的理由。庄清廉神父到台北来探望母亲。高神父来治病，正好大家凑在一起……"

他又说，英伸似乎已经看到了被狱方挖空的一则新闻。坐牢的死囚最害怕看的，就是"挖天窗"。"英伸的脸色有些激动"，汤伯伯回忆地说："他抽泣，猜测死刑枪决的日子果真来临了。"我在一旁听着，觉得一个知道自己在几天内就要被押到刑场的人的悲哀，也感到这种至为善意的遮瞒本身的悲哀。

不能不为苦主的悲哀着想……

五月十一日，晚上七点钟。

编辑部（人间）邀集了新闻周刊、当代杂志、南方杂志、文星杂志、海峡杂志、远望杂志、前进周刊，以及平地山胞立委蔡中涵、兰屿雅美族诗人施努来、原住民权利促进会会长刘文雄、旅北邹族联谊会干部汪立华、蒲忠成、全国大专院校山地学生会会长赵贵忠、绿色录影小组王智章、中国时报心岱、联合报杨宪宏、中央研究院胡台丽、台大教授张晓春、长老会山地劳工福音之家陈秀惠和江秀英等二十余人，聚集在民歌手邱晨的家中，共同商议最后拯救汤英伸的办法。

我们想到由山地九族代表、宗教界和文化界人士，分别联名发出请求格外再议汤英伸案，紧急延缓执行的电报给蒋经国领导。这是因为，不论如何，法律途径已经走完了，而唯一给枪下留人的机会，是领导人的决定。我们当下分别草拟电文，打电话联络人同意签署。这时，陈秀惠用电话取得了台湾基督教长老会总会总干事高俊明牧师的同意，玉山神学院院长杨启寿和副院长童春发以下的教授、学生干部代表也同意签署。学界、新闻界、文化界的朋友也纷纷慨然允诺。同时意。

在拥挤的小客厅，我们默默地感受到不分教派、种族和肤色的这一份团结的喜悦。最令我感动的是小说家王祯和，他因患癌症病卧床上，说话困难，却不忘记叮咛我们："教育这个孩子！"我们的心情哀伤，但却同时在心中洋溢着温暖。

有些朋友这样主张："为了紧急救援，应该采取比较强力的诉求，第二天到立法院请愿。"汤伯伯始终沉默。最后，他这样说：

"对于大家的关切，我的感激，无法用语言来表达。但是，请愿一事，我考虑到苦主家人的心情。我个人觉得，不应该这样做。英伸是我钟爱的孩子，但我这时却不能不为苦主的悲哀着想……"

大家沉默了。

从去年五月到特富野采访，一直到现在，我看见汤家夫妇极高的人间品质。在爱儿失足的伤痛中，汤伯伯和汤伯母始终保持着一种温慈、尊严与礼貌。即使到了现在这时刻，他惦记着次日到长庚医院社工部办手续，准备完成英伸将器官捐赠给社会的遗志。

他是我们的孩子

心岱说："此时此刻，英伸已经不是您的儿子。他是我们社会大众的孩子……"

大家都跌入这句话的背后隐含着的深意。心岱，一位身上散发着母性慈蔼的记者，去年八月，她曾经一个人发动募捐想要买下两大报半版的广告。标题，她已经构思妥当："汤英伸案，假如您是陪审团！"

胡台丽说，她愿意为邹族的向上，做任何事情。但她觉得汤伯伯的意愿，应该受到尊重。我们搁下起草文件的笔，默默地凝视着汤伯伯不能不说是高贵的、动人的人间品格，暗中惊诧不已。

我们都觉得汤英伸有罪，我们都觉得苦主家庭的惨变，令人震悼。但我不禁觉得自己的眼眶里，燃起了呼赤赤的凶光。不禁地，在心中责怪汤伯伯的人格。

但我们都祈祷邹族少年汤英伸能有机会存活下来，凝视他的过错，凝视自己刑余的生命。我也曾默默许下心愿，假如英伸果真获得缓刑，我可以等待他坐牢出狱以后，用十年、二十年的时间来追踪报导他重新再生的心路历程。我甚至幻想，他一定会成为圣芳教会的弟兄，用爱与希望去走完他赎罪的刑余的生命。这是最高形式的美，我始终深信不疑，英伸的生命底层，饱含着这种质性很美的性格。然而，诚实地说，今晚几乎没有人对这迫在眉睫的死刑执行，抱着发生奇迹式的希望。

我们十一日深夜的最后工作，是写一则广告稿，呼吁政府采取紧急行动，延缓死刑。我们想到的广告标题是"枪下留人！"自立晚报社长吴丰山在下半夜慨然允诺给我们半十批的广告版面。这项消息，使人振奋感激。张富忠和我连夜发打，做美工，一直到天亮八点才完了稿。

我们预测枪决执行日可能是十四日清晨，只剩两天的时间。"但我们深深感到，冷漠成性的我们，使山地社会快速崩解的原住民政策，僵硬不肯理解年轻人的教育体制，都无法逃避这惨案的责任，无法不分担一份最深的哀伤。"张富忠要我手捧着这一份"枪下留人"的广告稿上车。这时刻，黎明破晓了，车子正好路过建国北路，去年一月，英伸曾经站在这巷子口等候一名警察，来带领他去警察局自首，可惜，这名警察失了约。

意外的希望

五月十二日，早上十点钟。

我离开自立晚报馆，赶到怀宁街南国饭店，准备陪同汤伯伯到林口长庚医院社服课办理英伸的器官捐赠手续。昨夜，钟俊升、范振国、张晓春教授和蔡中涵立委都分头展开了救援工作，至今情况不明。今天早上，一切的联系以王菲林和邱晨为中心。

十点廿五分，蔡中涵立委打电话到南国饭店，表示林洋港院长正在开会，暂时无法面呈这件紧急事件。十点三十分，我打电话回杂志社，王菲林表示要我快速赶回去，准备向台北济南教会翁牧师亲面报告。王菲林说，"翁牧师答应试着向领导人面陈这件事！"

放下电话，我第一次感到这是意外的希望，决定再次恳求汤伯伯暂缓办理器官捐赠手续。"救人要紧！"我说。汤伯伯的脸色凝重，彻夜失眠使他深峻的眼神蒙上一层哀愁。

"我只是想安静地带走我的孩子，办完英伸的遗志。"汤伯伯说。打从昨夜，我便一直思考着这个问题，一个被压迫百余年的民族，在汉族人的社会中从来没有发言权的人，他们的手和脚，他们的思想与希望，一时间也挣脱不开这一层层的束缚吧。这个牢紧的束缚，当面临着死亡时刻，更加使人百感交集了。

我突然觉得很惭愧，下决心不再污辱汤伯伯的高贵的心灵。如果一个人决心乐意接受死亡，那么，一切的欺骗、压榨、侮辱和苦痛都会复活；如果麦子不死，子弹与泪水都是短暂的痛苦……

李文吉、汤伯伯和我坐上计程车。因为长庚医院的陈小姐已经打电话来催促，我们没有多余的时间去犹豫（同此时刻，汪立华已经拍电报给领导人，王菲林和钟俊升赶往台北济南教会）。

"请接台北龟山监狱总务课；我这里是长庚医院。嗯，汤英伸这个孩子，他说，愿意把器官捐赠给社会……"

"缴一份家属和受刑者同意书就可以，好！廿四小时内通知家属。"

电话的那一头怎么说？我无法知道。但我仿佛知道那边是枪声的方向，心中涌起一阵毛骨悚然与哀愁，毕竟，此时此刻，我们欣然接受了。

坐在泌尿科办公室，陈小姐正在和龟山监狱、土城看守所联络。她表示："台湾的医学技术只能取到英伸的眼角膜，其他的一切器官捐赠皆会因为血液循环系统功能终止了，而宣告放弃！"

英伸和汤伯伯的遗志落空了。我们感到那是一种死亡无法取代的痛苦。"除非，英伸在脑死的状态下才有办法捐赠一切器官！"陈小姐又说。

"有没有特殊的管道，可以完满地成全英伸的遗志？"我们一致地向院方提出这个恳求。

答案是破灭的。一切，都有法律程序给束缚住。人的价值在死亡前夕仍然是法律下的奴仆，由法律支配一切。

人的价值，只是空洞的哀嚎。

下午三点二十分，汤伯伯捺下手印。"皮肤、骨骼、眼角膜"几个字，终于填进了空白表格。"皮肤和骨骼"，是汤伯伯向院方争取来的。院方说"这两项器官遗体，唯一不受到血液循环系统的影响！"

下午三点，自立晚报"枪下留人！"的第一版广告，开始出刊上市。

三点半，李文吉要求汤伯伯站在长庚医院为捐赠遗体的人设立的"遗爱人间"的告示牌下，拍照留念。一切呼吁和奔走，似乎都接近尾声了。我们似乎已感到内心一股凛然的肃穆平静力量，我们将忍下泪水，心甘情愿。

三点四十分左右，杂志社挂了二通电话来。社会服务课马课长用广播器呼叫，"汤保富先生电话！人间杂志官先生电话！"

二通急电。天啊，"上级领导来的消息，他们，宣布汤英伸的死刑暂缓执行！"汤伯伯吓呆了，他在电话里喃喃地，一再重复地说："谢谢！谢谢你们！谢谢……"

我将毕生无法忘怀

茫然良久，他眼中溜转着隐约的泪意。我们匆匆地握手辞别马课长和陈小姐，坐上计程车赶回台北。很久很久，我们说不出话来。我隐隐地记得，下午，我们坐在长庚医院的草坪上，讨论着要把英伸的骨灰埋葬在故乡的小山岗。在那么一座山岗，英伸可以俯视故乡的远山近水。

英伸的死刑，初步暂时延缓下来了。人间杂志全体编辑和业务人员一片欢呼，几个同事的眼中闪耀着泪光。王津平老师和陈映真伏在编辑桌上赶稿，范振国和美国那一方面的华籍作家取得联络。小说家黄春明从日本来电话，表示"支持一切救援行动"。中国时报心岱和钟乔也赶到办公室。汤伯伯在南国饭店接受中国时报和自立晚报记者的采访。一位自立晚报读者打电话来，表示愿意买下"枪下留人！"的广告，请求汤保富先生同意。"但这位读者不愿意留下姓名。"

电话一直响个不停。这个消息，也立即传回到特富野。

"这个消息，是太大的惊异。这两天来，我是绝望的。我谢谢人间杂志的同仁，谢谢从昨天以来不眠不休地为小儿英伸请命的文艺界、文化界各位女士和先生，也谢谢山地九族，山地知识青年……"汤伯伯说，"他们无私的帮助，使我十分钦佩。我要特别感谢领导人的迅速关怀，我将毕生无法忘怀……"

中国时报记者赶到人间杂志社来采访，汤伯伯作了以上的表示。陈映真则说：

"两天来的哀伤、焦虑和疲惫的工作，不但使我们感到我们这个社会还具体存在着人的温暖与爱，也具体感受到某种激励人心的新的东西，正在我们的政治、法律和人文各范围内滋生着。我感到喜悦……"

非常上诉，民族的大爱

晚上，高神父、陈映真陪同汤伯伯赶到董良骏律师事务所。董律师是本刊的法律顾问，一直坚持英伸合于自首要件，也愿意为后续的法律行动作出贡献。"这是一个律师的职责。"他说，"但最高法院已经判刑定谳，此时此刻，只有法务部最高检察署可以提起非常上诉的再审权力！"

有没有"非常上诉"的特别途径，成为本案最主要的关键契机。至于呈请领导人予以特赦或减刑，自立晚报记者于智勇说："当然，领导人亦可能依宪法主动行使特赦或减刑。唯就目前状况判断，汤英伸寻着非常上诉之途，或有可能。但获得再审特赦、减刑的机会，则几乎不可能。"

这两天，大家的心情起起落落。好几回，已经濒于绝望的边缘，又豁然碰到一线生机。今天晚上，参与救援工作的人员仍然不眠不休地赶工、打字。一份题名为"延缓汤英伸死刑执行申请书"，总共有一百二十余名各界人士联合签署，准备明天早上呈给蒋经国、李登辉和林洋港院长。申请书上这样写着：

> ……社会在他自己里面包藏着许多将来犯罪的萌芽。从某种意义上说，准备犯罪者是社会，个人只是犯罪实行的工具而已。汤英伸的悲剧，又一次让我们深切地吟味了这个犯罪的社会要因论，哀恸震畏者良深。
>
> 其次，就法律观点而言，各种证据都显示汤英伸投案的经过，完全符合"自首"的要件。承办警员郑茂成，方直堂，均在调查庭中说明，汤英伸未到案之前，治案单位"只怀疑他是凶手""认为他涉嫌重大"。查民国二十年上字第一七二一号判例：涉嫌人投案前，治案单位"虽已知犯罪事实之存在，唯犯罪者为何人并未确知"时，得为自首。
>
> 因此，我们台湾原住民九族、台湾原住民知识青年和我省文化界、文艺界、学者、宗教界和新闻界共计一百二十二人及六家杂志社，不乱唐突，特别悃诚联名上书。恳切请求钧座格外再察汤英伸案，采取最急迫措施，延缓迫在眉睫的死刑执行，法外施仁，以谋再议的途径，一则在当前司法革新声中见宽厚体恤之仁，再则以消弭民族的怨惇，促进社会的团结，则为国家与民族的大幸了。

这一夜,我陪在汤伯伯的床侧。他睡得比较熟香,但半夜,还是惊醒过来了。

我要使他复活

五月十三日,早上九点钟。

高神父、庄神父和汤伯伯,三人开车到土城看守所,为英伸作最后的安息弥撒。英伸是一位虔诚的天主教徒,在受刑枪决以前,必须接受这个庄严的仪式。圣若望福音说:

"凡父交给我的人,必到我这里来。而到我这里来的,我必不把他抛弃于外。凡他交给我的,叫我连一个也不丢失,并且在末日,我要使他复活。"

这是一个肃穆的早晨。晴空下,栅门、岗哨亭,一排排僵冷的牢房,仍然偎依在神的眷顾下,静静地矗立着。英伸的本堂神父高英辉特地带来了一个精致美丽的十字架,捧在他的手心窝。昨晚,高神父皱着双眉,告诉我:"对土城看守所,我没有好印象。因为,我的父亲高一生也是在那里被枪决的。"

这几天,我们没有丝毫的心情去回忆过去的伤痛记忆。要是有的话,也仅仅在我的内心里起伏溜转着……

今年四月十九日,我从特富野回到台北,初步结束了有关"邹族三部曲"的田野调查。我渐渐了解到,扭曲的吴凤神话给这个民族带来巨大的历史伤痛。嘉义县政府投下一亿五千万元,建设一座华丽的吴凤庙,却不肯批准一块钱贷款给邹族人自力救济搞起来的合作农场。甚至,一位郭课员说:"你们有没有办法保证不赔? 没有贷款,也没有看见有人饿死!"

山上,最短缺就是经费。农业凋敝,任何法子都找不到出路。于是,村民采取了自力救济的行动,却又遭到层层的打击、污蔑。但是,我们汉族诗人杨牧则把吴凤歌咏成:"阿里山之神/全人类之神",并说邹族人"全部/全部都是我接生的孩子"。可是,这一批"被接生的孩子",究竟沦落到何堪的境地。我们竟罔顾一个民族的尊严,去沿袭日本帝国主义所捏造、篡改的吴凤神话,忍心去让邹族的代代子孙生活在"吴凤乡"这个地名底下,永不能翻身。

五十年代初期，邹族又不幸发生一场政治事件。上个世代的邹族的少壮精英分子，如今，只剩一堆白骨了。我们汉族人从来不能理解这一份民族的哀伤，如何地被邹人深埋在历史断层的深渊里，现在，我隐隐地感觉，这个曾经让高神父、汤伯伯年幼时渡过恐怖、震悼和哀伤的记忆，再度复活了。

遗憾我的小说没有写完

我衷心地希望：我们的社会如果乐意去了解法律以外的各种问题，就必须从这个历史脉络上开始。因为，"法律从来就不是自圆而独立的体系。它来自社会文化，是社会文化的函数；同时，它也身负社会文化的使命。"

只有受到屈辱的人，才能默默地吸吮着民族的哀伤与血泪。我们汉族人岂知道，"我们的手曾经是不干净的！"这是我五次到特富野采访，给我毕生难忘的教育。邹族人从来不曾在我面前控诉，"清朝通事吴凤侵占我们的土地，诈骗交易买卖，残杀我们杜家三十余名勇士，所以我们才用箭射死吴凤！"一位杜家人士曾经这样告诉我，但他的眼神里，并没有怨悱。

"怨悱"两个字，似乎距离英伸非常遥远。他仍然执意要父亲办理器官捐赠手续。昨晚，他已经写好了一张最后的遗嘱，表示不论如何，希望完成这份心愿。

早上，九点四十分左右。狱方警员送进来一份"台湾高等法院判决书"，请英伸捺下手印查收。下一步，就是等待法务部批准下来的枪决令。英伸仍然像往常一样，早熟、体贴而忧郁。他默忍着悲苦，不愿意再让父亲难过了。

"有两名弹吉他的朋友陪伴我，"英伸悠悠地说："也很遗憾，我的小说没有写完……"

汤伯伯再度奔到林口长庚医院，补办英伸的器官捐赠手续。由于困顿失神，再由于良心上操虑着彭家苦主的公平待遇，他累倒了。我看着他吞下二十几颗药丸子，躺在床上，辗转难眠。

晚上八点，高神父和邱晨赶到了。我们初步地放松了几天下来的焦虑，把话题转回到特富野山上。邱晨提出建议，他说："下一季梅子成熟时，我们可以休假一个星期，到山上帮忙汤伯伯采收梅子。"

因为山上的人工短缺,青年人流向都市里讨生活。这个建议,似乎不失为好的办法。可远远比不上山上人家用"轮流换工"和"集耕集营"的方法,来弥补劳力不足。这种从本土性搞起来的自救行动,使我联想到,我们校园中读了满脑子理论书籍的进步学生,如果他们愿意摆脱一切,下乡去实践,或许不失为一个全面搞活山地社会的一条路子。

宽赦,使爱得以完成

五月十四日,早晨七点起床。

第一件事,就是去台北车站买报纸。最引起汤伯伯注意的是中央日报一则新闻:"法务部邀集台湾高检处有关人员,对于汤英伸被判死刑确定一案,正仔细研究全案。法务部表示,若在全案中发现可以提起非常上诉的条件,法务部将指示最高检察署长石明江提起非常上诉。"

官方报纸发布的消息,给汤伯伯带来一份慰藉。至少,死刑执行似乎暂时延缓了。他站在怀宁街口,沉思良久。同时,他也牵挂着乡公所今天召开的"村代表大会",负责研考和总务业务的汤伯伯,不得不出席这个会议。因此,汤伯伯表示:"今天必须赶回去开会。"

九点钟,高神父赶到旅馆来辞行。他也是读了《中央日报》的新闻以后,才作此决定。

"这么做,恐怕不妥吧,倒不如挂一通电话给代表会主席。"我劝阻汤伯伯打消去意。内心里,却仔细嚼味着:"昨天晚上,高俊明牧师那边传来了乐观的消息。层次很高、语气笃定,并且与中央日报今天发布的新闻,不谋而合。"

"美华报导"杂志两名记者来采访。陈秀惠也打来电话,这几天,长老会的协助都是靠着她取得联系,帮助颇大。她说,"人权律师郭吉仁正试着和你联络!"这一年,我陆陆续续地知道,李胜雄律师、蔡明华律师等人,都十分关切英伸的案子。而我自己怠慢懒惰,加上不懂得法律知识,因此错失各方群策群力的宝贵机会。

下午四点,由郭吉仁律师陪同,我第一次领略了高俊明牧师的人格风范。长老会总部也为着英伸的救援工作暂时停止了进行中的会议,由郭吉仁律师提出募款二百五十万的构想。我们募款的主要目的是,用爱、宽容与赦免来抚恤彭家苦主，并且帮助生命流离的原住民解决都市生活的调适问题。这一次募款行动，高俊明牧师当场慨然同意，并且允诺由长老会总部发动教友们募捐。"这是一件令人疼惜的悲剧，同时，我们也必须以同样疼惜的爱去照亮彭家苦主……"高俊明牧师说。

高牧师也建议我们赶紧去找天主教总部的马天赐神父。他说："汤英伸就像是马神父的孩子一样。这两天，他正四处奔走！"

我们讨论的另一项议题，则是推荐罗荣光牧师、马天赐神父和邱晨三名代表，今天晚上前往彭家苦主去慰问。因为，罗荣光牧师曾经向我表示："希望取得彭家苦主的电话和地址，愿意长期照顾他们的心灵。"于是，募款和慰问的工作，同时展开进行。

我并不是有信仰的教友。但两天的焦虑、失望当中，我深深地感到宗教带给绝望的人最大的安慰。尤其是光复四十年来，只有教会真正照顾了原住民的心灵和窘困的生活。这一点，台湾的学界和文化界恐怕是要汗颜的。

见到马天赐神父，他也满口答应了，但募款工作必须请示中国天主教团主席单国玺。单国玺主席因公务出差到花莲，由陈映真以电话报告详细情形而获得允诺。单国玺说："用爱与赦免来疗愈这个伤痛，是一件非常有意义的事情。如果他们还觉得我的名字可以用得上，我是答应的……"

焦虑、沉默、等待、企盼

大雨滂沱。台北街头的社会各个角落里充满着人的温暖与爱。短短的两天当中，"我们具体感受到某种激励人心的新的东西！"陈映真握紧郭律师的手，反复地说着。这两位人权斗士，终于在不同的人权岗位上增进了彼此间更深刻的友谊。同时，我们也为着天主教和长老会的正义合作，感到万分激动和喜悦。

下午六点，人间杂志同仁恰好正忙着赶工作业，开会，打电话联络海内外作家学者，并邀集联名签署。不料，却接到三通电话。电话里说："上级领导来的消息，汤英伸已经没有希望！"

编辑室内，大家都沉默了。

这几天,我们已经忍受惯了起起落落的变化。但手头上的工作却怎么也进行不下去了。如果,汤英伸终究无法免于一死,那么原订的募款计划必然受到一定的影响。这瞬息万变的景况,我们在道义责任上必须向郭律师、单国玺主席、高俊明牧师提出说明和报告。否则,明天又将是如何的后果?

电话铃响——

"好消息。彭家苦主明天早上九点愿意召开记者会,公开向社会宣布:他们愿意赦免、原谅汤英伸……"邱晨在电话里激动地说着。这个令人悲喜交集的消息,使我震动。但我怎么启口,告诉邱晨:"英伸没有希望了……"

汤伯伯仍然苦守在南国饭店。中国时报记者明立国和何金山正陪着他聊天。

马神父、郭律师、邱晨、罗荣光牧师、陈映真和几位天主教修女,在编辑室内举行最后一次的会议。大家仍然决定照着原订计划进行:"郭律师明天一早去提款五十万,长老会也提款五十万,先凑足一百万元给彭家苦主。"这是初步的决议。然而,坦白地说,大家的心情相当沉重,竟也不再那么理会上级领导来的消息。这时,我向列席者报告四家报社传来的最新消息:

"大华晚报今晚发布新闻,汤英伸的非常上诉已经被法务部驳回。联合报和中国时报记者今天去采访的结果,表示法务部没有作任何公开性的透露,并表示明天开会再审。民众日报记者则表示,非常上诉可能没有希望!"

另一位年轻导演朋友则打电话来说:"影剧圈子的消息透露,明天清晨五点钟,汤英伸在土城看守所执行枪决!"

我们商议的结果,判断最后这个消息可能是错误的。不论如何,我们总是默忍着焦虑,愿意朝着爱与宽赦的方向去设想。我们也信赖着我们的社会有能力去疗愈创痛。

不少的朋友都赶到了。拥挤的编辑室,弥漫着一股焦虑和沉默。赖春标、钟俊升、李文吉、蓝博洲、李三冲、传岛、王智章等人,正围绕着执行编辑范振国一齐讨论,大家会商着如何应变明天的紧急状况。午夜两点,赖春标和传岛赶去土城看守所;钟俊升负责长庚医院和彭家苦主的记者会;蓝博洲守在杂志社,负责一切联络;李三冲和李文吉陪侍汤伯伯。我负责募款广告稿的完稿工作。

一切安排，只有最好与最坏的打算。我们祈祷，希望英伸能够平安地渡过这个夜晚。

我把痛苦献给你们

五月十五日，破晓黎明。

风声，呼赤呼赤地刮着。高耸的围墙旁边，三位早醒的老人站在人行道，摆动他们的肢体。鸟声开始鸣叫，岗哨亭里，站着一个悚忽、静止不动的黑影。录影机的伸远镜头，正从路边的高楼上，朝下俯拍着土城看守所的内景。时间是清晨五点半，突然，第一声枪声划破了冷凉的空气。闷闷的枪声，一直传到对面的远山，相隔三十八秒，传来第二声枪响……

（四点半，汤伯母在睡梦中惊醒过来！）

（五点，汤伯伯接到一通无声的电话。）

六点四十分。汤伯伯才接到土城看守所打来的电话，他们说："您的儿子在台北市立第一殡仪馆，请您去领回尸体。"

汤伯伯踉跄地跑下楼去。

他一不小心，在楼梯口跌了一跤，也不知如何被刮掉了一层皮肉，流着血。不久，他仓皇的影子，消失在清早的台北街头。我们跑着追他，却怎么也追不上了。

他拒绝签下长庚医院的捐赠补助费。他为爱儿英伸的纯洁的遗志，作最后的挣扎。

"他在里面……"

汤伯伯走出殡仪馆的冷藏室，喃喃地对我说。

他的手里，握着英伸最后领洗的圣神十字架。圣体的头像，曾经被英伸在受刑时的力道扭歪，他，垂爱着人间流离悲苦的双手，钉在十字架上。似乎就在这时刻，仍然遗留着爱儿英伸的温体。

"耶稣，是他临刑前唯一的亲人。"汤伯伯说。

于是，他开始流泪了。他一个人，抹去眼角的泪痕。

第一殡仪馆安顺厅奏着哀乐，我们的朋友却献给英伸一首莫扎特的"安魂曲"，黄色小菊花和紫色的花。也有朋友在小纸片上写下心中的话，心中的叮咛，陪着英伸一起入土火化。

英伸，你终于可以回家了。前年，十一月十六日这一天，你留书离家出走，在日记上，你说：

"假如说得没错，这是别人的学校。我只是在校规下生活，没有权力改变什么，也不能怪罪任何人。……尽管如此，我还是咎由自取地往火堆里钻，明明知道，只能感受到那非常微小片刻的温暖，旋即又被熊熊的烈火吞噬了。我还是做了。但我相信，上天不会把活路绝灭的。我把痛苦献给你们……"

你的香炉，无声无息地燃起了熊熊的火焰。据说，这是你有话要说的征兆。安息吧，英伸。美丽的故乡等你回去。

‖ 分析与评价

汤英伸一案历时已久，但它仍然是一个非常典型的案件。这个案件很集中地呈现出了这样一个问题：新闻媒体和新闻报道究竟应该是客观冷静的观察者，还是应该积极投入事件发展进程，推动事态发展，成为新闻事件本身的一部分。

在这个问题上，《人间》杂志无疑是持第二种立场的。从援引的第二篇报道《我把痛苦献给你们》来看，杂志社为汤英伸做了很多事情：他们频繁接触社会知名人士来倡议、买广告版面呼吁"枪下留人"、为苦主付款求取谅解，甚至到上级领导那里陈情。通过这一系列活动，媒体已经深深地卷入到了事态的发展中，倾向性极为明显，失去了公允平衡的立场。

按照我们现在通行的新闻理论，这无疑是犯了大忌了，可能甚至有人会质疑它算不算是新闻报道。但很奇怪地，这种报道却并没有引起大多数人的反感。在我的某一次课堂上，我请学生们阅读并对这篇文章展开论述。大部分的学生对人间杂志是赞誉有加的。

为什么？这不是不对吗？

从新闻理论的角度来说，固然它可能是不对的。但是，人间杂志的这些做法却可能和我们血脉深处的某些东西暗合。在我们的新闻课堂上，也讲客观性，但似乎"铁肩担道义，妙手著文章"的说法更能够深入人心。

此联的出处是明朝忠臣杨继盛的名句，杨一生为反强权，与奸臣严嵩对立，把生死都置之度外。据说，在他第二次被诬陷下狱，临刑前在狱中墙上题了两句述志诗："铁肩担道义，辣手著文章。"李大钊十分推崇杨的品德，在1913 年主编《晨报》副刊时，就在创刊号上选刊了"铁肩担道义"一句作为警语。对于李大钊的学问人品和废寝忘食的工作态度，章士钊和他的妻子吴弱男是极为尊敬的。后来，当章士钊倒向北洋军阀政府时，李大钊感到非常遗憾，希望吴弱男能劝劝她丈夫，不要与反动军阀同流合污。一天，吴弱男请李大钊写副条幅以为纪念。李大钊便手书了此联："铁肩担道义，妙手著文章。"此联只在杨的名句上改动了一个字。而这一字巧改，实在是他自己的述志和写照。

著文章的是妙手还是辣手姑且不论，这一呼百应的"铁肩担道义"似乎就没有那么客观。它并非要求置身事外地旁观，相反，它要求记者有立场、有气节、有态度。人间杂志的做法，固然与新闻客观性不合，但与这副对联却有其一脉相承之处。而后者，是寄存在我们的血液中的东西。

由此我们可以展开反思的，是客观性本身。在我们的文化中，或许也有旁观的基因——隐逸文化就是某种程度上的旁观。但它绝非主流，也并非备受推崇。相反，只有那些积极介入事态发展，为公平正义道德的实现摇旗呐喊，才是正路。在这种文化背景中，如何引入和理解新闻的客观性，是个很重要的问题。它看起来是单一理论的接受与接收，但往深里想，它又可以引发更多的问题：新闻有放之四海而皆准的真理吗？如果有，它是什么，就是客观性吗？如果没有，那么产自西方的客观性理论如何实现与不同文化环境的嫁接和本土化呢？

新闻有放之四海而皆准的真理吗？这个问题太难回答。假设它有，那么，是客观性吗？这我们就要从历史的角度来检视。从历史来看，客观性理论并非由来已久，它是随着商业报刊，尤其是通讯社的兴起而出现的一种报刊理论，至今历史不过一百多年。而且在这一百多年的西方新闻界，客观性也并非一统天下，有若干报道流派就是对客观性的反动——比如说，"新闻报道"就强调主观性的写作。所以，对于客观性而言，正确的态度应该是，尊重它，但它也绝非真理。

媒体的自律

媒体及其从业人员应该如何加强自律是新闻伦理的核心问题。要做好这一点，需要从新闻界的行业协会、媒体机构及从业人员三个不同的层面入手。

广州日报公布自律规范

2007 年 2 月 5 日,《广州日报》在 A5 版公开发表了《广州日报采编行为准则》。该《采编行为准则》自公布之日起实施,该报的每一位采编人员都受准则约束并希望社会各界对违规行为进行举报和监督。这是我国报业第一次向全社会公示职业行为准则。

2011 年 1 月 1 日,《广州日报》又在 A14 版上再次公开发表了《广州日报采编行为准则》的修订版。在这一版中,补充了对于网络信息来源的若干规定。以下是 2011 版《采编行为准则》的原文:

广州日报采编行为准则

"追求最出色的新闻,塑造最具公信力媒体"是广州日报的追求。广州日报每一个采编人员都要为新闻媒体公信力负责,同时接受全社会的公开监督。

保障报道的真实与准确

真实与准确是新闻的生命,也是广州日报对报道的最基本的要求。

通过合法和正当的手段获取新闻

遵守宪法、法律、法规和新闻纪律,遵守民族宗教政策,严守党和国家秘密,增强政治意识、大局意识、责任意识,坚持正确舆论导向。

尊重并平等对待所有我们所采访的人和机构。在一般情况下,采访时都要表明自己是广州日报记者的身份(但在说明身份会使记者面临严重人身威胁等特殊情况下例外)。

不得采用违反党纪国法的方法获取新闻。在极其特殊的情况下，如果采取公开采访的方法无法得到对党和政府、公众利益至关重要的信息，记者有权使用隐蔽的方法接触消息源，但必须在报道中加以说明。

尊重同行和其他作者的著作权，严禁抄袭、剽窃他人的劳动成果，不得援引他人的作品而不指明出处。

不得揭人隐私，不得诽谤他人。

不得宣扬色情、犯罪、暴力、愚昧、迷信及其他格调低劣、有害人民群众身心健康的内容。

禁止造假与歪曲

要忠于事实，不得为追求轰动效应而捏造、歪曲事实。不得弄虚作假，禁止在任何情况下故意发布假消息。

不得以偏概全，随意夸大

力求全面地看问题，做到客观、公正，防止主观性、片面性。不哗众取宠、耸人听闻，不以偏概全。

消息来源要说清楚

应当向读者清楚说明消息的来源，对于被采访个人或单位，要写清出处，写全个人姓名或机构名称（但在说明被采访者身份会使其面临严重人身威胁的情况下例外）。

每一个事实来源都必须做到有根有据，避免使用模糊的说法。最好的消息来源是记者的亲眼所见，有名有姓的消息来源次之，最差的是匿名消息来源（如"广大群众说"）。

尽量避免匿名消息来源

使用匿名消息来源有可能会损害新闻的可信度，因此广州日报将尽量避免使用匿名消息来源。

如果我们不得不尊重那些不愿透露自己身份的掌握重要新闻信息的消息人士时，也应避免使其成为任何报道的唯一依据。

对于匿名消息来源所提供的信息,往往可以通过那些愿意被指出其姓名的消息人士或者通过各种文件来加以验证。我们应当作出最大的努力去进行这种验证。

我们有义务保护匿名提供消息者。匿名消息来源人的身份将不会被透露给广州日报以外的任何人。

我们不允许使用匿名消息来源进行人身攻击。

对网络信息来源要严格把关

对网络信息(除新华网、人民网等权威网站外)只能作为新闻线索进行调查采访,核实无误后才能报道。

严禁记者在个人微博、博客或即时通信工具上发布职业信息、工作职务所得的内部信息等。个人微博只代表个人,禁止冠以"广州日报"及相关的名称。

转载报道必须注明准确的消息来源

《广州日报》转载其他报刊的文章、报道,必须注明准确的消息来源,即在文章前面写明"据××报报道"或在文尾写清楚"转自某报某刊"。

在转载时应考虑提供该报道的新闻机构是否可信。一般情况下,《广州日报》只用可信赖的媒体的消息。

报道要署记者真名

记者在报道中要署真名,以便使读者清楚地知道谁应对内容负责,除非有关报道会威胁到记者的人身安全。由记者处理的通讯员来稿与读者来稿,也应署上记者的真名。

在有多个署名的情况下,第一个姓名一般应当是该文章的执笔记者,或者应当告诉读者谁对内容负责。

特约撰稿人必须遵守广州日报的职业道德标准

聘请特约记者、特约通讯员或其他撰稿人,必须取得总编辑批准。专聘记者、特约记者、特约通讯员或其他撰稿人必须遵守与广州日报内部采编人员相应的职业道德标准与新闻专业标准。

尽量不用间接引语，使用的直接引语必须是原话

报道中尽量不使用间接引语，要多用直接引语。

直接引语应是某人所说的原话，除对语法和句法错误进行必要的纠正之外，记者不得制造直接引语，不得对采访对象的话语进行添油加醋或肆意歪曲。

应当避免在引语中出现括号或省略号。省略号会令人对可信度产生疑问，不过我们会利用省略号来删除引语中的粗言秽语。

避免使用最高级形容词

避免使用"最大""最好""最坏""最多"等最高级形容词，除非有证据时方可使用。

认真核对事实，避免使用模棱两可的词

采访时要认真核对各种姓名、名称、数字、地点、时间、计量单位等，确保事实准确无误。

要以清楚的词语准确地表达报道的内容。我们的报道是告诉读者真实情况。因此，要尽量避免使用"可能"这样的词来对未经验证或无法验证的说法予以判断。

尽最大努力减少文字错误。

严禁改动新闻图片迷惑读者

在进行新闻摄影时，禁止导演或者人为重现新闻事件。严禁任何试图迷惑读者或不如实说明图像信息的做法。不允许采用电脑合成手法制作新闻图片。

摄影师可以指导肖像摄影、时装摄影或摄影棚工作，但在提供以上几类图像时，必须避免使人产生这样的印象，即图像是在非自然的状态下被捕捉到的。

不得对图像进行增色、消除景物或翻转处理，不得采用数码手段对图像进行改动，除了进行一些微小的调整之外，比如校正颜色、纠正曝光、去除尘点或划痕，这样做是为了确保忠实地再现原图像。

如果需要创作蒙太奇照片，必须清楚地加以说明。

及时纠正错误并致歉

发生任何错误，都要坦然承认，并及时加以纠正，不得遮遮掩掩或者在以后

的报道中进行辩解。一旦确认需要进行纠正或澄清,应当尽快作出纠正、澄清,并向读者及相关人士真诚致歉。

维护报道的公平性

公平是广州日报报道严守的核心价值之一。

禁止对任何人的歧视

维护宪法规定的公民权利,努力确保在报道中没有因种族、性别、宗教、民族、阶层、身份或任何生理特征而产生的对任何人的歧视,努力确保我们的报道不会激起一部分人对另一部分人的轻蔑、仇恨或敌对情绪。

尊重个人隐私,避免伤害报道对象

要时时警惕我们的报道可能会侵犯个人隐私,伤害到采访对象。

尊重犯罪嫌疑人或罪犯的合法权利。对于司法部门审理的案件不得在法庭判决之前作定性、定罪和案情的报道;公开审理案件的报道,应符合司法程序。

在报道青少年犯罪嫌疑人或性犯罪受害人时,要非常谨慎。

对于被采访对象的病理特征注意回避。

当使用正在悲伤中的人们的照片时,要特别小心。

坚决摒弃偏见

新闻报道不得掺杂记者个人的偏见。记者要听取新闻事件中涉及的相关对立方的各自观点,如采访不到,要在稿件中注明。

在报道存在争议的事件时,记者不应当简单地人云亦云或貌似公正的不偏不倚,而是要从各种看法中找出合乎事理且明确的观点。

评论和报道要分开,评论要兼容并蓄

评论和报道要分开,评论要兼容并蓄,要包容不同甚至对立的观点,努力使广州日报在组织社会各界讨论公共话题与社会热点问题时,成为交流沟通思想,凝聚社会共识的媒介。

必须为被批评对象提供辩护的机会

尊重被采访者的声明和正当要求。采写批评稿件，一定要采访被批评对象，并为他们提供辩护的机会。

调查性报道要求特别注意公平性

调查性报道要求特别注意公平性，应避免简单化的描述。

参与调查性报道的记者要牢记，如果能够提供内容丰富、细节翔实的叙述，报道可信度就会更大。

不得利用舆论工具发泄私愤

不得以个人或小团体的利益决定新闻的取舍，更不得利用自己掌握的舆论工具发泄私愤，作不公正的报道。

在任何情况下，广州日报都不发表谩骂和人身攻击性的报道或评论。

严禁"有偿新闻"

"有偿新闻"是对读者极大的不尊重，对报纸的公信力具有极大的杀伤力，广州日报严加禁止任何形式的"有偿新闻"。

新闻活动与经营活动分开，新闻报道不得收取任何费用

新闻报道不得收取任何费用，广州日报坚持将新闻活动与经营活动相分开，坚持将新闻报道与广告经营严格区分。

记者编辑不得利用工作之便或以新闻报道为条件从事广告业务和其他经营活动。

不得以任何名义向被采访对象索要钱物或牟取其他私利

不得以任何名义向被采访单位或个人索要钱物；

不得向被采访地区或单位提出工作以外的个人生活方面的任何要求；

不得参加被采访单位或个人安排的在营业性歌厅、舞厅、夜总会等娱乐场所的娱乐活动；

不得向被采访单位提出为个人或亲友提供便利条件；

广州日报负责支付本报人员的出差费用与采访费用。编辑记者不得到被采访单位报销应由个人或报社支付的票据；

不得利用工作之便在外单位兼职取酬。

不得充当新闻"穴头"

不得擅自联系其他新闻单位的编辑记者组团进行采访活动，也不得私自参加"三包（包吃、包住、包差旅费）"的采访活动，更不得充当新闻"穴头"，组织有偿新闻的采访报道。

不得借采访公务从事私人性活动

编辑记者不得借采访之便从事私人经商活动；

不得与其消息来源建立业务或财务关系；

不得利用广州日报所获得的非公开资料作出个人投资决定；

不得以记者的名义从事为私人社会关系打官司、申诉等活动。

报社招收员工亲属实行回避制

参照《国家行政机关工作人员回避暂行规定》的精神，报社招收员工亲属实行严格回避制度。

维护群众利益

维护好人民群众的利益是党报新闻工作者的根本宗旨与崇高使命。

既要当好群众的"耳目"，又要当好群众的"喉舌"

广州日报首先要当好人民群众的"耳目"，努力使党和政府的方针、政策及时、准确、广泛地同群众见面，为人民群众全方位提供参与政治、经济、文化等社会生活以及了解世界所需要的新闻和信息。

同时又要当好人民群众的"喉舌"，及时、准确反映人民群众的利益、愿望、呼声和正当要求。

对群众来信来访不得推诿搪塞

要高度重视群众来信来电,热情接待群众来访,妥善处理群众有关建议、批评、申诉和检举,不得态度冷漠,推诿搪塞。

努力为群众排忧解难

要从一点一滴做起,努力为群众排忧解难。要开展多种多样为群众服务的活动,精心采编直接为市民服务的有关版面。

加强和改进舆论监督

舆论监督本质上是人民群众通过新闻媒体对社会公共事务进行监督,是维护人民群众根本利益的重要途径。

广州日报要以有利于反映群众意见和呼声、有利于群众实际问题的解决、有利于社会稳定、有利于党和政府改进工作为出发点,加强和改进舆论监督。

必须保持同人民群众的密切联系,经常倾听群众呼声,体察群众情绪。要善于把握党的意志与人民群众心声的结合点,站在维护社会和谐进步的立场上,组织好舆论监督类报道。

舆论监督要客观真实公正,多方核实情况,听取不同意见,增强舆论监督的公信力。

要注重社会效果,跟踪报道,有始有终,推动问题的解决,增强舆论监督的影响力。

严禁以舆论监督为名要挟他人或企业

舆论监督要出于公心,不得掺杂个人或报社的私利,严禁以"公开曝光""编发内参"等方式要挟他人或企业。

坚决反对借舆论监督之名,向企业索要广告、赞助的恶劣行径。

广州日报必须自觉接受社会监督

广州日报自身及其编辑记者在对社会进行监督的同时,必须自觉接受社会各界的监督。

▌ 分析与评价

国内媒体制定内部自律条规的不少，但主动公布并要求全社会监督的好像不多。在这一点上，广州日报做得很主动。它的自律条规全文刊发之后，要求集团所有 20 个媒体执行，集团、编委会和属下的每个媒体都在各自的重要版位、重要网页上刊登虚假新闻举报电话，并且有专人接受和处理举报。[1]

就条文来说，并不长，共 4266 字。但作为一线媒体二次修订过的自律条规，内容还算比较全面，国内媒体实践中很多问题都覆盖到了。条文的规定也很细致具体，没什么引起歧义的地方，可操作性很强。

但限于篇幅，很多地方还是失之简略——比如说对于网络和新媒体的规定。为了对自律条规进行补充和强化，2011 年 9 月，广州日报社又颁布了《广州日报社微博管理（暂行）规定》，对于报社官方微博和部门微博的信息收集、审核、发布和维护以及个人微博的管理，作出了一些具体规定，也对网络新闻采编的规范进行了较为深入的探索。[2]

除了广州日报，还有华西都市报等媒体制定了自身的职业道德规范，对新闻采编的整个流程进行规范。这可以说是国内媒体在职业道德建设上的重要进展。在制定和公布自律条规的基础之上，通过对自律条规的讨论、接受和遵行，整个新闻业界可以凝聚起若干共识，是新闻业界进一步职业化和专业化的关键一步。

---

1. 谭敏：《职业规范需自律和他律相结合——以〈广州日报采编行为准则〉的实施为例》，见《青年记者》2012年1月号。
2. 谭敏：《职业规范需自律和他律相结合——以〈广州日报采编行为准则〉的实施为例》，见《青年记者》2012年1月号。

新华社公布媒体报道禁用词

▌ 案例概况

2005 年 4 月 26 日，新华社公布了第一批新闻报道禁用词，意在严格规范新闻报道用词[1]。禁用词的具体规定如下：

一、社会生活类的禁用词

1. 对有身体伤疾的人士不使用"残废人""独眼龙""瞎子""聋子""傻子""呆子""弱智"等蔑称，而应使用"残疾人""盲人""聋人""智力障碍者"等词语。

2. 报道各种事实特别是产品、商品时不使用"最佳""最好""最著名"等具有强烈评价色彩的词语。

3. 医药报道中不得含有"疗效最佳""根治""安全预防""安全无副作用"等词语，药品报道中不得含有"药到病除""无效退款""保险公司保险""最新技术""最高技术""最先进制法""药之王""国家级新药"等词语。

4. 对文艺界人士，不使用"影帝""影后""巨星""天王"等词语，一般可使用"文艺界人士"或"著名演员""著名艺术家"等。

5. 对各级领导同志的各种活动报道，不使用"亲自"等形容词。

---

1. 郝欣：《新闻报道中的禁用词（第1批，摘编）》，见《编辑学报》2013年第2期。冯实：《媒体应尊重残疾人人格尊严》，《青年记者》；《媒体应自觉杜绝歧视残疾人词语》，新闻出版报，http://www.chinadp.net.cn/news_/focus/2013-12/20-12525.html;

6. 作为国家通讯社，新华社通稿中不应使用"哇噻""妈的"等俚语、脏话、黑话等。如果在引语中不能不使用这类词语，均应用括号加注，表明其内涵。近年来网络用语中对脏语进行缩略后新造的"SB""TMD""NB"等，也不得在报道中使用。

二、法律类的禁用词

7. 在新闻稿件中涉及如下对象时不宜公开报道其真实姓名：（1）犯罪嫌疑人家属；（2）涉及案件的未成年人；（3）涉及案件的妇女和儿童；（4）采用人工受精等辅助生育手段的孕、产妇；（5）严重传染病患者；（6）精神病患者；（7）被暴力胁迫卖淫的妇女；（8）艾滋病患者；（9）有吸毒史或被强制戒毒的人员。涉及这些人时，稿件可使用其真实姓氏加"某"字的指代，如"张某""李某"，不宜使用化名。

8. 对刑事案件当事人，在法院宣判有罪之前，不使用"罪犯"，而应使用"犯罪嫌疑人"。

9. 在民事和行政案件中，原告和被告法律地位是平等的，原告可以起诉，被告也可以反诉。不要使用原告"将某某推上被告席"这样带有主观色彩的句子。

10. 不得使用"某某党委决定给某政府干部行政上撤职、开除等处分"，可使用"某某党委建议给予某某撤职、开除等处分"。

11. 不要将"全国人大常委会副委员长"称作"全国人大副委员长"，也不要将"省人大常委会副主任"称作"省人大副主任"。各级人大常委会的委员，不要称作"人大常委"。

12. "村民委员会主任"简称"村主任"，不得称"村长"。村干部不要称作"村官"。

13. 在案件报道中指称"小偷""强奸犯"等时，不要使用其社会身份作前缀。如：一个曾经是工人的小偷，不要写成"工人小偷"；一名教授作了案，不要写成"教授罪犯"。

14. 国务院机构中的审计署的正副行政首长称"审计长""副审计长"，不要称作"署长""副署长"。

15. 各级检察院的"检察长"不要写成"检察院院长"。

三、民族宗教类的禁用词

16. 对各民族,不得使用旧社会流传的带有污辱性的称呼。不能使用"回回""蛮子"等,而应使用"回族"等。也不能随意简称,如"蒙古族"不能简称为"蒙族","维吾尔族"不能简称为"维族","哈萨克族"不能简称为"哈萨"等。

17. 禁用口头语言或专业用语中含有民族名称的污辱性说法,不得使用"蒙古大夫"来指代"庸医",不得使用"蒙古人"来指代"先天愚型"等。

18. 少数民族支系、部落不能称为民族,只能称为"××人"。如"摩梭人""撒尼人""穿(川)青人""僜人",不能称为"摩梭族""撒尼族""穿(川)青族""僜族"等。

19. 不要把古代民族名称与后世民族名称混淆,如不能将"高句丽"称为"高丽",不能将"哈萨克族""乌孜别克族"等泛称为"突厥族"或"突厥人"。

20. "穆斯林"是伊斯兰教信徒的通称,不能把宗教和民族混为一谈。不能说"回族就是伊斯兰教""伊斯兰教就是回族"。报道中遇到"阿拉伯人"等提法,不要改称"穆斯林"。

21. 涉及信仰伊斯兰教的民族的报道,不要提"猪肉"。

22. 穆斯林宰牛羊及家禽,只说"宰",不能写作"杀"。

四、涉及我领土、主权和港台澳的禁用词

23. 香港、澳门是中国的特别行政区,台湾是中国的一个省。在任何文字、地图、图表中都要特别注意不要将其称作"国家"。尤其是多个国家和地区名称连用时,应格外注意不要漏写"(国家)和地区"字样。

24. 对台湾当局"政权"系统和其他机构的名称,无法回避时应加引号,如台湾"立法院""行政院""监察院""选委会""行政院主计处"等。不得出现"中央""国立""中华台北"等字样,如不得不出现时应加引号,如台湾"中央银行"等。台湾"行政院长""立法委员"等均应加引号表述。台湾"清华大

学""故宫博物院"等也应加引号。严禁用"中华民国总统（副总统）"称呼台湾地区领导人，即使加注引号也不得使用。

25. 对台湾地区施行的所谓"法律"，应表述为"台湾地区的有关规定"。涉及对台法律事务，一律不使用"文书验证""司法协助""引渡"等国际法上的用语。

26. 不得将海峡两岸和香港并称为"两岸三地"。

27. 不得说"港澳台游客来华旅游"，而应称"港澳台游客来大陆（或：内地）旅游"。

28. "台湾"与"祖国大陆（或'大陆'）"为对应概念，"香港、澳门"与"内地"为对应概念，不得弄混。

29. 不得将台湾、香港、澳门与中国并列提及，如"中港""中台""中澳"等。可以使用"内地与香港""大陆与台湾"或"京港""沪港""闽台"等。

30. "台湾独立"或"台独"必须加引号使用。

31. 台湾的一些社会团体如"中华道教文化团体联合会""中华两岸婚姻协调促进会"等有"中国""中华"字样者，应加引号表述。

32. 不得将台湾称为"福摩萨"。如报道中需要转述时，一定要加引号。

33. 南沙群岛不得称为"斯普拉特利群岛"。

34. 钓鱼岛不得称为"尖阁群岛"。

35. 严禁将新疆称为"东突厥斯坦"。

五、国际关系类禁用词

36. 不得使用"北朝鲜（英文 North Korea）"来称呼"朝鲜民主主义人民共和国"，可直接使用简称"朝鲜"。英文应使用"the Democratic People's Republic of Korea"或使用缩写"DPRK"。

37. 有的国际组织的成员中，既包括一些既有国家，也包括一些地区。在涉及此类国际组织时，不得使用"成员国"，而应使用"成员"或"成员方"，如不能使用"世界贸易组织成员国""亚太经合组织成员国",而应使用"世界贸易组织成员""世界贸易组织成员方""亚太经合组织成员""亚太经合组织成员方"（英文用 members）。

38. 不使用"穆斯林国家"或"穆斯林世界",而要用"伊斯兰国家"或"伊斯兰世界"。

39. 在达尔富尔报道中不使用"阿拉伯民兵",而应使用"武装民兵"或"部族武装"。

40. 在报道社会犯罪和武装冲突时,一般不要刻意突出犯罪嫌疑人和冲突参与者的肤色、种族和性别特征。比如,在报道中应回避"黑人歹徒"的提法,可直接使用"歹徒"。

41. 公开报道不要使用"伊斯兰原教旨主义""伊斯兰原教旨主义者"等说法。可用"宗教激进主义（激进派、激进组织）"替代。如回避不了而必须使用时,可使用"伊斯兰激进组织（分子）",但不要用"激进伊斯兰组织（分子）"。

42. 不要使用"十字军"等说法。

43. 人质报道中不使用"斩首",可用中性词语为"人质被砍头杀害"。

44. 对国际战争中双方的战斗人员死亡的报道,不要使用"击毙"等词语,可使用"打死"等词语。

45. 不要将撒哈拉沙漠以南的地区称"黑非洲",而应称为"撒哈拉沙漠以南的非洲"。

‖ 分析与评价

语言绝非纯然客观：由于种种历史和文化的原因,语言中也积淀下了偏见、侮辱和歧视；出于现实政治的考量,词汇也会有"政治正确"和"政治不正确"之分。

鉴于语言的这种性质,在一些西方国家的政府机构对词汇的情感和色彩非常注意。2009 年,美国纽约州为"东方人"(oriental)这个词立法,规定在政府文件中,禁止使用"东方人"字眼。纽约州长帕特森在 9 月 9 日签署议案使之成为法律,自签署之日起生效。这部法律生效之前的纽约政府文件,必须在 2010 年 1 月 1 日之前修改完毕。之所以会为一个词大费周章,是因为在历史上,"东方人"一词含有中国人低人一等的意味。

行政尚且如此,一向追求客观公正的新闻报道就不得不在用词上更加仔细。为了避免语言造成的伤害,很多国外新闻媒体——如路透社、《纽约时报》等——都有内部的禁用词名单。据德国报业协会的迪克先生总结说,这些"禁用词"主要有三大类型:一是具有歧视倾向的词语。如反映身体残疾的词语,要用"身体缺陷"代替"残疾人"。还有涉及种族歧视问题的词语,如马克·吐温的十几本小说因为使用了"黑鬼"一词而在美国被列入了禁书目录。二是带有明显感情色彩的词语。如"恐怖组织""魔鬼""最著名""最佳"等词汇都在被禁之列,以免使内容失实或过于极端。三是带有"脏话"性质的词语,如"大便""通奸"等词都是不能见诸报端的。此外,每个国家还有各自不同的"禁用词"。如在德国,由于二战的原因,德国媒体在有关二战的文章中从不提"爱国""民族"这些词语,以避免引起相关国家的不满 。[1]

与西方国家比,我国的新闻自律条文相对比较欠缺。在很长的一段时间里,我国新闻自律条文中都只是对记者的行为进行泛泛的宏观规定,具体的行为指导和可操作性并不强,遑论对记者行文措辞中的详细规定。

新闻自律条规从行为规范进化到具体的用词趋避,这可以说是新闻界整体业务水平提高和职业道德意识提升的表现。从这个角度来说,新华社在《新闻阅评动态》第 315 期上发表的《新华社新闻报道中的禁用词(第一批)》就有非常积极的意义。

1. 青木:《西方媒体禁用三类词》,《环球时报》2004年9月29日第五版。

职业协会约束新闻界

▌案例概况

中华全国新闻工作者协会（简称中国记协）是中国大陆新闻界的全国性人民团体（不含港澳台）。该协会实行团体会员制。会员主要为全国性新闻媒体，省、自治区、直辖市和新疆生产建设兵团新闻工作者协会，全国性新闻团体，主要新闻教育、研究机构。目前共有会员单位 215 家。其中，包括人民日报社、新华通讯社、《求是》杂志社等全国性新闻媒体 155 家，中国晚报工作者协会等全国性新闻社团 28 家，省、自治区、直辖市和新疆生产建设兵团记协 32 家，会员单位管理的新闻单位计 6700 余家，持有新闻记者证的采编人员 23.6 万余名[1]，可以说是我国新闻界规模最大的行业协会。

作为全国性的新闻工作者组织，中国记协的任务之一就在于强化中国新闻界的自律，在该协会的章程的第二章第六条中这样写道："（中国记协的任务是）推进新闻行业自律，规范新闻从业行为。推动新闻工作者践行社会主义核心价值体系，弘扬新闻职业精神，恪守新闻职业道德。督促新闻工作者遵纪守法，遵守《中国新闻工作者职业道德准则》"[2]。

这一目标不仅仅存在于纸面的章程中，还体现在中国记协的日常工作中。协会制定和公布了《中国新闻工作者职业道德准则》，还对新闻界对该准则的遵行进行监督。2013 年 12 月 26 日，中国记协发布了对于违反新闻职业道德的媒体从业人员的处理决定。具体情形可以参见以下通报：

---

1. 见中国记协网，http://news.xinhuanet.com/zgjx/2011-08/25/c_131074081.htm。
2. 见中国记协网，http://news.xinhuanet.com/zgjx/2011-08/25/c_131074103.htm。

中国记协发布关于部分媒体从业人员

违反新闻职业道德的通报

新华网北京 12 月 26 日报道:根据社会举报,中国记协会同有关新闻宣传单位查处了部分媒体从业人员违反新闻职业道德的案例。现予通报。列举如下:

一、2010－2012 年期间,中国改革报记者王清机在中国食品安全报兼职期间,以建立"中国食品安全报质量监督跟踪单位"为名,违规向山东地区多家食品企业收取所谓"质量监督跟踪单位公告费";2012 年初,王清机违规收取山东省某医院 8 万元"宣传费"。中国改革报已对王清机作出除名处理并吊销其记者证,中国食品安全报已对王清机作出免职清退处理。

二、2013 年 8 月 9 日,《21 世纪经济报道》刊登《酉阳:桃花源的产业新定位》一文称,重庆市酉阳县近 5 年工业发展以"失败"定调。经查,该报道记者未进行深入采访,未与相关部门核实,将酉阳县未来 5 年的发展目标当成 2012 年的发展目标,造成报道严重失实。

三、2013 年 10 月 24 日,黑龙江晨报刊登《老汉旅店见网友,一开门傻了——"跟我开房的咋是儿媳妇"》一文。经查,穆棱市电视台记者以派出所提供的一件曾经处理过的纠纷为原型,编造了《穆棱:开房约会女网友 见面竟是儿媳》的假新闻。黑龙江晨报未经核实,修改标题后刊登了该报道。黑龙江省新闻出版局已对相关新闻单位和责任人分别予以行政警告、行政罚款、吊销记者证等处罚。

上述媒体及从业人员的行为,严重违反新闻工作者职业道德准则。有的假借新闻媒体名义以舆论监督为由敲诈勒索;有的采访过程粗浅片面且未经核实;有的根本不经采访直接编造所谓的新闻事件,在社会上造成负面影响,败坏了新闻工作者的声誉。

广大新闻工作者要引以为戒,自觉弘扬职业精神、恪守职业道德,严格遵守《中国新闻工作者职业道德准则》,自觉遵守国家有关法律法规。各级各类新闻媒体要切实加强内部管理,对违反新闻职业道德的新闻从业人员进行批评教育,情节严重的要依法依规作出处理，切实维护新闻媒体和新闻工作者的良好形象。[1]

‖ 分析与评价

从历史上看，行业协会在推进新闻界的自律上起到了巨大的作用。撇开行业协会在团结报人、取得共识方面的作用不谈，最早的新闻自律条文多半都是由行业协会首先公布和颁行的。比如美国报纸主编人协会伦理标准委员会主席瑞特起草的《信条》；再比如瓦尔特·威廉（Walter Williams）手订的《报人信条》。

虽然在提到瓦尔特·威廉身份的时候，很多人强调他是密苏里大学新闻学院的院长，但同时他还有个身份是密苏里报业协会的主席。他首先是密苏里州一个成功的报人，而后被推选为报业协会的主席。正是在报业协会的任上，痛感当时美国新闻界的道德缺失，同行恶性竞争，瓦尔特·威廉才一力推进在密苏里大学创办新闻学院和制定伦理准则——他认为接受正规的学院教育和遵守共同的职业条规可以促进报业团结和共识建立。真是以行业协会为基点，他才成功地建立起世界上第一个新闻学院，并让他制定的《报人信条》可以为那么多人接受、认可和尊奉。因此，我们可以说，行业协会的存在，对于促进报业自律是有着重要意义的。

中华全国新闻工作者协会（以下简称中国记协）对于我国新闻界自律的进展也应该发挥其应有的巨大作用。中国记协是我国新闻工作者最大规模的行业协会，覆盖了全国近百万的新闻工作者。这是很多其他国家的新闻行业协会所不能比拟的。在团结这些新闻工作者的基础之上，颁行切实可行、操作性强的职业道德准则，并据此对协会成员的行为进行奖惩。只要赏罚分明，假以时日，则必然会起到水滴石穿之功。

---

1. 见新华网http://news.xinhuanet.com/newmedia/2013-12/27/c_125921861.htm

　　在职业道德准则方面,中国记协于 1991 年制定并颁行了《中国新闻工作者职业道德准则》,并于 1994 年和 1997 年经过两次修订。2009 年 11 月 9 日,在中华全国新闻工作者协会第七届理事会第二次全体会议上,《中国新闻工作者职业道德准则》又经历了最新一次修订。经过这三次修订,《中国新闻工作者职业道德准则》的条文已经较为详尽具体,对于记者行为的指导性也越来越强。

　　再漂亮的条文,若没有落到实处,也只是一纸空文。从上文的案例中,我们可以看到:在具体的条文之外,中国记协也有基于条文对记者行为和报道内容的监督和批评。只要坚持这两个方向的工作,相信行业协会的存在对中国新闻业的发展必然会大有裨益。

媒体主动公布社会责任报告

▮ 案例概况

当前，部分媒体社会责任意识淡漠的问题日益突出，社会公众对强化媒体社会责任的呼声强烈。为推动各级各类媒体更加自觉主动地履行社会责任，提升全行业公信力，确保党的新闻事业健康发展，中宣部、中国记协等决定在新闻战线探索建立媒体社会责任报告制度，推动媒体每年定期公开发布履行社会责任情况报告，自觉接受社会监督。

2014年6月9日，首批媒体社会责任报告正式对外发布。此次主动公布社会责任报告的媒体包括中央电视台、经济日报、中国青年报、人民网、新华网等5家中央新闻单位和新闻网站，河北日报、解放日报、浙江卫视、齐鲁晚报、湖北日报传媒集团、湖北广播电视台等6家地方新闻单位。

社会责任报告对2013年度本媒体履行社会责任情况进行了全面梳理展示，重点报告了在履行正确引导责任、提供服务责任、人文关怀责任、繁荣发展文化责任、遵守职业规范责任情况，以及履行合法经营责任、安全刊播责任、保障新闻从业人员权益责任等情况这8个方面的表现。同时，各媒体还对履行社会责任方面存在的不足、改进的措施和努力的方向进行了报告。

媒体社会责任报告发布前经中国记协、地方新闻道德委员会评议，并提交新闻出版广电、互联网、工商等行政管理部门核实相关内容。报告全文在中国记协网统一发布。以下为经济日报2013年度社会责任报告的全文。[1]

---

1. 11份社会责任报告的全文均可见中国记协网，http://www.xinhuanet.com/zgjx/zt/2013mtzrbg/index. htm。

经济日报社会责任报告（2013 年度）

序

　　中央新闻媒体建立社会责任报告制度，是引导新闻媒体树立现代经营理念、承担社会责任的重要基础，是新闻媒体落实科学发展观、服务党和国家中心工作的必然选择，是促进自身发展、推动社会进步的时代潮流。随着社会的发展，新闻媒体已经成为影响国家生活、社会舆论和群众情绪的重要因素，特别是新媒体技术的快速发展，对媒体的新闻传播能力、舆论引导能力都提出了更高要求，对媒体履行社会责任充满了更高期待。但一些媒体还存在着传递社会正能量不够的问题，甚至存在新闻敲诈、有偿新闻、虚假新闻和低俗之风等问题，导致部分媒体人社会责任的缺失，给党的新闻事业带来恶劣影响，给社会也造成了伤害。因此，中央新闻媒体建立社会责任报告制度，对于进一步强化社会责任意识，提高履行社会责任的能力具有非常重要的现实意义。

　　经济日报是中央新闻媒体建立社会责任报告制度的首批试点单位之一，借鉴我国企业社会责任报告制度做法，围绕履行正确引导责任、提供服务责任、人文关怀责任、繁荣发展文化责任、遵守职业规范责任等指标，力求准确反映媒体履行社会责任情况，为新闻媒体建立科学规范的制度体系和工作机制，推动媒体强化社会责任意识、自觉履行社会责任进行了积极探索。

一、经济日报概况

经济日报是国务院举办、中宣部领导和管理的以经济报道为主的综合性报纸，是党中央、国务院指导全国经济工作的重要舆论阵地、企业获取经济信息的重要渠道、国际社会观察中国经济形势的重要窗口、人民群众参与经济生活的良师益友，是经济领域发行量最大、最具权威性和公信力的主流媒体。

经济日报作为中央直属党报，承担着宣传党和国家经济方针政策、服务经济社会发展、满足人民群众经济信息需求的重要使命；与中央机关，国务院各部委，各省、自治区、直辖市党委和政府，以及经济界、企业界广大干部职工建立了密切的联系，能及时了解和准确报道国家经济政策和宏观经济形势，积极宣传各地改革开放和经济建设的新成就、新经验，形成了鲜明的经济特色。

经济日报主办的媒体有中国经济网和15个直属报刊社，其中，直属报社8个、杂志社5个、出版社2个，所办媒体涵盖了纺织、建材、金融、证券、花卉、服装、书画、装饰装修等10多个行业。报刊总期发量逾100万份，图书年出版200余种。2012年9月，经中央有关部门批准，成立中国经济传媒集团公司，负责直属报刊社转企改制后的运营和管理工作，为探索建设符合现代企业制度的传媒集团迈出了坚实步伐。

经济日报在国内设有34个印点，印刷质量较高，投递速度较快，正常情况下，所有印点城市当天上午即可看到报纸。2013年，经济日报平均期发量保持在67万余份。

组织机构

内设机构	
1 办公室	11 国际新闻部
2 总编室	12 新媒体传播部
3 策划部	13 内参编辑部
4 财经新闻部	14 新闻研究部
5 产经新闻部	15 出版管理部
6 农村新闻部	16 外事部
7 评论理论部	17 人事部
8 科技新闻部	18 计划财务部
9 社会文化新闻部	19 机关党委
10 地方记者部	

直属单位	
1 中国纺织报社	11 经济杂志社
2 中国建材报社	12 中国书画杂志社
3 中国县域经济报社	13 装饰装修天地杂志社
4 中国服饰报社	14 经济日报出版社
5 中国花卉报社	15 中国建材工业出版社
6 服装时报社	16 中国经济网传播中心
7 证券日报社	17 经济日报印务中心
8 农村金融时报社	18 经济日报社新闻发展中心
9 中国企业家杂志社	19 经济日报社服务中心
10 中国经济信息杂志社	
直属处室	
1 资产管理办公室	4 离退休干部管理办公室
2 文化体制改革领导小组办公室	5 基建办公室
3 审计室	6 扶贫办公室

驻地记者站		
1 北京记者站	16 安徽记者站	31 广西记者站
2 天津记者站	17 福建记者站	32 海南记者站
3 河北记者站	18 厦门记者站	33 重庆记者站
4 山西记者站	19 江西记者站	34 四川记者站
5 内蒙古记者站	20 山东记者站	35 贵州记者站
6 辽宁记者站	21 济南记者站	36 云南记者站
7 沈阳记者站	22 青岛记者站	37 西藏记者站
8 大连记者站	23 河南记者站	38 陕西记者站
9 吉林记者站	24 湖北记者站	39 甘肃记者站
10 黑龙江记者站	25 武汉记者站	40 青海记者站
11 上海记者站	26 湖南记者站	41 宁夏记者站
12 江苏记者站	27 广东记者站	42 新疆记者站
13 浙江记者站	28 广州记者站	
14 宁波记者站	29 深圳记者站	
15 温州记者站	30 珠海记者站	

在海外主要国家及联合国、欧盟等重要国际组织设立驻外记者站 23 个。

二、履责行为及成效

经济日报以邓小平理论、"三个代表"重要思想、科学发展观为指导，深入贯彻落实党的十八大精神和十八届二中、三中全会精神，贯彻落实习近平总书记系列讲话精神，贯彻落实全国宣传思想工作会议精神，牢牢把握党在意识形态领域的领导权、话语权，坚持稳中求进、改革创新，紧紧围绕实现中华民族伟大复兴的中国梦，紧紧围绕巩固马克思主义在意识形态领域的指导地位、巩固全党全国人民团结奋斗的共同思想基础的根本任务，着力提高舆论引导能力和水平，为促进全面深化改革、推动经济持续健康发展、维护社会和谐稳定提供有力的舆论支持。

● 发展目标——高端权威、国内一流、国际知名

● 优势定位——主流、权威、公信力

● 办报理念——新闻立报、特色立报、深度立报、服务立报

◎ 在选题策划上把满足群众需求、回应群众关切、维护群众利益作为采访报道的出发点和落脚点；

◎ 在报道对象上始终突出群众的主体地位，不断提升服务基层、服务群众的水平；

◎ 在表现形式上把学习运用群众语言作为基本功，大力转作风改文风，不断提高宣传报道的思想性、指导性与可读性、趣味性，不断增强宣传效果。

（一）履行正确引导责任

舆论导向，通俗地说，就是媒体通过报道和自身建设表明该提倡什么，反对什么。媒体社会影响力越大，导向功能就越重要。坚持正确的舆论导向是新闻媒体履行社会责任的直接体现和重要内容。

体现导向的直接载体是媒体在一个时期的新闻报道。同时，新闻媒体作为社会舆论机关，也可以利用自身优势，通过举办论坛、策划活动等不同方式，形成舆论热点，发挥导向作用。

1. 在新闻报道中坚持正确舆论导向。新闻报道是报纸的"主业"，也是报纸向社会"发言"的主要方式，是舆论导向的直接载体。经济日报的报道结合读者需求和自身实际，从各个方面展开。

● 围绕党和国家的中心工作搞好主题报道。

◎ 推出宣传、阐述总书记系列重要讲话精神的重点专栏 24 个，刊发重点报道

900 多篇。"中国梦·我的梦""持续深入推动改革"等栏目从不同侧面对总书记系列重要讲话精神进行了有效、生动、深入的阐释和宣传。

◎ 全党开展第一批群众路线教育实践活动,是经济日报年度报道的重点之一。我们连续推出 60 多篇评论,从活动的意义、搞好活动的部署等不同方面,向读者解释开展群众教育路线教育实践活动的重要性和具体措施。我们还在教育实践活动的进程中,及时用消息、通讯等体裁反映参加第一批教育实践活动的单位好的做法和成效。

● 结合读者对象做好经济报道,搞好改革宣传。经济日报诞生在改革的新时期,也始终把改革报道当作重要责任。经济报道是经济日报的"看家本领"。在 30 多年办报实践中,经济日报形成了自己的经济报道传统,又不断结合实际进行创新。2013 年以党的十八届三中全会召开为标志,中国改革进入了一个新阶段。改革报道像一条红线,贯穿在经济日报 2013 年的全年报道中。

◎ 以十八届三中全会作为全年的报道重点。在全会召开之前,推出"接力改革大业,回眸三中全会"特刊,采访曾经参与过三中全会的领导和权威专家,以历史的纵深坐标,凸显十八届三中全会的意义。三中全会召开之后,在重要版面刊发了全会决定和有关会议文件,同时推出系列评论,从不同角度解读会议精神。《一鼓作气打好改革攻坚战》《牢牢把握调整中的重大机遇》《"三期"叠加是当前中国经济的阶段性特征》等重要评论,都是围绕改革主题写出的大文章。

◎ 推出"改革前沿探访"系列报道,选取在改革开放历史上具有重要意义和特点的地区——大连、义乌等进行报道。推出"重点领域改革的回顾与展望""全面深化改革纵横谈"等专题,连续刊发述评,全方位呈现经济体制改革的进程。

◎ 以调结构、转方式为主题,组织策划报道,及时反映各地的实践。在头版连续推出"调结构、转方式"专栏,先后刊发 1000 多篇报道,涉及 31 个省、市、自治区。

◎ 策划推出"聚焦西南地区水泥产能过剩"系列报道,通过对贵州和四川等地水泥企业分布和产能调查,与当地干部共同商量化解办法,不断跟进地方实践,持续两个月,投入 80 多个版面约 200 万字的报道,让读者不仅了解了西南地区水泥产能过剩这个实际,而且感受到调结构、转方式的必要性和紧迫性。

◎ 广告是报刊宣传中的重要方面。经济日报始终把广告的思想导向、行为导向、审美导向放在广告审定的重要方面。在刊发日常商业广告的过程中，把握设计和审核导向，倡导社会公德，抵制虚假低俗；专门开辟大量版面，投入人力，创作、刊发、转载大量公益广告。其中刊登"讲文明树新风"系列公益广告共计 112.5 个版；刊登原创公益广告 15 个版。全年公益广告刊登次数 141 次，平均每 2 至 3 天就有一则公益广告见报。

2. 在社会活动中履行社会责任。举办社会活动是媒体引导舆论的一种重要方式。2013 年，经济日报先后举办多个论坛，通过论坛来形成舆论热点，引导社会舆论。

● 中国自主创新论坛。经济日报从 2005 年就开始为自主创新鼓与呼，当年举办的首届中国自主创新论坛受到了社会的广泛关注。以论坛为依托，经济日报自主创新报道逐渐形成特色，贯穿在日常报道中。我们先后组织了《来自自主创新一线的报道》《创新型企业调研行》等一批重点报道，专门开辟了《自主创新》《知识前沿》等专版，常年进行自主创新报道。从 2011 年开始，我们推出《自主创新年度报告》，每年都收集整理各地政府部门和企业、研究机构的数据，为 31 个省、自治区、直辖市编制年度自主创新报告。第三届中国自主创新论坛 2013 年 4 月举办。年会发布了 2012 经济日报自主创新年度报告和"十大创新型城市评价体系""十大创新型企业与创新人物评价体系"，评选出 2012 "中国十大创新型城市""中国十大创新型企业""中国十大创新人物""最具成长力创新型城市（区）""最具成长力创新型企业"。

● 两岸及香港《经济日报》财经高峰论坛。这是由经济日报积极倡议，两岸及香港三家同名《经济日报》共同举办、轮流主办的财经高峰论坛。在社会各界的支持下，在三家《经济日报》通力合作下，2011 年 10 月、2012 年 6 月、2013 年 4 月分别在北京、台北、香港成功举办了前三届论坛，取得了良好的社会效果。经过一个轮次的轮流主办，两岸及香港《经济日报》财经高峰论坛已经成为中国经济文化交流的品牌活动和重要平台。

● 金砖国家经济形势研讨会。这是经济日报主办、中国经济网承办的一个国际财经论坛。2013 年 10 月 31 日举办的是第二届。这次论坛以"合作与发展"为主题，突出金融和商贸特色，旨在进一步凝聚金砖国家共识，推进彼此间的深入交流和在经济、贸易、金融、基础设施建设等领域的实质性合作。来自金砖五国的政府官员、经济学家、金融机构和企业负责人约 150 人出席论坛。有来自 10 个国家的 40 位外国嘉宾参加了论坛。

● 中国城市森林论坛。这是由经济日报于 2004 年发起，与全国政协人口资源环境委员会、国家林业局及承办地所在省级人民政府共同主办的一个重要论坛，至今已经连续举办 10 届。论坛秉承"让森林走进城市，让城市拥抱森林"的宗旨，交流各地城市森林建设的最新成果和经验。2013 年 9 月 24 日在江苏南京举办的是第 10 届中国城市森林论坛，这一年的主题为"城市森林·生态文明·美丽中国"。论坛围绕主题分别举行了市长论坛和专家论坛。

● 全国食品安全宣传周及食品安全论坛。由国务院食品安全委员会办公室、中央精神文明建设指导委员会办公室、教育部、工业和信息化部、公安部、农业部、商务部、国家卫生和计划生育委员会、国家工商行政管理总局、国家质量监督检验检疫总局、国家食品药品监督管理总局、国家粮食局、共青团中央、中国科学技术协会 14 部门联合主办的全国食品安全宣传周，由经济日报社主要承办、中国经济网执行承办。活动旨在进一步动员全社会关心、支持、参与食品安全工作，推动形成食品安全社会共治的格局。在 2013 年全国食品安全宣传周期间，中国经济网还承办了"2013 中国国际食品安全与创新技术展览会"，社会反响很好。

3. 综合运用多种媒体形态，发挥正确舆论导向作用。经济日报正视"微"时代舆论流向的多元化，利用新闻网站、法人微博、微信和新闻客户端等新的媒介形态，增加自己的平台宽度和渠道广度，形成更有效的主流价值信息传播。通过近年来的新媒体融合发展，经济日报发挥了官方媒体公信力强、议程设置能力强的优势，通过法人微博、微信和中国经济网让党和政府的声音进入民间舆论场，加强与群众的交流和沟通，并倡导建设绿色和谐网络空间，实现了信息传播正向价值的最大化。

（二）履行提供服务责任

在履行提供服务责任方面，经济日报承担着提供信息服务、生活服务、精神服务，组织开展社会性服务活动，帮助群众解决实际困难，受到广大读者好评。

1. 发布中经产业景气指数。经济日报于 2009 年 4 月起按季度发布反映国民经济重点行业景气变化的中经产业景气指数，截至 2013 年底已圆满完成 19 次发布。

2012 年 4 月起，经济日报开始发布"中经工业景气指数"，形成了"工业景气 +10 大行业 + 热点监测行业"的指数体系。10 大行业为装备制造、煤炭、石油、电力、钢铁、有色金属、水泥、化工、家电、服装，热点监测行业为乳制品。从 2011 年起，全面启动了"中经产业景气指数企业调研点"项目，目前已在中经产业景气指数监测的 11 个行业全面设立了企业调研点。调研成果形成报道后深受好评，对于推动指数工作纵深发展的作用日益凸显。

在做好常规指数报告解读工作的基础上，中经产业景气指数研究中心着眼经济发展大局，开始运用中经产业景气指数作为经济运行监测分析工具，对众所关注的经济发展重大问题进行独到地分析，正确有效地引导舆论。从中经产业景气指数看宏观经济形势的一系列文章，国内外许多重要新闻媒体纷纷予以转载或报道。

○　工业和信息化部、国家能源局、国家统计局等相关政府部门，中国石油和化学工业联合会、中国家电协会等行业协会、中国煤炭经济研究院、宝钢、雅戈尔、沈阳机床等龙头企业的专业人士及众多读者、网友均给予中经产业景气指数积极评价。他们认为，中经产业景气指数对于行业企业、消费者及政府部门了解行业情况、预判趋势、正确决策很有帮助。

○　人民日报、新华社、光明日报、中央电视台、中央人民广播电台等中央主要新闻单位第一时间重点关注与报道，中央人民广播电台经济之声有关栏目专门拿出时段制作专题节目，并持续对本报记者和分析师进行指数连线报道。财经类专业媒体、网络媒体、地方媒体对于中经产业景气指数的关注度和认可程度也越来越高。

○　中经产业景气指数也得到了证券市场的广泛关注。许多资深证券分析师在研究分析相关行业时，经常引用中经产业景气指数相关指标。他们表示，中经产业景气指数数据来源权威、编制方法科学、指标体系完善，对于资本市场的投资决策与研究工作很有参考价值，今后将进一步积极应用这一分析工具和有关数据。

2.　加强经济理论及科学知识的普及。"财富周刊"开设了读者自测栏目，为读者尤其是初级投资者提供专业的投资风险承受能力测试；开设了各类投资产品说明书解读栏目，帮助读者了解投资对象；对于有一定投资经验的读者，设有基金经理信札等栏目，提供专业投资机构对市场的分析和判断。开办"知识前沿"专版,策划推出了《追寻太空星辰的轨迹》《聆听大海深处的呼唤》《探索大地蕴藏的奥秘》等"三深"系列报道,结合我国重大科技成果和工程,加强相关知识的宣传介绍。针对网络上"核污染"的谣言以及 PX 项目、雾霾等热点,及时刊发文章进行科学解读,得到网络媒体的大量转载,起了很好的正面引导作用。

3. 组织开展社会性服务活动,推动志愿服务常态化。2013 年报社成立志愿者服务队,积极开展以"春风行动""暖冬计划"等为主题的志愿服务活动,推动学雷锋活动常态化。来自报社(集团)编辑、记者、行政岗位 109 名志愿者登记注册,先后 13 次到北京南站、金融街、陶然亭公园等公共场所开展志愿服务活动,参与志愿服务 200 多人次,累计服务 300 余小时。积极开展网络文明传播志愿者工作,实施信息动态管理,鼓励志愿者积极开展文明传播活动。经济日报在顺义建立首个"经济日报记者林",编委会领导带领干部职工栽下一株株树苗,为绿化首都、美化家园作贡献。

记者在"新春走基层"活动中纷纷捐款献爱心。宁夏记者站拓兆兵在中宁县宽口井移民村采访时,为回族老夫妇捐款 300 元;在银川市西夏区二小采访农民工子弟时,为两个贫困学生捐款 400 元。吉林记者站李己平参与吉林省青少年教育中心和基金会公益策划,为特困孩子提供公益服务。

4. 通过定点扶贫解决群众实际困难。经济日报定点扶贫两个国家级贫困县:河北省张北县和赤城县。每年推出价值近千万元的广告版面。还组织直属的中国纺织报社、服装时报社等单位,为扶贫点捐助物品,并动员纺织服装企业与张北县经济对接。2013 年 7 月,为经济日报 1995 年援建的张北县小二台乡希望小学,捐助价值 95 万元的衣物和书籍。年底又为两面井小学捐助价值 20 万元的儿童服装。

(三)履行人文关怀责任

在履行人文关怀责任方面,经济日报坚持在灾难事故报道中做到以人为本、关爱生命,日常报道关注社会弱势群体、反映他们的意见呼声,注重深入人的精神。

1. 在办报实践中体现人文关怀。我们专门设立了"文化周末"单元,每周推出四个版报道。这些报道关注文化中的经济现象,理解经济中的文化理念,先后组织了"百姓记忆""中国梦我的梦"的专栏报道,彰显人文理念。同时,我们要求记者在日常报道中体现人文关怀。2013年4月份四川雅安芦山发生7.0级地震，我们的记者第一时间赶赴现场，发回了大量报道。同时，要求记者在采访中坚持救人为先，报道中体现人文理念。在台风"菲特"的报道等灾难性报道中，都坚持了这一点。

经济日报还注重通过典型报道来彰显人文关怀。我们除了集中力量搞好道德模范宣传等主题报道之外，2013年还推出了"成德之光"的大型报道。报纸以四个版篇幅，刊登本报记者采写的长篇通讯，报道山东省一个叫刘成德的老人连续多年学雷锋先进事迹。后来，本报驻山东记者把这个故事写成了长篇报告文学。

2. 在报社文化建设中体现人文关怀。报社自身文化建设中突出人文情怀。我们主办了《经济报人》内部报纸，每月一期，刊登报社发展中的好人好事，体现经济报人的价值追求，体现报社集体建设中的人文情怀。

（四）履行繁荣发展文化责任

经济日报作为中央党报，本身就是社会主义文化事业的重要组成部分。2013年，我们始终坚持为人民服务、为社会主义服务的"双为"方针，加强对中央文化工作政策和各地各部门文化活动的宣传报道，自觉承担知识普及、社会教育、道德传承的职责，努力践行社会主义核心价值观，传承优秀传统文化，传播高雅健康文化，抵制低俗媚俗行为，维护群众基本文化权益，在促进社会文化繁荣发展方面发挥了积极作用。

1. 加强对中央文化工作和各地各部门文化活动的宣传报道，及时报道文化产业、企业发展状况。

● 及时报道中央关于文化工作的指示精神和决策部署，推出《激发全民族文化创造力——十八届三中全会以来文化体制改革述评》《"砺鹰文化"铸忠魂》《凝聚力量共圆中国梦》《让未成年人在核心价值观的沐浴下健康成长》《以社会主义核心价值观引领社会发展》等重点报道。

● 关注文化产业、企业发展，加强文化领域的价值引领。推出《山西文化市场活力足》《看山西由挖煤走向挖文化》《仍见陶烟五色长》《月上贺兰》等，为各地文化产业的发展鼓与呼。推出"让文化创造源泉充分涌流""寻找各地798"等系列专题，引导社会关注文化创新。积极做好文化单位"转企改制"的报道，探讨有关文化单位"转企改制"的有效路径和成功经验，为文化产业的持续发展贡献力量。

● 结合元旦、春节等重要时间节点，充分反映有关部门以文艺演出院团组织开展的"三下乡""四进社区"等文化活动，及时报道各地群众自发组织的各种文化活动，深入反映文化惠民工程的积极成效。

2. 切实践行社会主义核心价值体系，传承优秀传统文化。

● 开设"践行社会主义核心价值观""中国梦我的梦"等专栏，推出一大批普通人物追寻梦想、实现梦想的典型事例，引导、启迪人们为了梦想而努力。结合春节、清明、端午、中秋、重阳等传统节日，策划推出"我们的节日"系列报道，播撒传统文化，倡导人们继承和弘扬团结友爱、尊老爱幼、孝敬父母等优良文化产统。

● 加强公益广告的创作和刊发。每周以固定版面推出中国梦的力量、爱国爱党、中华传统美德、社会主义核心价值观、爱护环境、节能减排、创建文明习惯，以及向雷锋同志学习、向道德模范学习、保护野生动物等多个系列的公益广告，倡导人们养成良好的道德素质和美好行为。

3. 努力弘扬真善美、抵制假恶丑，充分发挥文化宣传的社会教育和引导作用。

● 加大先进典型人物宣传力度。设立"时代先锋""最美基层干部""雷锋精神50年"等专栏，推出了菊美多吉、吴栋材、刘革生、吴金印、吕振华等一大批优秀基层干部、感人的普通百姓典型，发挥先进典型的示范带动作用，弘扬了时代精神。自2013年3月27日启动"最美基层干部"专栏到12月31日，共刊发通讯42篇，配发评论4篇、新闻照片3张，宣传了38名"最美基层干部"典型。在典型人物的宣传报道中，采访记者也深受感动和净化，辽宁记者站苏大鹏同志受郭明义精神的感召，采访期间毅然参加了造血干细胞的捐献，加入郭明义爱心团队。

● 弘扬社会正气。结合人们关注的社会热点，积极开展舆论引导，倡导良好社会风气。如针对"中国式过马路""旅游景点刻字""境外旅游不文明现象"等热点问题，刊发了一批典型案例、言论评论等文章，引导人们遵守文明礼仪。

（五）履行遵守职业规范责任

经济日报恪守新闻采编、报道评论、转载传播、广告刊播等方面的从业准则，加强新闻采编队伍教育培训，完善有关规章制度，自觉抵制新闻界不正之风，没有发生违法违纪问题。

1. 遵守职业规范和职业操守，树立中央级党报的良好形象。经济日报在各项工作中始终坚持正确政治方向和舆论导向，坚持宣传党的主张、反映人民心声，认真完成党和人民交给的任务。

● 严格遵守中央关于新闻工作的纪律要求，认真贯彻落实《关于严防虚假新闻报道的若干规定》《关于进一步规范新闻采编工作的意见》等有关文件精神，取消形象广告，杜绝虚假新闻，严厉打击有偿新闻和新闻敲诈勒索。

● 建立和修订了《经济日报社（集团）博客、微博客等网络互动空间管理暂行规定》《关于进一步优化采编工作流程的通知》等规章制度，为规范新闻采编工作、杜绝虚假报道强化了制度保证。

2. 强化对采编人员的教育培训，提高人员队伍素质。经济日报在中央新闻单位中较早组织开展了"三项学习教育"全年全员轮训，先后组织"中国梦与媒体责任""新媒体与媒体人的底线与边界""练好基本功深入走转改""新闻工作者的社会责任与职业道德""新闻工作者的职业理想与媒体竞争力""用马克思主义新闻观指导经济宣传报道""新时期加强马克思主义新闻观教育的必要性"等主题的教育培训活动，全年共举办10期培训班，培训人数达3000人次。通过大规模的教育培训，在新闻采编队伍中形成了见贤思齐、弘扬职业精神、恪守职业道德的良好风气。针对部分媒体在日常报道中出现的索要红包、吃拿卡要等不正之风，组织"记者大讲堂""走转改经验交流会"等方式，进一步明辨是非、认清危害，并用身边的先进典型现身说法，增强教育效果，营造了自觉抵制新闻欺诈、吃拿卡要等不良风气影响的浓厚氛围。

3. 深入开展"走转改"活动，不断增强与人民群众的深厚感情。在新闻单位广泛开展的"走转改"活动中，经济日报组织采编人员走进街道社区、厂矿车间、田间地头，深入基层倾听百姓心声、反映群众意愿，不仅打开了报道的视野，也增加了对新闻职业的敬畏；编委会成员率先垂范，多次带队深入基层采访，为年轻记者做出了表率。越来越多的记者自觉深入基层、蹲点采访，队伍的面貌发生了深刻变化。有的记者连续穿越天山冰峰、新疆戈壁、敦煌沙漠，写出一组感人至深的野外科学观测站科研人员默默奉献的事迹；有的记者在四川雅安地震发生后，马上奔赴前线，坦然面对余震滚石的危险，深入到受灾最重的村庄采访，受到了广泛的好评。

经济日报于2013年1月26日启动"新春走基层"大型采访报道活动，并于同日推出了"新春走基层"系列特别报道,先后派出百余名记者奔赴基层一线,足迹遍及国内各省区市。截至 2 月 18 日,共推出专版 43 个,总计稿件 400 篇、照片 100 多幅。

正月初二,社长徐如俊同志深入河北农村,就小城镇建设、绿色蔬菜生产等问题进行调研采访,并先后在一版刊发报道《幸福乡村看林城》和《重信誉盼标准》报道。

春节前夕,总编辑张小影同志两次到北京火车站进行深入调研采访,体验春运一线工作者的紧张和辛苦,并在一版刊发报道《别样的劳累,却未曾言苦》和《不同的岗位永远的精神》。

记者谭辛、温宝臣跟随农民工专列 1907 次临客进行采访,全程近 21 小时,行程 1449 公里,他们与列车员、路风检查员、从事不同工作的乘客等同行、倾听、记录,发回体验式报道《那些在 1907 次临客上的人……》。

接驳制度在实施过程中具体情况如何,一路服务怎样?记者崔文苑、董碧娟搭上广州至湖南郴州的长途客运汽车,体验长途客运的新变化,记录一路上的人和事,发回了报道《回家路上,满眼风景》。

经济日报"新春走基层"报道刊出后,受到了读者和媒体同行的普遍关注,引起了强烈的社会反响。许多读者通过打电话、发邮件、写信等方式表达新年问候,认为这些报道接地气、沾满生活气息、生动耐读,表明"走转改"活动取得了良好成效,极大地振奋了广大干部群众深入学习贯彻十八大精神的壮志豪情。

河南省郑州市二七区法院读者李晓理来信认为,包括经济日报这样的中央媒体在内的广大记者深入了解实际情况,各地党政机关纷纷跟进,人民群众拍手叫好。

(六)履行合法经营责任、安全刊播责任,保障从业人员权益责任

在履行合法经营责任、安全刊播责任,保障从业人员权益责任等方面,经济日报认真贯彻落实采编与经营"两分开"原则,健全安全刊播的制度机制,落实从业人员权益的法律法规,收到良好效果。

1. 切实做到合法经营。新闻媒体的经营工作主要是广告和发行。长期以来,驻地记者站在广告、发行工作中发挥了重要作用,但也带来了采编与经营难以分开等弊端。为此,经济日报从文化体制改革入手,积极推进采编与经营"两分开"。

即：采编只由采编部门来做，经营工作人员不得兼做采编工作，不得占有记者、编辑的资质；经营只由经营部门来做，采编人员不得兼做经营工作。同时，采取撤销记者站独立银行账户、改变发行经费管理和使用办法等措施，加强了对发行经费使用过程的监督，有效防止了问题的发生。

● 在广告经营活动中，认真落实中央有关规定，不以新闻报道形式发布广告，不以承诺新闻回报换取广告投放，广告经营人员不介入新闻采编业务，所有有偿发布的信息均注明"广告"。严格按照批准的经营范围从事经营，签订书面广告合同并严格执行合同条款，按期、按质、按量发稿，坚持重合同守信用。广告创作坚持创新，尊重和保护知识产权，全年未发生知识产权方面的事故或争议。

● 在发行工作中，坚决杜绝提成回扣、赠钱赠物、出国考察、公费旅游等推销办法，不搞有偿新闻或"形象版"扩大发行，不以舆论监督相要挟征订，不打着领导机关、领导干部旗号摊派发行。

2. 切实保证安全刊播。经济日报已形成了一整套确保安全出报的规章制度和较为完善的工作机制。如，《经济日报防范虚假新闻守则》《经济日报防止报纸差错奖励办法（试行）》《经济日报防止报纸差错岗位职责规定（试行）》《经济日报终审发稿人岗位职责及考核办法》等规章制度，对各类差错及相应责任进行分类细化，做到大小差错均可追溯差错责任源头，对见报差错和未见报差错均设立详细的处罚措施，并设立"无差错奖"，对无差错记者和编辑给予奖励。

● 为确保安全出报，采取了优化编辑流程，细化白、中、夜班各环节的工作部署和相互衔接，强化节假日和周末值班制度，形成了无缝对接的"三班制"工作体系，保证了全年无重大差错见报。

● 严格遵循广告接发稿流程。严格遵守《广告法》及相关法规条例，预先审核广告客户相关证明文件，广告内容如涉及具体数据则要求客户提供数据来源，确保广告信息的真实性；与工商主管部门建立了畅通的沟通机制，当有把握不准的情况时，提前排样送审或咨询，从严把关，杜绝违反法律法规、违背社会道德、有碍社会和谐和社会主义精神文明建设的广告信息见报；重视广告语言使用的规范化和标准化，加强广告语言审核管理，正确使用语言文字，避免对消费者造成误导，保证了全年无广告重大差错见报。

● 加强对全国各印刷点的管理。认真落实岗位责任制,坚决杜绝空白报、废报出厂,遇重大节日提前向各印点发文强调安全出报责任,确保报纸正常出版、发行,保证了全年无印刷事故和重大差错发生。

3. 切实保障从业人员权益。经济日报按照中央有关规定,认真做好新闻采编人员记者证的申领、发放和年度核验工作,保障了全体采编人员依法进行采写新闻报道的权利。同时,积极创造条件,认真落实职工的各项福利待遇。一是做好职工医疗保险、医保报销、接受医保相关咨询等各项工作。二是做好职工体检工作。除每年一次的全员体检外,还增加一次专门的妇科体检,惠及 340 多名女职工。三是丰富职工业余文化生活。报社专门投资建立了职工文体活动中心,为开展积极健康的群众性文体活动提供了场所。

三、存在的不足、改进的措施和努力方向

经济日报坚持媒体的社会责任,把握正确的舆论导向,在实践中建立了良好的社会形象。但队伍素质和内部管理水平还有很大的提升空间,履行社会责任的能力还需要进一步增强。中国经济网还存在个别人员以曝光负面问题要挟索要广告费或赞助费的问题,个别驻地记者站和下属单位也存在管理不到位等问题。

针对上述问题,经济日报制定了改进措施。一是将下属单位及驻地记者站的管理作为重点工作,分别成立由编委会成员牵头的工作小组,深入开展调查研究,提出整改方案。二是将开展打击新闻敲诈、虚假新闻和有偿新闻活动作为重点内容,完善相关制度规定,加大处罚力度,发现一起处理一起,绝不姑息。对中国经济网违纪人员及主要责任人作出了开除决定,对负有领导责任的同志提出了严肃批评。三是改进管理制度,完善工作机制。对驻地记者站,已全部完成了财务账户的注销工作,较好地解决了采编与经营"两分开"的难题;采取不定期召开电视电话会议的形式,及时传达学习中央最新精神,通报个别记者站出现的问题和处理意见;定期组织巡视组对记者站的工作进行全面检查,发现问题及时整改。对下属单位,重点加强领导班子队伍建设,强化制度约束机制,因管理不到位、制度不健全、组织纪律松懈等原因导致的职工违纪问题,对单位主要领导也作出扣发奖金、行政纪律处分等处分。

下一步要从以下几个方面努力改进:

1. 着眼于国家改革发展需要，努力提高舆论引导能力。

当前，我国改革发展进入一个新的重要关头，社会矛盾多发易发，很多因素都会引起社会冲动以及易变、浮躁心态。提高舆论导引能力，是加强党的执政能力建设的内在需要，是国家治理能力现代化的重要内容。首先，要发挥好经济日报在经济宣传工作方面的独特优势，做好经济社会热点引导，围绕产能过剩、环境污染、债务风险和结构性就业矛盾等突出问题，主动设置议题，加强信息发布和政策解读，及时回应社会关切。其次，要统筹国内外两个大局，加强国际经济新闻报道，及时分析解读国际财经大事和热点问题，对国外有关经济社会发展的有益经验进行借鉴性报道。既要站在中国的立场上观察国际问题，就世界经济形势的现状及发展趋势、不同国别的重大产业变化及进展等问题，形成国内权威的国际言论阵地，也要从国际视角反映中国经济形势，加大对重大国际新闻事件、重要国际会议的报道力度，提升国际传播能力。

2. 着眼于媒体生态变化，加快新媒体建设步伐。

当前，媒体格局和舆论生态发生深刻变化，传统媒体面临新兴媒体的直接挑战。加快传统媒体和新兴媒体融合发展，早日实现一体化，才能使传统媒体和新兴媒体通过科学的融合后继续成为主流媒体。要做好经济日报的新媒体发展规划，加强中国经济网、经济日报法人微博及微信、新闻客户端等新媒体阵地建设，建立重大报道、独家报道报网博互动机制，形成联合报道团队，充分发挥报纸、网络、微博的优势，做到各展所长、相携相长，形成报网同步、报网互动，实现报网博融合发展。同时，要高度重视新技术的汲取和运用，精心设计、整合资源、加大投入，加快建设面向全集团的多媒体采编平台。整合主报与集团内各成员单位的文字、图片等多媒体稿库资源，形成全集团共享，为采编流程优化再造提供软硬件技术支持，为提升重大报道的影响力提供技术保障。

3. 推动走基层转作风改文风常态化，大力加强人才队伍建设。

当前，浮躁之气和低俗之风在新闻界时有出现。有些人满足于跑机关、泡会议、抄材料，在互联网上复制粘贴，东拼西凑、敷衍了事；个别人为了贪图名利，编撰虚假报道，从事"有偿新闻"，甚至搞新闻敲诈，大大损害了新闻媒体的公信力。这些现象严重背离了新闻从业者的职业道德规范，败坏了新闻工作者的形象。要深化"走转改"活动,让广大新闻工作者特别是年轻编辑记者了解和认识国情,增进同人民群众的感情,树立正确的人生观、价值观和新闻观,不断提高自觉抵御不良思潮影响、抵御庸俗风气的能力。

深化"走转改"活动,让编辑记者亲临基层一线,挖掘新闻素材,不仅是新闻报道真实性原则的内在要求,也是提高采编人员综合素质的有效途径。只有带着感情和责任去了解基层的真实情况,才能通过生动场景的展现和现场氛围的营造,吸引受众的关注,才能克服对电脑、网络的过度依赖,改变文来文去的工作状态,避免抄材料、扒网络的不良倾向。要完善"走转改"活动以来形成的采编工作机制、采编人员绩效考评机制、编委会领导带头调研采访制度等,进一步形成"走转改"活动的长效机制,巩固党的群众路线教育实践活动成果,不断开创工作新局面。

四、2014 报告年度履行社会责任的目标和承诺

2014 年,经济日报履行社会责任的目标是:

1. 进一步改进创新新闻报道工作,不断增强经济报道的针对性、实效性和吸引力、感染力。

2. 进一步深化报社体制机制改革,不断提升履行社会责任的能力水平。

3. 加快推进传统媒体和新兴媒体融合发展,不断拓展履行社会责任的平台渠道。

4. 大力加强制度建设和队伍建设,不断夯实履行社会责任的制度保障和人才队伍基础。

——2014 年,经济日报承诺:

1. 坚持正确政治方向和舆论导向,围绕中心、服务大局,为全面深化改革、推动经济社会营造良好舆论氛围。

2. 坚持客观真实,坚持深入实际、深入生活、深入群众,切实发挥宣传党的意志、反映群众心声的重要作用。

3. 坚持职业精神、恪守职业道德,切实维护新闻工作者良好形象。

4. 强化内部管理,坚决杜绝虚假报道、有偿新闻等群众反映强烈的突出问题。

5. 自觉接受社会监督。

举报电话：010-58392513

联系地址：北京市西城区白纸坊东街 2 号经济日报社办公室

邮政编码：100054

‖ 分析与评价

新闻界要承担社会责任，这是众所公认的。但要承担的社会责任究竟是什么？这却是一个比较含糊的问题，欠缺一个众所公认的答案。

1947 年哈钦斯报告给出了一个回答，认为报业应该承担的社会责任包括：提供一种就当日事件在赋予其意义的情境中的真实、全面和智慧的报道；成为一个交流和批评的论坛；对社会组成群体的典型画面的投射要准确；在对社会目标和价值观的呈现和阐明中，承担起教育者那样的责任；一个将新闻界提供的信息流、思想流和感情流送达每一个社会成员的途径，保证社会成员充分接触当日消息。

而这次 11 家媒体的社会责任报告也是对这一问题的某种回答。除了上文引用的《经济日报社会责任报告》之外，其他的媒体社会责任报告也是按照履行正确引导责任、提供服务责任、人文关怀责任、繁荣发展文化责任、遵守职业规范责任、履行合法经营责任、安全刊播责任、保障新闻从业人员权益责任这八个部分分别来进行汇报的。所以，这次社会责任报告的公布，一方面我们可以理解为"社会责任"的提法在官方话语中也占据了一席之地，另一方面也提供了对于"社会责任究竟是什么？"这个问题的中国式回答。

媒体职业规范委员会频频发声

‖ 案例概况 [1]

2006 年 3 月 14 日，南方周末编委会颁布《新闻职业规范》，以法条形式明确新闻规范，包括保证真实性、防止有偿新闻、坚持客观写作等多个方面；成立由报社编委成员及采编部门负责人、编辑记者代表组成的"新闻职业规范委员会"；确定了委员会的主要工作形式是专项调查，形成了调查的组织形式和相关原则 。[2]

南方周末新闻职业规范颁布、新闻职业规范委员会成立当年，就数次启动调查程序：有回答社会舆论对具体作品的质疑的；有破除有偿新闻谣言还当事记者清白的；有解决内部对某个作品专业程度认识分歧的。时至今日，南方周末新闻职业规范委员会最为社会所知的是 2006 年在黄健翔报道后的对被采访者、记者之间多向度争执中的是非判定、2008 年汶川地震报道中直接引语失实与否的裁定以及 2009 年对采访对象对记者剽窃指控的调查。

上述这三次事件都有较大的社会影响，广为大众关注。因此，南方周末新闻职业规范委员会不仅启动了专项调查，还发表了针对事件的意见书，将调查的过程和结论公之于众，产生了非常积极的效果。

南方周末职业规范委员会关于黄健翔专题的意见书 [3]

2006 年 11 月 23 日南方人物周刊记者吴虹飞受约为南方周末撰写"黄健翔

---

1. http://zt.blog.sohu.com/s2009/nfzm25/

2. 向熹：《〈南方周末〉：新闻专业主义的坚守与创新》，《传媒》2010年第7期。

3. http://www.southcn.com/sports/hot1/200611301094.htm

专题",报道发表后,社会影响较大,引起受访者对文章内容及作者动机的质疑,记者与受访者在互联网上各执一词,争执数日。南方周末立刻启动职业规范调查程序,成立专项小组对"报道动机""消息源""技术水准(包括叙述、求证、与采访对象接触时的言行三个方面)"、社会争议的问题等方面调查核实,对传言进行了澄清,对作者作品瑕疵也没有回避,最后以调查报告的方式向社会公布,得到当事双方的认可。

本报 2006 年 11 月 23 日 "黄健翔专题" 发表后,反响巨大,并引发社会争议。为厘清这一社会争议,"南方周末职业规范委员会"启动调查程序,对该报道操作的整个业务流程,进行了了解、核实,并依据本报的新闻职业规范标准,进行了认真比照,现形成书面意见,予以公布。

一、报道动机

本报自创刊以来,从未将"搞垮、搞臭某个人"作为报道的目的或终极目的,相反地,本报倡导并实践这样的职业伦理:即使是报道大奸大恶之徒,亦要保护其"作为人的尊严",亦要发掘其"作为人的复杂性"。

审视"黄健翔专题"的策划与选题管理的全过程,本委员会未发现任何不道德的动机。

经了解,在选题策划与操作中,参与操作的编辑、记者,对作为报道对象的黄健翔在专业领域表现出的水准和个性,基本上都持欣赏态度。

该选题的启动,源于对人物"纯粹的新闻价值"的判断;报道的目的,是想展现一个有个性的人真实的内心,以及他折射出的这个变动的社会的若干现实。本报的报道没有否认黄健翔的个性与刻板的体制之间的矛盾;对他本人,既表达了赞誉性的评价,也表达了一些同事和朋友基于亲身经历给出的负面评语。报道避免了"非好即坏""非黑即白"的二元思维,呈现了人性的复杂,符合本报的认知理念。

二、消息源

本报新闻职业规范要求:尽可能穷尽所有能找到的采访点,以使报道更接近于真实。

从"黄健翔专题"的操作过程来看,采访者采访了大量的消息源,基本事实和基本事实判断的形成，是建立在对核心当事人以及相关人士的充分采访上的。在基本事实与基本事实判断层面，本委员会未发现诸如无消息源的个人主观意见作为报道内容之类的新闻操作硬伤。

本委员会认为，此组报道对黄健翔辞职事件作了本质的还原，在众声喧哗中发出了负责任媒体应有的清醒的声音。这是这组报道最有价值的地方。通过深入、多向度的采访，黄健翔辞职这一个人选择，被发现是"过度阐释"，部分媒体给黄健翔附丽了"反抗体制""捍卫自由"等过于宏大的寓意；事实真相用董路（blog）的原话"他辞职只是因为有了更好的发展空间和去处"大致即可概括。

三、技术水准

该报道的采访者采访勤勉，写作流畅，较好地还原了一个焦点事件与焦点人物。但在中性客观方面，略有瑕疵：

1. 叙述

本报鼓励作者叙述的个性化，但不能有违新闻技术指标。

该专题的主稿，特约撰稿人在个别叙述中不够克制，掺杂了个人评判，尽管个人评判并未违背客观事实，但如能以更佳的新闻技术予以处理，将更有利于信息的传达和叙述的客观。如"11月11日，这个光棍的节日，他在博客上沾沾自喜的宣布……"，其中的"沾沾自喜"不应以记者之口在主语是"他"的陈述句中出现；再如"他同时认为自己是一个知识分子（难道是因为出过两本书的缘故吗？）"，括号中的语句是不应有的轻佻。对此类问题在见报稿中出现，编辑亦负有重要责任。

2. 求证

本报要求采编各环节都需对报道所涉事实进行尽可能多的核实。

在该专题对话稿中，作者、编辑对个别硬知识的求证应更严谨。如"麦克·斯马克"到底是谁，记者、编辑应该摒除采访对象的发音和"是打网球还是打桌球的"的干扰，更耐心地求证。

3. 与采访对象接触时的言行

本报向来鼓励采编人员在采编过程中突现个性，并以管理制度、企业文化呵护、激励采编人员的个性；在突现个性的同时，本报也要求采编人员应以尊重新闻职业的尊严、尊重本报和新闻共同体的价值观为底线。

本次采访者之一的特约撰稿人是一位个性鲜明、自有文风的女性，为了采访的顺利，为了体现亲和，曾有自嘲式的表达，表达内容有触底线之嫌。但本委员会认为，自嘲是一种口语修辞，其内容当或不当，当事各方可仁者见仁，但不应成为事后人身攻击的理由。

四、社会争议涉及的问题

在尽量充分地了解对该专题报道的社会争议之后，本委员会认为，在所有的争议中，对此报道的基本事实——报道对象是怎样一个人，以及此报道的基本事实判断（即辞职事件的本质），都没有基于具体事实的反驳，这也说明该报道的基本事实和基本事实判断并无硬伤。

因此，本委员会着重对牵涉到新闻职业规范的两个有争议的问题进行了调查：

1. 是否对采访对象的话断章取义？

据了解，采访结束后相关采访记录就发给了采访对象董路确认，并按董路要求进行了修改，其中有两处未按照董路意图修改。

这两处是："你现在可以把他看成是（类似）范冰冰（那样的娱乐明星）"；"40多年，米卢是唯一带着中国冲进世界杯的人。（至少中国足球领域里相信一个真理，胜者王侯败者寇。）"其中，括号内文字为董路所加，未见报。

编辑解释的理由是：前一处不照加是为了照顾上下文、保持口语化，且无损原意，又更加精炼。比如"你现在可以把他看成是范冰冰"一句，"范冰冰"在语境中一看就知道是个比喻，就像说"你是雷锋"，读者即知其意乃为"你是类似雷锋那样的先进人物"。后一处是因为董路加上的是一句评述，没有增加新的信息，也没有文意的调整，考虑字数限制，没有加上。

本委员会认可编辑的解释，并认同编辑正当地行使了其对稿件的处理权。但同时提请所有编辑注意：此类不取确认者意图处，应该在发稿前同采访对象沟通、再沟通，力争共识，以免除不必要的误解。

2. 采访结束后，采访对象为何联系不上采访者？

经调查，特约撰稿人在采访后因"怕麻烦"，多次未接采访对象的电话，此属事实。

本委员会认为，特约作者此举有违本报新闻职业规范，建议采编中心给予批评，并提请本报所有记者编辑以此为鉴。

综上所述,"黄健翔专题"报道在基本事实、基本事实判断方面没有问题,是一组质量较好的新闻报道;见报稿及作者、编辑在工作中存在某些瑕疵,作为一个素有责任感、公信力的媒体,理应在这些细节上精益求精。此次事件引起的社会反响较大,外界的批评、非议乃至攻击,不管对错、真假,都是我们自省的机会,前进的动力。

南方周末职业规范委员会 2006 年 11 月 29 日

南方周末职业规范委员会关于汶川地震相关报道中

涉及北川县政法委书记张周凯细节的调查结果 [1]

近日,有媒体针对南方周末 2008 年 5 月 22 日《灾后北川残酷一面》中关于北川县政法委书记张周凯获救的部分事实提出质疑。为弄清事实、彰显规范,南方周末职业规范委员会(以下简称"委员会")启动了专门调查,结果如下:

一、争议点集中在张周凯书记是否说过"救救我,我是张书记"。经查询记者的采访经过及采访记录,报道的消息源来自救援现场的武警成都指挥学院部分官兵,其中包括直接与张周凯对话的贺一民大校。记者的采访经过显示,这一事实得到了贺一民大校和其他现场武警的"交叉印证",他们分头独立接受记者采访时对该事实的叙述基本一致。

二、有媒体引用沈阳消防的录像并未出现"救救我,我是张书记",以此推断南方周末报道为假。经仔细查证相关人员及多家媒体的报道,当时的救援过程为:武警成都指挥学院发现张周凯及与其对话在前,请沈阳消防赶来支持在后(可参照成都商报、三秦都市报、南方都市报等当时对张周凯获救的报道)。采写北川报道的本报记者认为,"发生在前"的张周凯的求救及贺一民大校与他的对话,不能因"随后赶到"的沈阳消防录像未记录,而予以否定。

委员会认可记者上述逻辑判断。为慎重起见,于近日专门派人与武警成都指挥学院的贺一民大校进行了核对,贺一民大校再次肯定其真实性,肯定报道所述

---

1. http://www.infzm.com/content/23913

事实与"救救我，我是张书记"为亲身经历，并补充更为详细的现场情况及与当事人更多对话内容。

三、《灾后北川残酷一面》发表后不久，新快报 2008 年 5 月 26 日针对"救救我，我是张书记"一语对张周凯进行了采访。张周凯并没有对记者否认说过此话，称："在任何一个人遇到这种情况时，只要是人都会这么说，而说这些话又有什么错？"在同一报道中，与张周凯埋在一起的北川县综治办主任崔代全"明确表示，其实这话也不只张同（周）凯一人说过，在场的他们三人都说过，而说这话只是在向救援人员介绍被埋人员身份而已"。

四、检"史上最牛官腔"之说本身，非出自《灾后北川残酷一面》，而系报道在传播中，网友和一些媒体对"救救我，我是张书记"一语的衍生解读。委员会认为，此类衍生，无涉报道本身；报道是对张周凯获救过程的客观记述，未涉及价值评判。

五、《灾后北川残酷一面》误将"张周凯"写成"张同凯"。

综上，南方周末职业规范委员会认可该报道的消息来源合乎专业标准且值得信赖，质疑方提供的材料在事实和逻辑上不能证明其谬，该报道在真实性上符合职业规范。报道中人名的误写，虽系细节，但亦给专业品质造成瑕疵，提请相关操作者引以为戒，向张周凯和读者表示歉意。

南方周末职业规范委员会

2009 年 2 月 17 日

附：《灾后北川残酷一面》涉及张周凯段落

14 日，贺一民带着人到县委勘察，爬上县委倾斜下陷到地面的屋顶，隐约听到里面有人呼救。他要求呼救者大点儿声，于是听到清晰的声音，"救救我，我是张书记！"这个人是北川县政法委书记张同凯。这里是县委大楼。

"你不要跟我说你是哪个，你就说你有多少人！"贺一民说。他喊来了沈阳消防队。消防人员拿来生命探测仪，把摄像头插进废墟，直到从屏幕上看到一只巨大的眼睛。救援随即开始。

武警战士一共 20 个人，轮流用铁锤砸楼顶，每人 15 锤，几轮下来，他们发现这种做法不可行。"钢筋又多，水泥标号又高，砸不开。"江西消防队的 10 个人赶了过来，带着气锤，不过沈阳消防队拒绝了他们的帮忙。他们花了比较长的时间，用电钻解决了问题。有 3 名官员获救。

南方周末职业规范委员会对刘慧儒先生指控的调查结论 [1]

鉴于刘慧儒先生在网上发表《文化作坊离黑店还有多远？》一文，指控本报记者夏榆的"诺贝尔文学奖专题"报道"抄袭、剽窃"，并对记者本人以及本报多有诟病，本报职业规范委员会依例启动调查程序。

本委员会收集了刘先生与夏榆的往来电子邮件及所涉"诺贝尔文学奖专题"的见报与未见报稿件，亦向刘慧儒先生发出信件（迄今未收到回复，我们期望刘先生尽快与本报联系），现仅就刘先生的文字指控、现有信件及相关文本进行比照、厘清。

现将经过及结论陈述如下：

为制作诺贝尔文学奖专题，本报记者夏榆承担了主要的采写任务，在极短的时间里广泛征询了各方面专家的意见，其中，经由刘剑梅女士、张宽先生的介绍，德国特里尔大学的刘慧儒先生成为同意接受夏榆采访的专家之一。该专题包含综合叙述稿《诺贝尔新女王赫塔·米勒：我是在书桌前，不是在鞋店里》、专访稿《赫塔·米勒中国行——专访歌德学院北京分院院长阿克曼》《未来必须拥有过去——赫塔·米勒的作品》（韦凌）、专访稿《全球化车轮碾的跨文化》（受访：赵白生，北京大学世界文学研究所教授、所长）、《米勒说》（《黑夜由墨水造就》节选）、《说米勒》（国际媒体评说米勒）。除最后两篇稿件是编译性质的约稿外，均为夏榆的报道。

夏榆在与刘先生的多次通信中，前后使用过两个邮件标题，一个是"南方周末记者夏榆的采访问题"，一个是"夏榆的致谢"。两个标题在来往邮件中往复出现。刘慧儒先生的回复信件中采用了"采访答复"的标题。

刘慧儒先生提供的文字均是应记者在电子邮件中的提问作答的，并未采用独立文章的体例。

---

1. http://www.infzm.com/content/38133

夏榆在向编辑部提交的稿件中，的确采用了刘慧儒先生提供的资讯。对刘先生提供的内容，夏榆的采用分为两个部分，其中一部分用在综合叙述稿件中，这一点，在报道中已有直接体现和明确标示。在次一期的米勒专题报道版面，再次标示"本报《诺贝尔新女王赫塔·米勒：我是在书桌前，不是在鞋店里》来自对北京大学德语系胡蔚、德国特里尔大学刘慧儒女士的采访。特此说明并感谢。"

另一部分用在自述体的专家访谈，但这一部分被编辑基于版面容量的因素割舍了。被编辑割舍的内容还包括北京大学胡蔚教授的专访及一位上海学者的专访。

对此，本委员会的结论是：

一、本报在此稿的采编诸环节不存在"抄袭"和"剽窃"问题，夏榆是在向刘慧儒先生采访而非约稿，夏榆致刘先生的信中可能有一处产生歧义："版面是6000容量，但您可以充分表达"，其原义是指记者单篇报道的规格而非约稿的字数。一般而言，约稿是编辑的职责而非记者的权限。

二、本报在制作诺贝尔文学奖专题报道的过程中，编辑与记者由于沟通不足导致内容取舍有所不当的操作瑕疵，在割舍自述稿的前提下，在综述稿中对信息源的标注频次可以更多，本委员会谨此向刘先生和别的受访者以及广大读者致歉。

三、本报在次一期的鸣谢中误称刘先生为女士，这是因为采访由电子邮件完成，而受访者为第三方电子邮件介绍，记者和编辑都未就受访者性别信息予以了解核实所致，在此郑重地向刘先生和广大读者致歉。

四、对于刘先生以文字形式提供的资讯，按照本报惯例需要支付稿酬。这个行为是由编辑部来完成，并非记者的工作。对刘慧儒先生为配合本报报道所付出的辛勤劳动再次表示感谢，本报将依照规定支付报酬。

五、刘慧儒先生迄今从未与本报尝试过联系沟通，径以向多家媒体投稿并网络发帖的方式，广泛传播那些明示的字词或暗示的某些意涵，本委员会深表遗憾。

在今后的采访报道中，本委员会提请本报同仁：秉持一贯的新闻规范，信守一贯的职业准则，继续自己可能和可以承当的媒体责任。

谢谢读者的关心。

南方周末职业规范委员会

2009 年 11 月 30 日

▌ **分析与评价**

对于新闻自律来说，制定并公布职业道德准则并不难，难的是坚持不懈地遵行职业道德准则。在这一方面，南方周末职业规范委员会的频频发声还是可圈可点的。从上引三则材料来看，从 2006 年到 2009 年底，在一些与南方周末有关的争议中，职业规范委员会没有回避和讳言，而是主动地进行调查，坦率地公开结果。

在黄健翔辞职的相关报道中，南方周末职业规范委员会对特约撰稿人的动机、采访、行文及事后与采访对象的沟通等问题进行了调查，得出了稿件基本事实准确但中性客观方面有瑕疵的结论；在《灾后北川残酷一面》中，通过对采访对象的再次查证，基本确认报道直接引语无误，但也承认对采访对象的姓名误写；在刘慧儒对南方周末记者剽窃的指控中，南方周末职业规范委员会则从业务分工与采编流程的角度进行了解释。

以上事实，有的涉及记者的表达和行事风格，有的涉及消息源的确认核实，有的涉及采访与约稿的异同，争议内容各异，舆论影响不一，但南方周末职业规范委员会都进行了调查回复。这种直面纠纷、绝不回避的态度对于媒体来说，有着莫大的好处。

在民间舆论中，南方周末是以公信力取胜的报刊媒体。其公信力的建立，当然首先表现在其采访报道的各环节都遵照职业伦理规范的规定，有第一手的证据，信息来源是直接和认真地核实的，行文客观公允。但一篇新闻报道的出炉，一方面要与时间赛跑，另一方面，采访编辑的环节也不少，完全没有任何纰漏，在每一篇报道的每一个细节上都准确无误也是不可能的。对于媒体来说，每天几十上百个版面，完全不出错不可能。一旦出了错误，只要不偏袒不维护，站在公允的立场进行调查取证，有则改之，无则加勉。这绝不是对公信力的伤害，相反，恰恰是对公信力的又一次印证。

纽约时报辞职记者欺骗报道实录

‖ 案例概况

2003 年 5 月 11 日，纽约时报在头版刊发了一篇长达 14000 字的文章，对该报记者杰森·布莱尔的不实报道行为进行详细披露。该文一经发表，马上成为各国新闻媒体争相报道的内容。对此，有人认为是纽约时报声誉的低点，有人赞赏该报的勇气和坦诚，还有人认为是该报一贯恪守职业道德规范的表现。

这篇文章被国内若干研究者引用，但大多较为简略，在本案例中，编撰者将全文译为中文，希望该文能被更多的人认识。以下为报道全文。

更正报道——纽约时报辞职记者欺骗报道实录

本文由丹·巴里、大卫·巴斯托、乔纳森·格莱特、亚当·利普泰克和雅克·斯坦伯格报道并撰写。

发布时间：2003 年 5 月 11 日

纽约时报调查发现，最近几个月以来，一位本报记者在重大新闻事件报道中屡次出现欺骗行为。如此大量的伪造和剽窃不仅意味着对读者信任的严重背叛，更使本报的声誉跌到了创刊 152 年以来的低点。

作伪者是记者杰森·布莱尔，男，27 岁。他欺骗了纽约时报的同事和他的读者：他声称稿件发自马里兰、得克萨斯和其他州，但其实人在纽约；他杜撰评论、炮制场景、从其他报纸和通讯社稿件中窃取材料；他从照片撷取细节，让人误以为他确实曾到过某处或见过某人。

他用这些技巧来讹写最近发生的群情激动的时刻,从华盛顿郊区的致命狙击到伊拉克阵亡士兵家庭的无比悲痛。

针对布莱尔的问题,纽约时报进行了一次调查,旨在纠正报道错误并解释为何此类欺骗能在纽约时报中持续发生。参与调查的纽约时报记者们发现,自从去年10月布莱尔任国内版记者以来,他共发表了73篇文章,而其中至少有36篇存在一些新的问题。在他任职的最后几个月,这种厚颜无耻的欺骗逐周增长——这个可疑的年轻人的所作所为,让自己的职业之路走向了毁灭。

布莱尔先生已经从本报辞职,但他曾担任纽约时报记者一职4年之久且十分高产。截至今年10月,他已经在本报发表600多篇文章。我们对这些文章进行了抽查,发现了一些其他明显的捏造。目前这项调查仍在继续。本报现恳求读者揭发布莱尔作品中的任何其他的谎言,一旦有任何线索,请联系电子邮件retrace@nytimes.com。

就像银行和警察局一样,报纸默认他们的员工能够坚持行业的基本道德原则。然而,调查发现,布莱尔先生一再违背新闻业的根本宗旨——真实。他用以欺骗的工具一是手机和笔记本电脑——这让他的行踪不为人知;二是可以24小时访问新闻文章的数据库——这让他可以窃取写作素材。

该项调查还证实,从一无经验的实习生到成为国内新闻记者的5年间,很多编辑记者对布莱尔的报道技巧、报道经验和行为表示过疑虑。他们的警告主要集中在他文章中的错误上。

他犯错已成惯例,行为也如此不专业,以至于在2002年4月,大都会版的主编乔纳森·兰德曼,匆匆写了封电子邮件发给了新闻版管理层,内容只有两行字:"我们必须停止杰森为纽约时报撰稿。就是现在。"

在因为私人原因休假的同时,布莱尔被口头和书面严重警告说,若长此以往,那么他在纽约时报的工作就会不保。之后,布莱尔的工作表现有了改善。去年10月,本报的两大编辑认为布莱尔生活和工作方面都已改过自新。他们把布莱尔领到了人手不足的国内新闻部,在那里布莱尔被分配去协助报道华盛顿狙击案。

但就在那个月底,政府官员和布莱尔的同事们开始怀疑他的报道。11月,调查发现，他杜撰了引语和现场场景。今年 3 月，他又撒谎。他告诉编辑，并且在文章中谎称，自己在弗吉尼亚州的庭审现场，在马里兰州一个警察局长家里，在西弗吉尼亚州一个士兵的家门口。4 月底，另一份报纸质疑布莱尔的文章有抄袭的嫌疑。最终，5 月的第一天，他在纽约时报的职业生涯结束了。

几天后，布莱尔发表了一个关于他"个人问题"的声明并表示忏悔。但在上周的几次电话交谈中，他一再拒绝帮助报纸来纠正报道中的错误，并拒绝对自己以往的那些错误报道发表意见。星期五下午，他没有回复手机短信，他的家人和他的工会代表也没有。

本文的写作基于 150 多次访谈——包括针对布莱尔文章主题的访谈，对与他一起工作的人的访谈，对纽约时报熟悉出差、电话和其他业务记录官员的访谈——对时报同事纠正报道失误和揭发布莱尔不当行为的邮件信息等其他记录的检视，以及对其他新闻机构相关报道的检查。

调查表明，布莱尔的谎言长久以来没有被揭穿，主要有如下几个原因：高级编辑之间缺乏沟通；对他文章主题的投诉很少；他的精明和他巧妙掩盖踪迹的方法；还有，最重要的是，没有人将他的粗心草率视为一贯欺诈的征兆。

布莱尔只是本报 375 名记者中的一个；他的任职期也很短暂。但他给报社及其员工带来的损害不会在下周完全消逝，也不会在下个月或者明年。

"这是奇耻大辱，"纽约时报公司董事长兼发行人小阿瑟·苏兹贝格——其家族已拥有了纽约时报 107 年的控股权——说道，"这件事取消了读者对报纸的信任。"

布莱尔的行为固然给纽约时报编辑部带来痛苦，但在其他地方，这种痛苦和困惑可能更为深切。比如，马里兰州的贝塞斯达——布莱尔在其编造的一篇文章中把这个地方描述为美国士兵在战斗中受伤的地方；再比如，西弗吉尼亚州的马麦市的格伦达·尼尔森，她知道布莱尔曾在一篇新闻中引述她的话，但她却从来没有和纽约时报的任何人交谈过。

"因为是纽约时报，"她说，"所以你的期望值会更高一些。"

欺骗:报道过程充斥着谎言

两个受伤的海军陆战队员并排躺在贝塞斯达的国家海军医疗中心。其中的杰森·布莱尔写道,"隔壁床的战友是个棒球跑垒运动员,他在伊战中被地雷炸断了腿。一想到他我就不禁质疑自己是否有资格感到精神痛苦。"

这是布莱尔在 4 月 19 日刊登的一篇文章中描述的场面。这个场景很吸引人,但却是虚构的。事实上,这篇文章从它的第一个字、以大写字母开头的日期栏开始就是假的。它告诉读者,记者在贝塞斯达并且目击了这一幕。但是实际上他并没有。

但这个场景是如此扣人心弦,这些话语如此令人难忘,以至于本报将其中一个士兵的言论作为当日引语放在报纸的第 2 版。"当这么多人都病情恶化或者死去的时候,很难再对自己的遭遇感到不幸了。"这是援引自准下士詹姆斯·克林格尔的话。

下士克林格尔的右臂和腿被下降的货舱口砸伤了。布莱尔确实采访过他,但那是通过电话采访的,时间是在克林格尔从医疗中心出院的一两天后。这位下士自己也不能肯定他是否曾经说出过那句当日引语,但他十分肯定布莱尔从未去医院采访过他。

"我确实读了《纽约时报》上那篇关于我的文章,"下士克林格尔上周在他父母家通过电话说,"大部分的话我都没说过。"

比如说,他确信从没有像新闻中说的那样做过关于服役期的噩梦,也没有像布莱尔写的那样建议说,是时候来"增加一个牧师了"。

布莱尔写的东西也不全是假的,但他文章里面真实的部分显然大多是从其他新闻报道中窃取来的。事实上,他那篇号称是从与 6 名受伤军人的"长谈"中缩编而来的 1831 字的头版文章就是靠欺骗得来的。在过去的几个月里,这种欺骗之法进一步蔓延到几十篇其他报道中。

布莱尔并没有真的完成在贝塞斯达的采访。布莱尔在报道中引述了军士埃里克·阿尔瓦的话。后者现已部分截肢,而且确实和克林格尔下士做过两天室友,但医疗中心发言人杰里·瑞斯塔德少尉断言,埃里克从未接受过布莱尔的采访。而被布莱尔描述因病住院的海军医务兵布莱恩·阿来利兹则早在下士克林格尔住院的 5 天之前就出院了。

"我们的记录显示，布莱尔根本没有来过国家海军医疗中心，也没有采访过病人。"指挥官瑞斯塔德少尉说。

就像他在其他报道中所做的那样，布莱尔的这篇文章多少是靠着数据库中其他新闻机构提供的信息来编造的。例如，他把海军医务兵阿来利兹形容为一个"失去了右腿，断了一根手指，还摔断了左腿，腹股沟和手臂里有弹片"的人。这种形容与《华盛顿邮报》的一篇报道极为相似。

布莱尔骗人的伎俩是对纽约时报传统的藐视。纽约时报着力维系其对读者的诚信，告诫其记者要遵守行为准则。这些指导方针被公布在编辑部内部网站上的备忘录上，其中就包括："当我们使用其他任何组织所收集的事实时，应当标注出来"；"纽约时报的作者都是自己文中事实的主要的和唯一的核对者"；"在报道新闻中要标明是当面采访还是电话或电子邮件采访。"

此外，只有在记者真正去过某个地方的时候下才能使用电头。

布莱尔显然是知道这个规矩。去年3月，编辑在《纽约时报》上就另一位记者的报道发表了一则说明。看到这份说明，布莱尔给一个同事发了封电子邮件，内容就是关于纽约时报指导方针中关于"电头真实性"的部分。在纽约时报指导方针中谈到，电头不仅说明署名记者在电头标明的时间里在电头标明的地点，还说明记者提供了文中大部分信息。

但对于被分配和布莱尔一起工作的摄影记者们来说，他往往只与自己电话联络，声称在路上或是就在附近。

例如，4月6日，他应该是在克利夫兰采访一次教堂礼拜活动的。这次礼拜由牧师坦迪·斯隆主持。这位牧师的儿子就职于美军后勤部门，之前曾被宣布失踪。就在这次礼拜的前一天，他儿子被证实死于伊拉克。布莱尔在报道中提到了这次礼拜以及之前的另一次礼拜，但没有任何证据表明布莱尔确实出席了这两次活动。

按计划，4月6日，布莱尔要与一位自由摄影师在克里夫兰教堂外见面。但这名自由摄影师很恼火地发现自己联系不上布莱尔。这位摄影师，哈拉·甘巴里急于和布莱尔见面，从上午9点32分到下午2点07分给布莱尔打了9个电话，从2点07分到晚上10点13分又打了6个，最后终于放弃了。

甘巴里说，他3次设法与布莱尔见面，但每次布莱尔都找借口推脱。有一次，布莱尔解释说，他在礼拜中途离开了教堂，"去修他的手机了"（这是为什么有那么多次他的电话无人接听），"而且已经在回来的路上了"。

"我只是觉得他从不露面这事很奇怪。"甘巴里说。

布莱尔最终提交的文章中至少有6段几乎是逐字从其他新闻机构抄来的，其中4段来自《华盛顿邮报》。

最近几个月，布莱尔在文章中描述了发生在人们家里的场景，生动而私密的，但是出差记录和采访显示，布莱尔无法亲睹这一切。

例如3月24日，在他提交的一篇发自马里兰州亨特谷的电讯中，他描述了一对焦急的父母，玛莎·加德纳和迈克尔·加德纳，等待着他们的儿子小迈克尔·加德纳的消息。小迈克尔·加德纳是一名海军陆战队侦察兵，那时正在伊拉克。

布莱尔写道，加德纳夫人"在椅子上迅速转身去听一则与海军有关的新闻报道"。他还写到了她家前院的红色、白色和蓝色紫罗兰。在上周接受采访时，加德纳太太说，布莱尔先生只是在电话里和她交谈过。

现在，一些纽约时报的图片编辑怀疑布莱尔是看到了那天晚上摄影师道格·米尔斯传给纽约时报图片部门的数码照片，那些照片包括加德纳夫妇看新闻的照片，以及他们家院子里的花的照片。

布莱尔经常通过电子邮件向他的编辑汇报报道的进展情况。他在"采访"加德纳夫妇时，写邮件给国内新闻部的编辑吉姆·罗伯茨，说道："我给他们约30分钟喘口气。"而且声称"这是个绝好的的机会。很多人正因战争伤亡报告的公布而或喜或悲，饱受折磨。"

"每一例伤亡公布的时候，"他补充说，"气氛变得非常紧张，当听到他们儿子所在的部队没有被攻击，房间里就充满了如释重负的感觉。"

加德纳一家人与布莱尔通过手机交谈了很长时间。在报纸上看到文章之后，他们非常满意，为此还特意往时报编辑部写了封信。他们的来信也已经发表了。

编辑罗伯茨先生也很高兴。他看到布莱尔从马里兰州的亨特谷发来的电讯，认为报道确实见证了不凡的一刻：这名记者也因此证明了他勤于奔波和他的才华。他不会知道布莱尔展示的是另一种不同的才华。

他实际上是在纽约发送的电子邮件。

记者：引人入胜的氛围，八卦的嗅觉

他做到了。

有个 21 岁的大学生，想要得到在纽约时报实习的机会。这个年轻人名叫杰森·布莱尔，是一个联邦官员和一位弗吉尼亚教师的儿子。最后，他成功了，他成为一名记者。

"我看过一些人喜欢滥用他们被赋予的权力，"布莱尔曾在找实习的时候写道，"但我更认同那些因为想帮助他人而成为记者的人。"

无论是作为马里兰大学的学生记者或是在波士顿环球报的实习生，这个矮小的无处不在的布莱尔都很打眼。在撰写报道和获取新闻来源方面，他似乎都是在不断努力。有人很欣赏他，比如他的同学凯瑟琳·韦尔奇。凯瑟琳说，"（看到他）你会想，'这就是我想要成为的样子'。"

也有人认为他不成熟，野心勃勃，并且对编辑部的八卦兴趣浓厚，令人不安。

"其他实习生并不是很喜欢他，"马里兰州的另一个学生，1997 年夏天和布莱尔一起在波士顿环球报当过实习生的珍妮弗·麦克蒙纳敏说，"我觉得他把其他实习生都当作了竞争对手。"

华盛顿邮报昨天的报道援引了一位美国新闻与世界报道的研究人员的话，认为布莱尔在为波士顿环球报工作的时候，就曾经谎称自己采访过华盛顿特区市长安东尼·威廉斯。

布莱尔对新闻的兴趣至少可以追溯到他在弗吉尼亚州克利夫顿的森特维尔高中学习的时候。那时，就在新上任的校长向全体教员自我介绍的那几分钟内，他代表校报要求采访她。"他对报纸的事情总是很上心，哪怕是在我们这个小地方，"校长潘梅拉·拉特回忆道，"我们佩服他对自己的那种美好而积极的坚持。"

布莱尔在纽约时报的主管和在马里兰大学的教授都强调，他能够得到在纽约时报的实习机会是因为他热情洋溢的推荐信和显著的工作经历，而不是因为他是个黑人。纽约时报给他提供了一个实习记者的位置，这部分被用以增加人种多样性。

1998 年夏天布莱尔在纽约时报为期 10 周的实习生涯中，他几乎从来没有离开过编辑部，写了 19 篇新闻稿，帮助很多其他记者。"他表现很好，"负责实习计划的资深编辑希拉·茹尔回忆，"非常好。"

但当时的大都会版编辑乔伊斯·裴妮科却认为布莱尔在编辑部里的社交工作比记者工作做得更好。乔伊斯还曾经吃午餐的时候坦诚地告诉布莱尔，他毕业后应该到小报纸，"我告诉他，'去好好学习这个行业！'"

1998 年夏天结束的时候，纽约时报给布莱尔提供了一份长期的实习工作。布莱尔本来应该在当年 12 月毕业的，但他落下了很多大学课程没有修完。当他 1999 年 6 月回到纽约时报编辑部的时候，茹尔女士说，大家都以为他已经毕业了。但其实他没有。校方表示，他还有一年多的课程没有修完。

布莱尔被分到纽约时报负责警务报道的部门。在那里，他针对每天的犯罪行为写出一篇又一篇的报道，闪电般的快速写作能力以及甘愿长时间工作的态度给同事们留下了深刻印象。但杰里·格雷，布莱尔在纽约时报的几位导师之一，多次警告布莱尔说他在报道和外表上都太马虎了。

"这个地方有它的规则，"格雷先生记得他曾经告诉布莱尔，"虽然有许多人看起来很古怪，但他们是遵守着这个规则的。"

1999 年 11 月，布莱尔晋升为中级记者，再上一级就是全职员工。在他为大都会版作经济报道的时候，编辑认为布莱尔精力充沛、愿意夜以继日地工作，但也是粗心大意的典范。他们说，布莱尔电话的语音信箱往往满到无法接受消息，而且他接下来的写作任务也数不胜数。

布莱尔那时候的编辑查尔斯·斯卓姆，鼓励布莱尔抽出时间来调整调整自己。"我告诉他，他需要找到一种不同的方式来提升自己，而不是喝苏格兰威士忌、抽香烟或者从自动售货机上买零食吃。[1]"斯卓姆说。

尽管接替裴妮科成为都市生活版编辑的乔纳森·兰德曼认为布莱尔需要减少失误并证明自己有能够深度报道的能力，但他毕竟坚持下来了。

2000 年秋天，当时的执行主编约瑟夫·莱利维尔德——他是纽约时报最高级别的编辑——对新闻版面上有太多的错误极为不满：有人甚至把报纸出版人的姓氏都写错了。这促使兰德曼先生委派一名编辑进行调查，同时计算大都会版工作人员所作出的更正数量。

---

1. Cheez Doodles：一种奶酪味的零食。

"准确是我们的一切，"兰德曼先生在给员工的电子邮件中写道，"它意味着我们是什么以及我们在出售什么。"

布莱尔继续犯错误，需要更多的更正，更多的解释，更多的关于准确的重要性的讲座。很多编辑部的同事说他还做了很多下三滥的事情：热衷于向周围的人炫耀机密的纽约时报文件；在街角酒吧里大量公款消费；延时使用公司车；滥用停车票。

尽管如此，还是有许多人渐渐喜欢上了这个友善的布莱尔。他似乎对办公室政治极具天赋——比如说他很重视结交编辑部的后勤人员。他独特的笑声渐渐为大家所熟悉。

"他有魅力，巨大的人格魅力，"大卫·卡尔，一个纽约时报的媒体记者表示。他说，布莱尔经常称赞同事们写的文章，"而有时这是一篇很久很久以前的文章，而他读了它。"

2001年1月，以杰拉尔德·博伊德为首的6人的招聘委员会一致同意布莱尔晋升全职记者。决定上报到副总编，再到莱利维尔德先生那里，都一一批准了。布莱尔成功晋升。

兰德曼先生上周说，他一直反对这个推荐，关于布莱尔的晋升他"没有像传闻中说的那样过问太多"。但他也强调说他并没有对这一提升表示抗议。他说，一方面发行人和执行总编已经明确表示了公司要致力于加强编辑部的人种多样性，"并且这样做也很恰当"。此外，他还表示说，布莱尔似乎只是在犯一个新手的错误，他仍然是很有前途的，"我觉得他能行"。

现在的总编博伊德先生，编辑部坐第二把交椅的高管上周表示，决定晋升布莱尔并不是基于种族方面的考虑。事实上，很多年轻的白人记者也已经迅速通过了这个级别的晋升。

"把他的升迁归结到种族多样性上就是还不清楚究竟发生了什么事，"同样是非裔美国人的博伊德先生说，"他是一个年轻的，有前途的记者，他所做的工作已经确保他能够得到升迁。"

但总之，布莱尔晋升后的表现有所下降；他出现了更多的错误，并和更多编辑发生了冲突。然后2001年9月11日的大灾难发生了，事情变得更糟。

布莱尔说，他在五角大楼的恐怖袭击中失去了一个表弟，并向纽约时报的一位高级编辑提供了他死去亲属的名字。他以此作为一个理由，不想参与对灾难受害者的报道。

上周记者通过电话联系到了那个他所谓的牺牲的表弟的父亲。他说布莱尔和他们家没有任何亲属关系。

9•11恐怖袭击的几个星期后，他写了一篇充满了错误的文章。许多记者都会犯错误，有关更正的统计数据仅仅是其新闻技能很粗糙的反映。相较其他记者，布莱尔的更正率在纽约时报尚在可以接受的范围之内。不过，这篇文章需要更正的地方如此之多，这引起了新任执行主编霍威尔•雷恩斯的注意。

在那之后的电子邮件里，布莱尔说了很多。他向兰德曼先生表达忏悔之意；然后向另一为编辑发泄说自己写道歉信的时候是多么"不情愿"；在和主管大都会版工作人员错误更正情况第三位编辑帕特里克•拉法格产生分歧后，他威胁要"与雇用我的那些有着执行主编或总编头衔的人"一起着手解决这个问题。

那段时间发生了很多事：对进一步恐怖袭击的担心，炭疽恐慌，悲伤。反常的行为在这个城市里和纽约时报编辑部里都并不罕见。尽管如此，布莱尔的行为还是引人注目。他犯了错且很长时间都找不到人。

2002年1月，兰德曼先生措辞严厉地批评了布莱尔，说他的更正率"以纽约时报的标准来看，奇高无比。"兰德曼先生随后转发该评价给博伊德先生和新闻版副主编威廉•施密特，并且附上了一句留言："我希望你们两个意识到这里出了个大麻烦。"

就在这段时间，布莱尔向大都会版的副编辑苏珊•艾吉莉倾诉了很多的个人问题，后者建议让他去接受心理咨询。布莱尔休了两周假。他回来之后编辑们作了很多努力帮助他，希望他可以专注于准确性而不是报道数量。但是他的不实报道很快就回来了。

4月初，基于布莱尔的表现，兰德曼先生写信说必须要"停止杰森为纽约时报撰稿"。第二天，布莱尔收到了一封惩戒信。随后，他又短暂休假。

当他几星期后回到编辑部之后，兰德曼先生和记者的顶头上司珍妮•平德作出了一个爱之深责之切的决定。布莱尔将要从很短的文章开始写起，再次专注于准确度，而不是写稿量。而平德女士对拖延稿件和长期找不到人都无法容忍。

兰德曼先生表示，虽然布莱尔不满这种约束过严的做法，但它似乎很有效。布莱尔发表更正的数量锐减，并且随着时间的推移，他被允许处理更重大的报道任务。事实上，他有好几个星期都在悄悄地鼓动其他部门，想要转换工作，藉此远离平德女士和大都会版。

最终，兰德曼先生无奈地签署了一项将布莱尔派遣到体育部的计划，尽管他警告过体育版编辑："如果你要了杰森，记得要小心点。"博伊德先生也表示，体育版主编被简单告知了布莱尔的工作经历，也看到了对他的近期评估报告。

布莱尔刚刚调到体育版之后就被重新分配到国内新闻部去帮忙报道在他家乡发生的狙击案。这次报道人手的变化让兰德曼先生、平德女士以及大都会版的其他人都感到出其不意。

"没人问过我的意见，"兰德曼先生说，"我的意见已经清楚地记录在案了。"

然而平德女士说她愿意和任何人讨论布莱尔的历史和习惯——主要是因为，她说，"我们希望他能够成功。"

大时代："进取心"的新任务

去年 10 月，华盛顿郊区的狙击案几乎垄断了全国报纸的版面。"这是一个需要进行'泛滥报道（flood the zone）'的新闻，"国内新闻主编罗伯茨先生回忆说。其中，"泛滥报道"一词指的是在执行主编雷恩斯的指导之下，纽约时报报道重大新闻事件时的积极主动的报道方式[1]。

雷恩斯和总编辑博伊德，迅速把记者团队的规模增加到了 8 名，其中包括布莱尔。"这家伙很有进取心。"上周，雷恩斯回忆为什么他们选中了布莱尔的时候这样说道。

---

1. 原文为 When there's a hot story, the media usually likes to pile on with background pieces, context pieces, related pieces. This is flood-the-zone type coverage as former NYT editor Howell Raines dubbed it.（http://ace.mu.nu/archives/279443.php）（http://forum.wordreference.com/showthread.php?t=2222319&langid=22）

这两位编辑都谈到去年夏天以来布莱尔的新闻准确度有所提高，这证明他可以去完成复杂的热点新闻。但他们没有把有关布莱尔的各种情况告诉国内新闻主编罗伯茨以及他的副手们。

"类似的谈论并没有发生，"雷恩斯先生补充说，因为布莱尔的表现有所改善，并且"我们不污辱寻求帮助的人"，所以他认为不需要这样的讨论。

相反，博伊德推荐布莱尔因为他对华盛顿郊区很了解。"他没有被派作第一主要作者或第二、第三、第四、第五，"博伊德说，"他是被管理着的而且并没有被强加某些理念。"

但很多编辑都同意，布莱尔此时受到的监管远少于在兰德曼先生手下的时候。他被派到了一个执法机构相互斗争的混乱世界，一个连最老练的记者都要备受考验的地方。尽管如此，布莱尔似乎把自己扔到了记者们激烈谋取秘闻和独家新闻的斗争中。

"他想让我们印象深刻，这种想法很普遍。"监督布莱尔对狙击案报道的编辑尼克·福克斯回忆道。

他确实让人印象深刻。他在抵达马里兰州后仅仅 6 天，布莱尔的名字就在头版独家新闻上出现了，他的独家新闻稿提供了有关犯罪嫌疑人约翰·穆罕默德被捕的惊人细节。这篇文章完全归功于 5 个匿名执法信源的描述。报道说，正当穆罕默德打算坦白一切的时候，美国马里兰州检察官迫于白宫的压力，强制调查者结束了对他的审讯。

这是一篇重要的文章，并准确清楚地体现出中心点：即地方和联邦当局在争夺对狙击案嫌疑人的监禁权。但现在回想起来，从采访看来，文章中包含了一个严重的缺陷和一个事实性错误。

两名高级执法官员虽然对那天发生的很多事情看法都不一致，但他们却有一个共识，就是：布莱尔报道说正当穆罕默德"解释他愤怒根源"的时候，审讯就被打断了，而事实并非如此，当时讨论的只是些琐屑小事，像是沐浴和餐饮安排什么的。

这篇文章立即引火上身。联邦检察官托马斯·迪比亚哥和 FBI 的高级官员都发表声明否认了某些细节。纽约时报华盛顿分社的几位进行执法情况报道的老牌记者也向报社的高级编辑们提出了类似的担忧。

罗伯茨和福克斯在上周接受采访时表示，如果他们知道布莱尔有不实报道的前科，这些声明会让他们产生更严重的忧虑。这两个编辑也表示，他们从来没有要求布莱尔明确指出他文章中的消息来源。

"我无法想象如果知道事情原委，还会让他以匿名消息来源作为新闻的主要来源，"福克斯说，"如果有人说：'当心这个家伙。'我就会质疑他所做的一切。如果我早知道大都会版的编辑们都彻头彻尾地不信任他，我就根本不会放心这条新闻。"

知道布莱尔底细的雷恩斯和博伊德，也没有要求他明确他的消息来源。这两个编辑说，鉴于他们所知道的事情，没有让他明确消息来源的必要。雷恩斯说，没有料到纽约时报正面临着"一种病态的误传、杜撰和欺骗的模式"。

雷恩斯先生说，他认为没有理由在那时候告诉罗伯茨布莱尔的前科。相反地，为了不违背自己赞赏杰出工作的惯例，雷恩斯先生送给布莱尔一张便条，赞扬他"出色的实地报道"[1]。

当布莱尔负责领导狙击诉讼案的报道时，他得到了进一步的奖励。这项报道工作让他加盟国内新闻部的可能性大大增加。

12 月 22 日，布莱尔写的关于狙击案的另一篇文章出现在头版上。文章再次引述了身份不明的执法官员的观点，并解释了为什么"所有的证据"都指出穆罕默德共犯——十几岁的李·马尔沃是开枪者。再一次，他的报道受到了强烈批评：一个检察官召开新闻发布会来公开指责该文。

在新闻发布会上，弗吉尼亚州费尔法克斯县的联邦检察官小罗伯特·霍兰说："我不认为这次调查中会没有人泄密，因为这篇报道简直就是大错特错。"

同事们回忆说，博伊德先生显然担心霍兰检察官的指控。他反复催促罗伯茨去找霍兰先生，希望后者能明确说明与布莱尔文章相关的问题。

"我去找了吉姆，说：'让我们彻底检查一下吧，因为杰森以前出过事。'"博伊德说。而罗伯茨则表示，没人告诉过他布莱尔曾经出过事。

---

1. 原文为"shoe leather reporting"，指的是要磨鞋底跑现场来采编，而不是坐在办公室里读新闻、打电话来产生自己的内容的新闻。

这一次,同样没有一个编辑要求布莱尔在文中给出消息来源的姓名。但罗伯茨却说,他曾与布莱尔有过一次更宽泛的讨论,以确定他的消息来源是否确实了解文章中所报道的内容。

几番努力后,罗伯茨找到了霍兰。"这是一种僵局,"[1]霍兰回忆说,"我不打算告诉他什么是对,什么是错。我在他身上发现一种真正的担忧,因为他们发表了不正确的东西。"

"现在我不知道布莱尔是否只是碰到了一个不太好的消息来源,"霍兰继续说,"同样,也可能他只是坐在那里写小说而已。"

罗伯茨同时表示,霍兰一直在抱怨泄密而从未提起布莱尔可能在杜撰细节。

最后,雷恩斯在上周说道,对于这两篇报道引发的批评声浪,报纸处理得恰如其分。"我相信我们采取了正当的步骤。"他说。

但罗伯茨回忆说,直到一月,他才被警告布莱尔有不实报道的记录。他说兰德曼先生悄悄地告诉他,布莱尔很容易出错,需要加以关注。罗伯茨补充说,他并没有把这个警告告诉他的副手们。"这真是狠狠地打了我的后脑勺。"他说。

然而,那时,他的副手们已经完成了对布莱尔的工作评估。他们认为他是一个草率的作者,往往很难发现他的行踪,有时甚至下落不明。与此同时,他又是热情洋溢且精力充沛的。

仔细研究他的差旅费就会发现一些其他的迹象。这些迹象表明,布莱尔并不在他的编辑们认为他在的地方,而且,更令人担忧的是,他也许是炮制出了所谓的执法者信源。但在当时,他的费用记录是由一名行政助理迅速审查;编辑并没有检查它们。

比如说,在一月提交的一份开支报告中,布莱尔声称曾在华盛顿马歇尔百货公司买了毯子;但收据显示是在纽约布鲁克林区的马歇尔百货公司买的。他还报告说在华盛顿星巴克购物,但收据又显示那是在布鲁克林区。而在布鲁克林消费的这两天,他应该是在华盛顿地区写稿子的。

布莱尔还报告说,在华盛顿提交了电讯稿的当天,他和一名执法人员在华盛

---

1. Mexican standoff: 字面意思是墨西哥隔离。两名美国共和党议员曾认为,在美国与墨西哥的边界上设一道3200公里长的墙,这也许是阻止非法移民的"安全屏障"。这里引申为"僵局"。

顿图塔帕斯塔餐厅吃了顿饭，但是收据却是布鲁克林区的图塔帕斯塔餐厅。布莱尔还说，他和这个人还在派南餐厅吃了饭。派南餐厅位于纽约，但布莱尔却在他的开支报告上把它列在了华盛顿。

上周，我们联络到了这位官员。他说从来没有与布莱尔一起吃过饭。而且在上述两个日子里面，其中一天他根本不在华盛顿，而是和他的妻子待在佛罗里达。

根据手机记录、电脑日志和最近纽约时报行政官员描述的其他记录，布莱尔显然形成了一套路数，让他可以人在纽约，构思着一本关于枪击案的图书大纲，但却假装身在大西洋中部地区报道新闻。

例如，在给同事的电子邮件里，他就营造出一个滞留在拉瓜迪亚机场的风尘仆仆的国内记者的印象。同事惊叹于他的高产还有他看似不知疲倦的身体。"哥们儿，你真是个大旅行家。"一个记者同事在给布莱尔的电子邮件中写道。

雷恩斯先生也注意到了这一点，尤其是在布莱尔有关亨特谷的报道之后。4月，雷恩斯先生回忆，高级编辑们讨论是否应考虑让布莱尔在国内新闻部有个永久职位。

雷恩斯说，"我的感觉是，这个人一直在努力，并且为报纸作了很多重要的报道。"他说原计划让罗伯茨给布莱尔两或三个月的在大西洋中部地区分社的试用期，看看他是否能胜任。

罗伯茨说他反对这种设想，并告诉博伊德先生他对布莱尔的疑虑。"他的作品就像他生活的方式一样——马马虎虎。"他回忆自己是这么和博伊德说的。博伊德在上一周表示，他已同意布莱尔不是适合这份工作的最佳人选。

但随着对伊拉克战争报道和其他地方新闻报道的记者人数不足，罗伯茨别无选择，只能让布莱尔去作家门口的一些报道。

在3月底的亨特谷文章之后，杰西卡·林奇被俘和被救的故事成了伊战开战以来最重大的新闻。而在报道这个事件时，布莱尔又一次凭空捏造细节。

在3月27日的一篇发自西弗吉尼亚州巴勒斯坦的电讯中，布莱尔写道，林奇的父亲，老格雷戈里·林奇"站在俯瞰着烟叶田和牛牧场的门廊边，哽咽了"。而其实他家的门廊根本就没有俯瞰这种事。

他还写道，士兵林奇的家族有服兵役的悠久历史；然而这家人却说并没有。他写道，他们的家是在山顶上；其实它是在一个山谷中。他还写道，林奇女士的兄弟是在西弗吉尼亚州的国民警卫队；事实上，他在军队里。

文章震惊了林奇的家人和朋友,杰西卡的妹妹布兰迪·林奇说。"我们都拿烟叶田和牛来开玩笑。"当被问及为什么家里没有人打电话去抱怨新闻报道里错误太多,她说,"我们只是觉得这不过是一次性的事情。"

现在看来,虽然布莱尔从发回了5篇关于林奇家人的电讯稿,但他可能从未去过那儿。电子邮件消息和手机记录表明,那段时间他大多是在纽约。林奇家族没有任何一个成员记得曾和布莱尔说过话。

在第一次报道狙击案的10月下旬到4月下旬之间,布莱尔从6个州的20个城市发回电讯稿。然而,纽约时报的行政人员表示,这5个月内,他没有提交酒店、租车和机票的收据。

不知道为什么,布莱尔没有公司信用卡。他在报道狙击案的第一周只能依靠罗伯茨的信用卡付账。他曾告诉过一个纽约时报的行政人员,他自己的信用卡都超出了信用额度。5个月来,他唯一定期提交给报社报销的费用是手机费——这可是他双重存在不可或缺的工具。"事后来看,一个需要为报纸经常出差的国内新闻版记者,竟然4个月都不提交开支情况,已经足够引起我们的注意了。"博伊德说。

4月29日,就在他招摇的欺骗行为接近尾声的时候,布莱尔被召回到编辑部来回应答复圣安东尼奥快讯对他的抄袭指控。问题主要出在他从德克萨斯州的洛杉矶诺斯发回的一篇关于失踪士兵悲情母亲的文章。

在两天多的一系列紧张会议上,罗伯茨多次要求布莱尔提供能够证明他的确采访了那位母亲的证据。坐在罗伯茨的小办公室里,这位记者手写了好些笔记,以缓解编辑们与日俱增的忧虑。

罗伯茨需要更多信息。他说,"你一定要对我们和盘托出",并将注意力集中在了那位母亲在德克萨斯州的房子上。他要求布莱尔描述他所看到的景象。

布莱尔没有犹豫。他告诉罗伯茨说,那座粉刷成白色的房子上的屋顶是淡红色的,车道上的吉普车是红色的,院子里绽放着玫瑰花。罗伯茨后来检查了拍摄这座房子的未发表的照片,果然和布莱尔描述的一模一样。

直到布莱尔的骗局被揭露,罗伯茨才知道这个记者是如何再次欺骗了他的:布莱尔查阅了纽约时报的数码照片档案。

罗伯茨说,现在仍然萦绕在他心头的是那一刻——在那一刻,编辑和记者面对面,要就新闻业的核心目标"事实",来一决高下。

"你看着我的眼睛，告诉我你确实做了那些你号称做过的事。"罗伯茨要求他。布莱尔收回他的目光，说他确实做过。

教训：如果错了就"纠正回来"

纽约时报和以前一样继续运作着：每天早晨，一叠叠的《纽约时报》都在城市各处的报摊上堆放着；送报人把装着当天报纸的塑料袋扔到从俄勒冈州到缅因州的订户家的草坪上。只是不知道还要多久才能将这位年轻记者职业生涯崩塌所带来的阴影清除。

以前布莱尔总像是忙得离不开纽约时报编辑部；而今在这里他已经不再受欢迎。他的许多朋友对他的背叛表示愤怒，也对纽约时报没有警惕到他自我毁灭的迹象表示愤怒。很多人想知道他下一步会怎么走；托马斯·昆孔，马里兰大学的新闻学课程教务长，和蔼地建议这个从前的学生返校完成大学学业。

布莱尔伤害的不仅仅是他自己。尽管不能因为一个纽约时报记者的谎言而去怀疑另外 375 人的工作，但专家和新闻界的老师说，纽约时报必须补救他们已经对公信力造成的破坏。

前纽约时报记者、《信任：〈纽约时报〉背后秘密而又强大的家庭》一书的合著者亚历克斯·琼斯说，"据我所知，纽约时报从来没有出现过这样的事情。"他补充说："纽约时报从未有一个记者像杰森·布莱尔这样一贯撒谎和欺骗。"

琼斯建议，本报也许会在见报后对新闻报道的真实性进行随机抽查。但汤姆·罗森斯蒂尔，新闻卓越项目的主任，却质疑一份报纸能怎么去防范不诚信记者的蓄意欺诈。

"一方面很难抓到刻意想欺骗你的人，"罗森斯蒂尔先生说，"另一方面，建立一个怀疑每个记者的系统是有风险的。它会影响创造力，以及记者和编辑之间的信任。"

尽管如此，在报道从连环杀人事件、9·11 事件到战争爆发等一系列重大新闻事件时，纽约时报的编辑部显然是出问题了。什么出了问题？似乎是沟通——而这正是报纸本身的真正目的。

一些记者和行政人员没有把布莱尔的古怪行为告诉编辑们。编辑们没有深究或留心其他编辑对布莱尔报道的警告。5年来,有关布莱尔的有价值的信息在编辑部里是很容易发现的,但却没有人把它们综合起来,以确定他能否被置于巨大压力之下,去报道万众瞩目的全国性事件。

"这也许明确了一点,我们可以找到更好的方法来建立一个巨大的编辑部里的诸种沟通渠道。"发行人苏兹贝格先生说。

但苏兹贝格先生强调,纽约时报是在调查其员工和读者是如何被欺骗的,不是在编辑部里寻找替罪羊。"做了这些事的人是杰森·布莱尔,"他说,"请不要妖魔化我们的工作人员——无论是部门主编或执行编辑或者发行人。"

雷恩斯把布莱尔事件视为一个"可怕的错误"。他说,除了更正布莱尔那漏洞百出的新闻报道之外,他还打算抽调编辑部的人手组建一个工作组来分析这件事,从中吸取教训。他多次引用一个据说是很早之前从前执行主编罗森塔尔那儿学到的经验:

"在这个行业里,一旦你出了错,只有一件事可以去做,"他说,"那就是尽快更正。"

目前,编辑部弥漫着一种苏醒的氛围,类似于曾经疏远的亲属渐渐开始走动。员工们接受来电者的同情;他们讨论自己可能会怎样做;他们在黑色幽默里寻求安慰;而且,当然了,他们也会喋喋不休地谈论杰森会怎么处理这事。

‖ 分析与评价

纽约时报是业界翘楚,原因自是多方面的。但勇于认错和更正无疑是其中一个重要原因。

纽约时报,设有固定的"更正栏",即 Corrections,一般在第2版"新闻简要与索引"下面显要位置,每天都有一大块,承认自己的错误。因纽约时报每天要处理近100万字的材料,错误在所难免。但时报把改错当作一种很正常的作业,也显示了公允且负责的办报态度。

有时,事实上无差错,但却因有意无意地遗漏了某些重要部分,或只强调了时效性未顾及"深度透视性"(Perspective),以及均衡性,或新闻标题并无充分显示新闻内容的实质，这对新闻当事人皆不公允，却又无法以"更正"方式予以补正，时报设立了"编者的话"（Editors' Note），订正新闻失实以外的重大疏失。

"更正栏"和"编者的话"是报纸的常规栏目，每天都有内容见报。但对于更为重大的失实，纽约时报则会以更为醒目的方式来直认错误。比如上面这篇文章。圣安东尼奥快报记者马卡利娜·霍南德斯意外发现纽约时报记者杰森·布莱尔 2003 年 4 月 26 日发表的文章跟自己在 4 月 18 日发表的文章很像，马上告诉自己的主编，主编大为恼火，立即向纽约时报投诉。这次投诉的结果是纽约时报在头版发表了这篇更正文章。

这篇调查文章长达 14000 字，占据了 4 个版面，详细地对杰森·布莱尔进入纽约时报的过程、在时报内部的工作变动和工作表现、他进行欺骗的手段和细节等问题进行了描述。除了杰森·布莱尔本人的作为之外，对于时报编辑部内部存在的沟通不畅和用人不察现象，文章也并不隐讳，而是坦率地一一直陈。最终，纽约时报新闻编辑部的一二号人物——60 岁的执行主编霍威尔·雷恩斯（Howell Raines）和 52 岁的首任黑人总编辑杰拉尔德·博伊德（Gerald Boyd）双双宣布辞职。

虽然杰森·布莱尔事件性质恶劣，被看作是"报纸的声誉跌到了创刊 152 年以来的低点"，但及时、有效、坦白的更正措施还是极大地挽回了公众对报纸的信任。浙江大学吴飞老师在一篇论及纽约时报的文章中提到它的更正纠错制度，说"它不是错误的耻辱柱，而是无数正直的报人们勇于改正错误的行动的光荣榜。"[1]信然。

---

1. 吴飞、王凤娟：《〈纽约时报〉的纠错制度简析》，《新闻记者》2003年7期。

未定案报道切勿"贴标签"

2009 年 10 月 21 日上午，"津 HAK206"的车主许云鹤驾车沿天津市红桥区红旗路由南向北行驶，遇王老太由西向东跨越中心隔离护栏，后王老太倒地受伤。对此，双方各执一词：许云鹤认为这是"助人为乐被讹诈"，而王老太则认为是"开车撞人逃避责任"。之后，事故进入法院审理程序，并引发了网络讨论热潮。2014 年 7 月 24 日，最高法院以此案为典型案例，对舆论与司法的关系进行了阐述。

一个事故的两个版本

对于事故的详细情况，车主许云鹤与倒地老人王秀芝有着截然不同的说法。

许云鹤的版本是：当天他驾车行驶在红桥区红星美凯龙附近红旗路左侧车道，发现一名老太太翻越马路中间的护栏，不想被护栏绊倒，落地两步就摔倒在地。事发时其车速约为 30—35 英里／小时，发现老人翻越护栏时距其约 30—40 米，随后便刹车制动，待老人摔倒时，距其约 10 米。许云鹤发现后立即采取制动措施并向左打方向盘，车辆在王老太身前停住，双方无接触（据许云鹤引述后来的交警勘测结果，许云鹤的车与老人的距离为 2.4 米）。车辆停稳后，许云鹤下车查看，此时老人已倒地不起，开始发出"哎呦哎呦"的疼痛喊叫。许云鹤立即拨打 120，并从车中翻出创可贴给老太太的手腕包扎。但此时老太太却拿出电话拨打，称在马路上被车给撞了。这让许云鹤深感惊讶。

而倒地老人王秀芝的版本是：事发当时，王老太穿越隔离护栏，当时许云鹤的车子是该车道的第一辆车，前面的车已经通过了红灯。王老太发现许云鹤当时正在边开车边打电话。在翻过护栏时，恰好许云鹤的车撞到了自己的腿部，老人被弹起后，趴在车前部又倒在地上（一审判决文书）。在二审开庭时，老人更进一步描述，她跨过护栏之后看到许云鹤的车向她驶来，当时车速很快，"我还往后倒了几步，但没有躲过。我被撞后先向前仰，顺势趴在他的车上，之后又向后摔倒的。"当时她已经傻了，只顾着说："快打电话给管马路的警察！"事发后，许云鹤下车查看，当时他正在聊电话，老人听到他对电话那头表示说："哎呦，一脚没刹住，我去不了了。"

现场开始有人群围观，随后交警赶到，老人的女儿赶到。车辆被扣押。

由于存在争议，交通队一直未下达正式的责任认定，根据交警的建议，许云鹤花 3000 块钱进行了事故鉴定。在缴纳了 2 万元的押金后，车辆取回。

许云鹤一审败诉

双方一直未达成协议，随后王秀芝老人将其告上法庭。此案的审理过程存在客观上的困难：当时双方对此事故的基本事实陈述不一致，都无法提供证人及证明交通事故事实的相关证据。

对于交通事实认定部分，唯一一份证据就是天津市天通司法鉴定中心出具的津 HAK206 号车是否与行人王秀芝身体接触鉴定报告。该《交通事故痕迹鉴定意见书》鉴定意见为："不能确定 HAK206 号小客车与人体接触部位。"审理过程中，法庭特向出具该鉴定意见的鉴定人咨询其具体含义。天津市天通司法鉴定中心于 2011 年 4 月 29 日出具情况说明载明："不能确定 HAK206 号小客车与人体接触部位"的含义为：不能确定津 HAK206 号小客车与行人王秀芝身体有接触，也不能排除津 HAK206 号小客车与行人王秀芝没有接触。

2011 年 4 月 18 日，该案审判人员至天津市人民医院就原告伤情的成因询问了参与为原告治疗的张寅龙医生，他表示无法确定原告伤情具体成因，但能够确定原告伤情系外伤所致，根据原告的年龄及具体伤情，原告自己摔伤的可能性较小。

根据上述证据，审判庭认为，"本院无法确认被告车辆与原告发生接触，也无法排除被告车辆与原告发生接触"（据一审判决书）。

但《中华人民共和国道路安全法》第 119 条规定："交通事故是指车辆在道路上因过错或者意外造成的人身伤亡或者财产损失的事件。"依法规定，车辆与行人是否发生物理接触并不影响交通事故的成立。假设许云鹤在交通队的自述及法庭的陈述成立，即双方并未发生碰撞，原告王秀芝系自己摔倒受伤，但许云鹤在并道后发现原告时距离原告只有四五米，在此短距离内作为行人的原告突然发现被告车辆向其驶去必然会发生惊慌错乱，其倒地定然会受到驶来车辆的影响。

2011 年 6 月 16 日，天津市红桥区人民法院就此事作出判决，许云鹤被判承担 40% 的民事责任，赔偿王秀芝 108606.34 元，其中包括残疾赔偿金 87454.8 元。

求助网络、顿起波澜

8 月 16 日下午，许云鹤在爱卡汽车论坛发布帖子《助人为乐反被讹十万 法院乱判葫芦案何处伸冤？》的网帖，讲述自己因为帮助一名横跨马路护栏而摔倒的老太，反被对方咬定是自己的汽车撞了她，要求其赔钱，并将其告上法庭，天津红桥法院判其赔偿老太近 11 万元，令其难以接受，发帖向网民求助。

该网民在帖子中详细介绍了"事情经过"，并贴出相关的痕迹鉴定和法院判决书照片。帖子中，作者一方面对老太"污蔑"其撞人表示不满，同时还质疑法院判决用"假设"推定事故责任，以及赔偿数额计算错误等。

许云鹤的网帖发出后，立即得到了不少网友的关注和同情，网民几乎一边倒指向了对许云鹤的支持和对王家人的批判。网友"沙漠金鱼"和"老蔡"都表示"楼主太善良了""支持楼主"，不少人也对此回应，纷纷呼吁"大伙一起出来支支招"。"manman6666"则发出了"这老太太太可恨了，真无耻"的咒骂，呼吁"人肉老妖婆"。还有人将矛头指向一审判决的红桥法院，指责判决不公，"红桥法院就是一帮 SB"，但红桥法院作为仲裁事件的第三方，又遇到这样一起无法认定的葫芦案，也有人出来为其叫屈，"法院也要证据，所以，这种判决结果毕竟有原因"，"他们的压力一定很大"。

爱卡版主看到该帖后，与事主确认了网帖，将帖子高亮置顶，并"迅速将此事件传达给站内外所有关注此事的网民"。随后，有网友又将该网帖转载到其他网络社区中。

8月17日晚，许云鹤开通微博介绍事件情况。

"天津版彭宇案"

在网络讨论时，已经有网友谈到南京"彭宇案"。在之后的媒体报道中，这种联想被进一步扩大。

8月18日，华声在线以《车主搀扶爬护栏摔倒老太却要赔10万引争议》报道了此事。文章称"网帖发出后，引发轩然大波，不少网友直呼这是翻版的'彭宇案'"，并在文后配发评论：难道又是一桩"彭宇案"？第一次将该案件与南京彭宇案相联系。该文发出时正值晚间下班时间，但仍有部分媒体对其进行了转载。

8月19日一早，不少媒体纷纷对华声在线的文章进行转载评论，使得事件被更多人所了解。天津当地媒体对许云鹤进行了采访。舆论出现了对许云鹤的强烈支持和对王老太的批评。在这种压力下，19日中午，王秀芝老人的女儿王莉萍开通微博"事实真相009"对此予以回应，贴出相关证据。

8月20日晚，东方卫视《东方夜新闻》锐观察对该案进行了专题报道，随后其他电视台也开始介入报道，使得该案被更多的电视观众所熟知。

其后，电视、报纸、网络都对该案件进行追踪关注。但在报道初期，很多媒体都只采访了许云鹤一方，并没有王秀芝老太太一方的回应，并拟题为《助人为乐反被讹诈》《讹诈成"善举"绊脚石》《天津再现彭宇案》等。在证据不清且法庭尚未作出审判时，媒体就一边倒地认可了许云鹤的说法，并把许云鹤案称为天津版彭宇案。

8月20日，由于舆论的压力及对媒体偏执报道的不满，王秀芝的女儿在接受凤凰卫视的街头专访后表示不再接受媒体采访。其微博亦不再更新。

8月22日，该案二审第一次开庭，媒体和网民进一步对事件进行追踪。

8月26日，许云鹤亦表示暂不接受采访。[1]

二审的结果

2012年1月19日，天津市第一中级人民法院依法公开宣判许云鹤与王秀芝道路交通事故人身损害赔偿纠纷一案。二审判决驳回许云鹤的上诉请求，维持原审判决。上诉人许云鹤及其代理人和被上诉人王秀芝的代理人到庭。

二审法院经审理认为，根据《中华人民共和国道路交通安全法》第119条第5款的规定，本案为道路交通事故人身损害赔偿纠纷，应适用《中华人民共和国道路交通安全法》及《机动车交通事故责任强制保险条例》等法律法规的相关规定予以调整。

本案的争议焦点是王秀芝的腿伤是否为许云鹤的驾车行为所致。由于涉案交通事故没有现场监控录像或者目击证人等直接证据，只能根据相关的证据予以认定。根据现场勘验笔录、事故现场图及照片，事发时许云鹤所驾车辆位置符合该车在紧急情况下向左避让并制动形成的状态，可以排除该车平缓制动停车的可能性。根据对王秀芝伤情成因的鉴定结论，王秀芝右膝部的损伤特征符合较大钝性外力由外向内直接作用于右膝部的致伤特征，且右下肢损伤高度与许云鹤所驾车辆的前保险杠防撞条的高度在车辆制动状态下相吻合，该损伤单纯摔跌难以形成，遭受车辆撞击可以形成。同时，在交管部门处理本案交通事故的过程中及一、二审期间，许云鹤一直主张看到王秀芝跨越护栏时摔倒受伤，从未辩称事发当时还有任何第三方致伤的可能。同时，从王秀芝尚能从容跨越护栏的行为分析，也可以排除王秀芝在跨越护栏前已被撞受伤的可能。因此，司法鉴定中心的鉴定结论与事故现场图、照片、勘

---

1. 《救人还是撞人——天津许云鹤案舆情分析》，见http://blog.sina.com.cn/s/blog_5f19b8030100tyzp. html，2014年9月3日访问。

验笔录、当事人述称等证据可以形成完整的证据链，足以认定王秀芝腿伤系许云鹤驾车行为所导致，许云鹤的驾车行为与王秀芝的损害之间存在因果关系。许云鹤主张王秀芝是自行摔伤，自己是停车救助的理由不能成立。

关于过错责任的确定问题，二审法院认为，本案中，王秀芝横穿马路，跨越中心隔离护栏，且不注意往来的车辆，以致发生交通事故受伤，王秀芝的行为是引发此次交通事故的主要原因。许云鹤驾车未能及时采取有效的措施，迅速处理前方出现的紧急情况，对于交通事故的发生亦负有一定的责任。根据许云鹤、王秀芝在交通事故中的过错，一审法院确定许云鹤与王秀芝责任比例为4：6并无不当。[1]

最高法：法官审案应排除社会舆论压力

2014年7月24日，最高人民法院公布四起典型案例，指明法官审理案件应当依据证据、依据法律作出自己的判断，排除社会舆论的压力。其中最为典型的案例就是上述许云鹤与王秀芝道路交通事故人身损害赔偿纠纷案。

最高法院民一庭庭长张勇健认为，这些案件要么在认定事实，要么在法律适用上存在一定的困难。在案件的审理过程中，有的被告宣称自己是做好事反被诬陷，并且引起了社会舆论的关注。但根据现有的证据和法律看，实际情况并非如此。因此造成的结果便是，这些案件的审理结果在一定程度上并未得到舆论的理解和支持。

这一反差实际上就触及了如何处理媒体与司法的关系这一话题，涉及新闻伦理、职业操守，司法程序的特殊性，当事人的诉讼权利和实体权利的保护，也涉及公众的知情权和监督权。

对于媒体与司法的关系问题，"要妥善处理好，不仅需要相关的法律法规支持，也需要应有的职业伦理支撑，更需要一定的文化铺垫。"张勇健说，

---

1. 《天津许云鹤案二审宣判　法院认定其驾车行为致人腿伤》，见http://news.ifeng.com/society/special/xuyunhe/content-3/detail_2012_01/19/12080314_0.shtml，2014年9月3日访问。

在现阶段就人民法院的工作而言，要从自身做起，确保独立公正审判的底线。要按照党的十八届三中全会决定精神，全面深化司法体制改革，确保人民法院依法独立公正行使审判权，建立公正高效权威的社会主义司法制度。"无论社会舆论如何评价，只有详细审阅双方当事人证据、认真听取双方辩论的法官才最有可能作出公正的判决。进而言之，法官审理案件，应当依据证据、依据法律作出自己的判断，排除社会舆论的压力。"张勇健说。另一方面要坚定不移地贯彻司法公开的各项措施。信息公开越是充分，社会获得信息量越大，偏颇之词、一面之词的影响就会越小，混淆视听的信息大行其道的机会就越小。

▌ 分析与评价

许云鹤一案的二审判决是较有说服力的。从车辆制动一般原则和车辆位置以及王老太的伤情医学分析，得出结论：其伤情是由于车辆撞击而成。这一事实认定不免让很多人大跌眼镜，也不由得引起我们深思。

在这一案件的进程中，媒体报道是很有问题的。

首先我们在这一案件中发现的，是媒体报道对于网络热帖没有任何判断、亦步亦趋的追随。许云鹤案最初引起媒体注意，主要是因为被告人许云鹤在论坛中发表帖子引发关注。但在媒体对该案进行报道中，却主要援引许云鹤的说法，站在他的立场进行报道。这就有违新闻报道的公平原则。

毋庸置疑，这种不公的报道给原告王老太一方造成了很大的伤害。王家不仅在网络上遭到各种舆论的攻击，甚至在现实的生活中也遭到了人们的声讨。二审后王老太一家打算打车回家，却被司机以怕碰瓷而拒载，并称即便拒载被罚他也不怕。王老太一家只能在众人的声讨和嘘声中黯然离去。

在此案的报道中，媒体报道的另一不合理之处就是在法院开庭审理之前就给"许云鹤案"贴上"彭宇案"的标贴，给事件定性，使得当事一方的许云鹤在舆论战场上占据了有利地位，同时对司法的独立审判造成了压力。

"彭宇案"发生在"许云鹤案"之前。2006 年 11 月 20 日早晨，一位老太在南京市水西门广场一公交站台等车。当时 3 辆公交车同时靠站，老太要去赶第 3 辆车，而彭宇从第 2 辆车的后门下来。"一下车，我就看到一位老太跌倒在地，赶忙去扶她了。不一会儿，另一位中年男子也看到了，也主动过来扶老太。老太不停地说谢谢，后来大家一起将她送到医院。"老太被撞倒摔成了骨折，鉴定后构成 8 级伤残，医药费花了不少。接下来，事情就来了个 180 度大转弯，老太及其家属一口就咬定彭宇是"肇事者"，告到法院索赔 13 万多元。2007 年 9 月 4 日，鼓楼区法院一审宣判。法院认为，"事发地是人多的公交车站，视线较好，事发过程非常短暂，故撞倒原告的人不可能轻易逃脱。""从常理分析，彭宇是第一个下车，其与老太相撞的可能性较大。""如果彭宇是见义勇为，更符合实际的做法是抓住撞人者，而不仅仅是好心相扶。""根据社会情理，在老太的家属到来后，彭宇完全可以在言明事实的情形下，让其家人送其去医院，然后自行离开，但他并没有这样做，其行为与常理相悖。"根据以上推理，法院认为，本次事故双方均无过错。按照公平的原则，当事人对受害人的损失应当给予适当补偿。因此，判决彭宇给付受害人损失的 40%，共 45876.6 元。判决一出，国内舆论哗然，纷纷指责判决的荒唐，道德的沦丧。彭宇案后，有公众认为"判决结果让国人的道德观倒退了 50 年"：有了这个前车之鉴，多数人觉得"不是自己的事少管，多一事不如少一事"。

对于媒体操作而言，将"许云鹤案"贴上"天津版彭宇案"的标签会让媒体立场和标题更鲜明形象，更加吸引眼球，但将许云鹤案贴上"彭宇案"的标签，实际上等于给案件下了论断。这样一来，相关事实便可能被遮蔽，从而影响了人们的独立判断。群情汹涌之际，则不免会给司法的独立审判造成影响。所以，最高院才以此案为例，要求法官在审理案件时，应当依据证据、依据法律作出自己的判断，排除社会舆论的压力。

消息来源

在新闻自由的实现过程中，新闻机构及其从业人员要与不同的对象产生关系。其中最为重要的一重关系就是媒体及其从业人员与消息来源的关系。对如何与消息来源打交道的细腻指导，是西方新闻自律条文所强调的，但恰恰也正是我国新闻自律条文中所欠缺的。实践中的很多问题都与此直接相关。

拒绝接受采访是否也是一种权力

‖ 案例概况

2013 年 4 月，上海复旦大学上海医学院研究生遭他人投毒后死亡。4 月 19 日，上海市公安局以故意杀人罪向黄浦区检察院提请逮捕犯罪嫌疑人林森浩，此后，该案转入审判程序。该案件因为发生在大学校园，且犯罪嫌疑人林森浩为被害人室友，引发了舆论的广泛关注。尤其是在互联网上，此次投毒案又勾连起对 1994 年清华大学投毒案的记忆，更是让人们对投毒者的动机、家庭背景、投毒案的审理结果极为关心。

于是，当 2014 年 2 月 18 日，上海市第二中级人民法院一审宣判时，很多媒体都派出了记者去采访。在审判结果公布的一周之后，东方卫视记者袁文逸在新浪微博上发表了一篇采访手记，题为《我的不专业》。在这篇文章中，作者对采访时的场景进行了还原，并进一步对新闻采访可能造成的伤害进行了追问。

以下为这篇记者手记的原文：

昨天开始，我的手机上微博提醒"滴滴答答"响个不停，面对各种各样的善意恶意、理解不理解，我深深感叹：做记者，真是"地命海心"。这一个星期，我都在为复旦投毒案宣判的采访奔忙。而这一轮风波要从我的不专业说起。

昨天中午，复旦投毒案一审宣判，林森浩死刑。我和很多媒体记者一样，守在二中院出口处，等待当事双方父母出来。看到林森浩父亲林尊耀的时候，我内心震颤，偌大一个法院大厅，完全是室内环境，林尊耀兀自撑着伞、魂不守舍地办理换证手续。对于一个极可能马上失去儿子的父亲来说，这可能是最自然的反应。

　　他出门时，我问了他对宣判结果的看法，他早就认识我，于是跟我说了一些。涌过来的记者越来越多，林尊耀说了两遍自己的上诉意愿，然后表示没有情绪再接受采访，想要离开。可现场有几十个记者，他被围得死死的，每走三五步就被逼停在墙根边。问题一个接一个不停，新涌进来的记者重复着同样的问题。在照相机和人群的步步紧逼下，有很长一段时间，林尊耀像一张纸一样贴在墙上，脸抵着墙面不停地低声抽泣，双手捂着头。很多次他想抽身离开，又被活活贴回了墙，这样的状况持续了可能有15分钟。他没有车也没地方躲，无助又无奈。

　　再来说说我这个时候，我一直努力克制自己"要专业"。做了十年记者，我太能体会同行渴望采访新闻当事人和获取新闻内容的感觉，尤其是热点事件。可是看到一个老人，哪怕他是"杀人犯"的父亲，陷入这样的情景我还是于心不忍。当我看到他又一次被贴上墙，说实话我已经数不清那是第几次了，我冲进人群、可能还比较粗鲁地把几个同行拨开拽出去，挤到林尊耀身边说"上我车，我送你走！"林尊耀点点头。

　　上了车，林尊耀就禁不住失声痛哭起来。我们载着他开了很久，等他情绪略微平复、估摸着守候的媒体都走了，再把他送回了寄宿的小宾馆。整个过程当中，我没有再问他一个问题。

　　当然我知道我无法控制别人说些什么——如果我后来在车上采访了他，就会说我虚伪，实际为了抢独家；如果没有采访，这些张嘴又会说我一点都不专业、感情用事。没关系，我都认了，因为在新闻、感情与法理之间，没有一个绝对的平衡点，我的选择只能是我觉得对的。无论从职业角度，还是从人文角度，都该如此。

　　这一个星期，我觉得身心疲惫，始终在和自己作斗争，当然也会和同行有争论。一件社会关注的刑事案件，在有限的报道范围里，双方家庭是个重要的报道点。接到去四川、广东探访这两个家庭的选题时，我就非常犹豫——两户家庭，一个是儿子已经死了，一个是儿子可能也要去偿命。他们受到的煎熬每个人都能想到，这不是新闻。

　　我的第一反应是拒绝，但是后来我想了想，还是接下这个选题，并且选择去被告林森浩的家里，让同事去受害人黄洋的家里。一方面，此时的被告是千夫所指，家人接受采访难度更大，更重要的是，我觉得可能还会有一些信息量。因为网上很多人形容林森浩"孤僻阴郁"，还是个广东的"富二代"。去现场总会有些收获。联系林尊耀的过程异常艰难，我一次次和他解释我们来采访的目的，为了展示一个比较全面的林森浩。我被拒绝了至少十次后，还是自己摸了过去，站在了广东汕头和平镇的街头。那天，林尊耀刚接到宣判开庭通知，我电话里再次解释了来意，并告诉他我就在他家附近，在雨里等他，犹豫了十多分钟后，他撑着伞找到了我。瘦削、憔悴、苍老，采访中几次痛哭失声。我觉得自己的到访增加了林尊耀的痛苦，所以我心里一直都不舒服。林森浩的妈妈本来就有心脏病，这一年儿子出事后，病发了好几次，一听风吹草动就会几天几夜不吃不睡。我知道，我如果跑到他们家里去，画面实况肯定会更富冲击力，效果自然也会更好，但是我没有去，我觉得不应该为了这个"好看"徒增痛苦。

林家有五个子女，林森浩排行第三、长男，林尊耀一直是民办工厂的技术员，十年前失业。林母文盲，收废品，十多年前患上风湿性心脏病在家休养。全家七口指着宅基地上一个烟杂店过活，年收入一万元。林尊耀绝对是个老实的农民，觉得根本赔不起人家钱，人家也不会接受他的道歉。当然，也没有人来教他如何公关、危机处理。

后来也有类似双方家属到达上海，在开庭前的表现这样的选题，我都选择不接受。悲伤真的不是新闻，我们的同情点或许要比普通人再高一点，"职业"一点，我们要更多客观冷静，但是给别人增加痛苦，媒体没有这样的权利。

微博上很多人发评论给我，说"养不教父之过"，说"活该"，说"他不当众谢罪还面对媒体想要逃避，冷漠"，当然还有很多完全没有理性的脏话。这两天，我真真切切感受到了所谓的舆论暴力。如果说"养不教父之过"，那么我想现在这件事本身给予林尊耀的煎熬就已经足够严酷了，我们是不是有资格站在道德的制高点去对已经处于生活极其弱势的那个人拷问批判？有同行诘问我"他站在公共区域，媒体去采访他完全没问题"，我说"是！"但是他并没有被剥夺拒绝采访的权利，更何况一而再再而三堵住他的去路、把他摁在墙上是否合理？

这次采访报道下来，我也有很多的疑问，比如一些报道两个人生活经历、家庭背景的东西要不要在判决前夜播出。舆论可以杀人，这个我们都知道。

这些年，我去过很多艰辛危难的地方采访，这一次的林森浩案比较起来看似一碟小菜。可是，这些天我的心理压力并不见得小。人伦的悲剧里，媒体的位置在哪里？我们要传递信息，我们要客观公正，我们不要侵入伤害。每一次的反复掂量里，我不敢说我能做得完美，甚至不能说可以处理得好，但我希望过了几年以后，我回想起这些经历不会内疚，无论是对观众、对采访对象，还是对自己。

▌ 分析与评价

想到拒绝采访，我们脑海中第一个浮现出来的可能是那四个字："无可奉告"。说这句话的多半是高官，事态也多半与国防外交相关，所以我们多半也就默认了。但当林尊耀想要拒绝采访的时候，却是冒了天下之大不韪，所以采访记者推搡他，网友们也表示愤怒：什么！他养了这么个儿子，他是杀人凶手的父亲，他还想拒绝采访？！

但他其实是有权拒绝采访的。

诚如传播学者魏永征所言，在所有大陆法系的成文新闻法和我国宪法中，都并没有明文规定采访权。为什么会这样？首先，寻求、获取信息，是人人皆有的权利，诚如《公民权利和政治权利国际公约》所载，它包含在表达自由里头，是每个人（everyone）的基本人权，不需要对记者作特殊的规定。其次，访问必须是两厢情愿的事情，我要访问你，你可以接受，也可以不接受，不能说我是记者，你必须接受我的访问，不接受就违法，这样访问不是成了审问了吗？所以不可以规定记者有特殊于普通人的这种"访问权"。所以，就一般新闻学、传播学或传播法的理论上说，如果要说新闻记者的采访权，那就是基本人权表达自由或宪法规定的言论自由（新闻自由）的延伸，也就是指人人皆有的寻求、获取、采集新闻信息的权利，也就是知情权[1]。

也就是说，新闻采访是一种权利，而非权力。采访权本身并不具有强制性。

---

1. 魏永征：《有关采访权的几点看法》，http://weiyongzheng.com/archives/29953.html，2014年10月23日访问。

一个采访对象，哪怕他违法犯罪，怙恶不悛，同样有拒绝采访的权利。谁也不能因为他拒绝接受采访，就站在道德制高点上横加指责。

面对拒绝采访，怎么才能保证信息采集，不损伤受众的知情权呢？最终还是主要靠记者提高自身采访水平和技巧，靠记者的辛勤劳动。比如说案例中的女记者，多次联络、亲到实地、动之以情，最终得到采访对象的认可，接受她的采访。除此之外，在研究文献中，还有经营式采访、比较正面评价的采访方式、接受采访之受害者的建议、协助式采访等采访方式是有助于获得采访对象配合，从而保障信息获取的。[1]

---

1. 许琼文：《新闻记者采访报道受害者应面对的新闻伦理：多元观点的论证》，见台湾《新闻学研究》第一零零期，2009年7月。

灾难报道中的新闻伦理

‖ 案例概况

2004 年 6 月 10 日凌晨，中国援建阿富汗的一个建筑工地遭到恐怖袭击。袭击发生在距阿富汗北部省份昆都士以南 36 公里的中铁十四局集团公司负责施工的工地上。袭击中，11 位中国工人遇难。

消息传来之后，该事件迅速成为国内媒体关注的热点事件。众多媒体分别对 11 位遇难工人的家属进行了采访，其中包括上海的新闻晚报。该报国内部记者李宁源受命去采访山东诸城遇难工人郑明文的家属。

在采访结束后，李宁源有感于采访过程中的所见所闻，撰写了一篇采访手记《一名新记者的困惑》，在内部业务交流刊物上发表。该文的内容如下：

从济南回沪，与同事们一照面都说我瘦了不少，照照镜子也突然有些不认识自己。或许是因为在诸城久久不能释怀的那一瞬间，一位老人那阵阵令人揪心的哭泣，以及道道无情的摄影摄像的闪光，一直在我心头不能拂去。

从接到采访在阿富汗的中国工地遇袭中死难者家属的任务那一刻起，我就感到了一丝兴奋，这绝对是个好素材，哭泣、泪水、控诉，字字可以入笔，样样可以抒情。在济南，我从中铁十四局的档案库中搞到了山东死难者的具体联系方式。

出租车司机对我的采访目标很感兴趣。他告诉我，被害者家住在山东最穷的地方，那里一年下不了几次雨，庄稼长不高，村里人只能到外地打工贴补家用，"死了一个男人，家里可就更困难了！"

路很远，350 公里的高速路，到了县城还要再拐上 70 公里的弯路，路上铺着金黄色的麦子。司机告诉我,村里人没钱使用打谷机,只能把麦子放到公路上,让过路汽车碾压,白天铺上,晚上收起来还要照看着,家里人就干脆睡在路边,等到麦子碾压好了就直接收回家里去。司机很同情他们,把车开成 S 形,争取尽可能多地碾压路边的稻谷。

近 4 个小时以后,我们到了死难者之一的郑明文家。与想象中呼天抢地的情景不同,郑明文家大门紧闭,门口围了一群邻居。我推门进去,院子里面冲出个小伙子,看上去有点愤怒:"你干吗?"

我当时的感觉真的有点惊讶:你们家里发生了这么大的事,身为记者我来采访,并可以向上反映些你们的困难,还对我怒目而视?"我们什么都不知道,也什么都不想说,家里有 88 岁的老人,身体特别不好,我们根本就不敢让他们知道,你们记者进来就知道采访照相,老人能受得了吗?"

我当然知道亲人永远离别后的痛苦,这想法我能理解。于是我便退了出来。毕竟,人在最痛苦时最需要的是安静,干吗非要把人家的伤疤揭开来看看,然后再把他们痛苦状照下来给别人看呢?在他家门外,我一直在思索着这个问题。他们家里三个硬朗的男人用自己仅有的一点强壮把痛苦掩藏起来,维护着自己仅剩的一点"自留地"。他们对记者实际上很客气,没有动粗,只是很礼貌地把记者挡在门外。

正在门口踌躇,考虑怎么再采访时,外面忽然热闹了起来。当地的村主任陪着当地领导赶到了,满载着来自各媒体的记者连同近十几台摄影摄像机的车队,浩浩荡荡地开进了小村子,径直停在了这家门口。坐在最前面一辆车上的村主任一下子跳了下来,几个箭步就冲到了那个紧闭的家门口,紧接着就是震耳欲聋的砸门声。

只有在电影上才能看到的一幕终于出现了,那三个男人仅仅是把门开了个缝隙,想探出头来看看,结果这个小院子马上就像洪水溃堤一样地被冲开了。村主任带着市领导,记者们带着相机,甚至原先在门外看热闹的邻居也都冲了进来。小院子顿时沸腾了。

院子里的三个男人显然被这阵势给吓傻了,呆呆地看着这一切,愣愣地不知该怎么办。面对这阵势，他们简直似螳臂挡车。加上村主任在一旁用力地使眼神、瞪眼睛，他们是再也不敢作什么抵抗了。终于，这最后一块保留隐私和尊严的堡垒被击溃了，他们只能眼睁睁地看着小院被无数陌生的脚践踏。

外部防线被攻破了，屋里的媳妇们就不得不担当起护卫第二道防线的任务。她们把窗帘死死地扣住，门也从里面插上，任凭外面熙熙攘攘、拍门如雷也不愿退让。外面的男人们怯懦地告诉大家，屋里有个88岁的老太太，千万不要让老人知道，她肯定受不了失去儿子的打击。不料闻听此言，记者们的眼睛都发亮了，"88岁的老人？好素材！她的大哭可就有震撼力了！"记者们议论纷纷，村主任也来劲了，摆出非要把这门敲开不可的架势。而那些上级领导们站在院子里，各自找着好角度，拉住一个村民就"嘘寒问暖"，任由摄影摄像机拍摄。"窗帘开了个角！"不知道哪位记者叫了起来。只见本来捂得严严实实的窗帘被拉开了一角，记者们像发现了新大陆一般，把照相机从缝隙伸进屋里，也不管角度还是光线就一阵狂揿快门，阴暗的小屋马上就被闪光灯射出的刺眼光线照亮。

但记者们还是觉得不过瘾，干脆围在村主任跟前："叫他们把门打开！要不然我们拍不到！"村主任像是领受了一个炸碉堡的任务，"没问题！"他雄赳赳地冲向屋门，决心用自己的威风把门彻底轰开。不少记者还在围着房子找来找去，希望能有个后门或者墙缝来把自己塞进去照几张相。还有两个在讨论房顶上有没有什么通道能进去。整个院子闹哄哄的，只有那三个男人在一边怯懦地重复："屋里有老人，她知道会受不了啊！"但无人理睬。

这样的混乱局面持续着。几分钟后，记者们最希望的事情发生了，村主任终于把那最后一道门敲开了。

很快地，那位88岁的老人明白了一切，也很"配合"地释放了失去爱子的悲痛。

很快地，所有记者冲了进去，抓拍那张老泪纵横的脸。包括我在内。

很快地，屋子里成了"农贸市场"，人声鼎沸。

很快地，闪光灯闪动之下，记者们清楚地看到了屋里那一双双含着热泪愤怒地看着这一切的眼睛。

很快地，所有的记者得到了自己满意的照片或录像，离开了。

很快地，领导们在呼天抢地的哭声中完成了自己的"亲切慰问"。

很快地，小院子空了，只剩下满地被踏得横七竖八的小麦。

院子里，男人们蹲在地上；房间里，女人们围在老人身边。他们个个泪流满面。

我记得，曾经有一位美国记者拍到一张难得的照片：在一位瘦弱得奄奄一息的小孩旁边是一只秃鹫，死神在时刻威胁着这个孩子。这张照片获了奖，而他后来则深深地自咎，难以抚平心中的创伤，最终自杀了。

一位资深摄影记者告诉我，在面对这种选择时，他心中在流泪，手指在按着快门。

职业与道德面前，我们记者应当如何选择？我不知道。

谁来回答我这个入门不久的新记者的疑问呢？ [1]

李宁源此文虽说谈的是一次采访中的具体感受，但却并非一个孤例，而是在新闻采访中时常会发生的一类问题，即在新闻采访和人类道德面前，新闻记者应当如何选择的问题。因此，当该文在报纸内刊发表之后，引起了报社同仁的一致关注。报社副主编胡廷楣很快予以回应，撰写了《记者是否还是一个受人尊敬的职业？》一文，试图对这个两难的问题作出回答。以下是该文：

你的文章登载在本报内刊《纸上谈兵》之后，编辑部里议论不断。这并不是你提出了一个别人没有想到的问题，而是因为，这个问题一直存在，而我们很多人已经淡忘了它。

20年前，当我加盟解放日报的时候，记者是一个受人尊敬的岗位。那时，

---

1. 《一名新记者的困惑》与下文的《记者是否还是一个受人尊敬的职业？》《也说记者的两难》先刊登在该报内刊《纸上谈兵》上，后在《新闻记者》上公开发表。全文均可见《新闻记者》2004年第11期。

在人们心目中，一个解放日报的记者，就是代表党，代表正义，代表改革开放。社会上似乎还没有"贪官"这一说，官官相护还没有那么明显。在解放冤假错案，在冲破思想禁区中，我们用大量的报道和内参推进了改革。那时记者真的很无私。

后来，社会上的不正之风渐渐侵袭记者，百姓中就有所谓"豺狼虎豹"（财政、穿制服、水电煤老虎、报纸）之说，记者也成为人们议论的拿"红包"的对象。对在采访中见到的这种情况，最早应该出现在大约10年前，都市类报纸、市民类节目出现之后，为了追求"催人泪下"的效果，在采访中一再"挖掘"当事人的痛楚成为一种时尚。在媒体大大扩容的今天，报纸越来越显现出商品化的特征。而且在激烈的竞争之中，很多从业人员仅仅将此当成一种职业，记者的操守渐渐被淡漠了。

当然，我不是说，我们应当做一个不食人间烟火的冬烘先生，为了所谓的"高洁"退出竞争。我从解放日报到新闻报工作已经5年，我们在闯一条新路，在很多市场上获得的新感觉一直在反复触动着业已形成的新闻观念。老实说，今天，我和解放日报、文汇报和新民晚报的朋友在新闻制作的问题上，在作品的价值观念上，已经很少有完全一致的感觉了，这才知道我们已经非常前卫了。但是，我不讳言，我和很多一起创业的老同事心中一直存在着惶惑。其中一个问题就是你已经触及的职业操守。一个记者是否可以同时是一个具有人文关怀精神的人？新闻工作是不是一个不需要职业操守的行当？

我想，对这些"是不是"的回答在于我们自己。我们一时无力要求别人，但是可以要求我们自己。我们还是可以当一个负责任的记者，我们的责任是当都市的眼睛，用真实来帮助我们的读者看到更多的事情。我们的职业，确实会看到更多的黑暗面，同时，我们也可以比读者更早看到更多的光明面。我们既不可回避鲁迅所说的革命过程中的"污秽和血"，我们也不能将社会看成一团漆黑，因为那也不是社会的真实。你看到了那些为了完成任务而向一个88岁高龄的老人残酷地"挖新闻"的场面。你表达了你的困惑。那正是你心中良知还没有泯灭，请你保护这样的感觉，那是一个真正好记者的必须。而且，新闻和良心之间发生矛盾是少数，在大多数的情况下，你完全可以很快乐地工作。当然，有时现场有些难堪的事情，你实在想不出办法，可以先让你的良心来判断。如果你担心你的判断可能会失误，那么你可以向你的领导求助。

如果我能和你沟通什么，我一定会说，要紧的不是写什么，而是怎样写。新闻是一种高积累的行当，因此，经验是非常重要的。如你这样有着丰富的感想，逼迫自己多想一些事情，积累就在无形之中进行了。等到这样的积累到了一定程度，在理论上有了提高，迷茫就会变得清醒，你就会能干起来，你的办法就会越来越多。你就会知道，面对复杂新闻的笨拙和为了道德主动调整不是一回事。

新闻晚报绝对不是一个低俗的群体。我很相信"低端"只是一个办报的姿态，这种姿态是为了接近读者，让我们的受众更好地接受我们的新闻思想和理念。从这几年我们改革的实践，我们对于进入报社的新员工的取舍，以及我们的记者编辑在工作中表现出来的才能，新闻晚报不可能走向低俗，因为决定一张报纸走向的，是这张报纸员工文化的总和，而不是别的。这就是我们的信心，请你相信这一点。

之后，报社资深编辑沈全梅觉得意犹未尽，又写了《也说记者的两难》，加入对这个事件的探讨。该文全文如下：

编本报内刊《纸上谈兵》已有年余，说实话我很喜欢这张小小的业务交流刊物，当编辑记者在此吐露他（她）在工作中的胸臆时，我为他（她）们的喜悦而喜悦，为他（她）们的苦恼而苦恼。

新记者李宁源提出了"记者是否还是一个受人尊敬的职业"的问题，这个问号久久盘旋在我的脑海里。为了采访阿富汗死难者家乡的反应，一群记者向一个88岁高龄的老人残酷地挖新闻的场面也压在我心头，久久挥之不去。李宁源的两难让我看到了一个记者的良心，我很受感动，但也给了我一个感觉：似乎如今的记者越来越难当，路也越走越窄，要么完不成任务竞争失利，要么违背良心，不顾新闻的伦理道德。

我琢磨着这个似乎高深莫测的问题，我也试图调动一些新闻伦理之类来寻求一个比较完美的答案，后来突然发现这不是一个悖论，而是一个再简单不过的新闻基础知识，大可不必两难。如果死难者的家属闻讯后如五雷轰顶，痛不欲生，这是比比皆是的常情。因为这对一个家庭来说，不仅是失去了一个亲人，而且可能是垮塌了赖以生存的顶梁柱，悲悲切切也好，嚎啕大哭也好，只不过是个表达方式上的差异，这都是人之常情，本身不是新闻。然而，李宁源看到的不是呼天抢地，而是一个静悄悄紧闭的大门，门口围了一群邻居，推开大门，院子里面冲出一个小伙子，看上去有点愤怒："你干吗？""我们什么也不知道，什么也不想说，家里有88岁的老人，身体特别不好，我们根本就不敢让她知道，你们记者进门就知道采访照相，老人受得了吗？"他们家里三个男人把痛苦掩藏起来，很礼貌地把记者"让"出了门外。屋里女人们的第二道防线更感人：她们把窗帘死死地扣住，门也从里面插上，任凭外面熙熙攘攘、叩门如雷也决不退让。而这门外，是村主任陪着市长和一大批记者啊。我为这些平凡的男人与女人们感动，他（她）们没有功利，不趁此机会大吵大闹，要求赔偿。他（她）们善良的心是那么懂得一位88岁风烛残年的老太太的心：她会受不了失去儿子的打击，而没有考虑会不会得罪村干部。这本身就是一则新闻，比呼天抢地更感人。

我们每天被一则则血淋淋的社会新闻磨砺得粗糙而又坚硬的心，也许认为只有呼天抢地惨不忍睹才是有刺激的新闻。而事实上，就像采访学中一则经典的例子：一位记者去采访一位名人结婚的新闻，新娘跑了，他认为新闻也跑了，就回去睡觉了。他不懂，新娘跑了更是新闻。就像这件事，静悄悄比起呼天抢地，似乎是意料之外，但又在情理之中，一群善良的村民和家属如何善待老人的行为，这才是深切反映丧子之痛的最好的新闻。

假如能报道的话，那位村主任的行径更有新闻性，他在一群记者面前似乎扮演了一位攻"堡垒"的"英雄"角色，用自己的威风把一重一重保护老人的门彻底打开，让所有的记者冲了进去，抓拍那张老泪纵横的脸，而全然不顾那一双双含着热泪愤怒地看着这一切的村民的眼睛。

那位村主任的行为在众多善良村民的衬托下，确实也有新闻性，然而，我们的记者呢？新闻求异不求同，似乎人人皆知，如果那么多记者不假思索就认为这

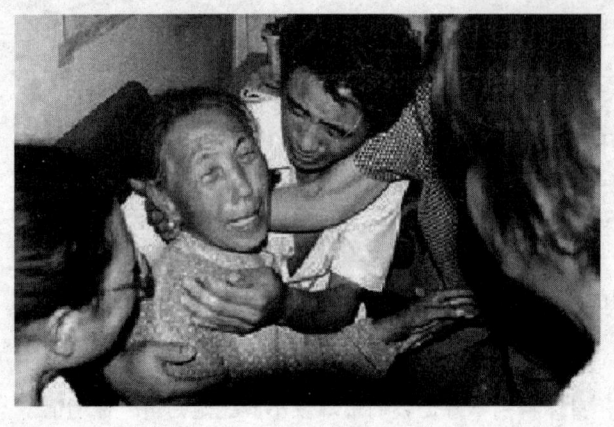

才是抢到了新闻，这本身是不是就是一条新闻呢？再说，我们读者要的是不是就是这样的新闻呢？

我想，记者要没有两难，主要在于我们对新闻的领悟和认识，了解读者的需求和理解。当然还有记者的良心。

附：《京华时报》对此事件的报道及相关图片

山东籍遇难工人郑明文赴阿前屡遭意外 [1]

昨天，记者与诸城市辛兴镇辛兴村郑明文的家中取得联系。得知，郑明文是上周五离开诸城，9日晚抵达昆都士的，没想到次日凌晨就遭受到袭击。而同时受伤的还有郑明文的亲哥哥郑明义。

据辛兴村委会介绍，郑明文是村里公认踏实能干的人，为人厚道，但是最近两年接连遭受意外。最初他买了一辆"黑豹"出租车，但是没开多久，就被人偷去，他也因此折了一大笔钱。随后，郑明文又借钱买了一辆卡车为人拉沙子，没想到，去年冬天他的卡车又被人偷走，他家的生活于是变得更加困顿。今年6月初，为了赚钱还债，已经50岁的郑明文毅然报名到阿富汗工作。

郑明文还有一位70多岁的老母亲，其妻子是基本没有劳动能力的残疾人，儿子郑伟23岁，刚刚从学校退学，女儿郑丽今年17岁还在上学。

---

1. 该文见http://news.sina.com.cn/c/2004-06-12/02572782638s.shtml，2014年8月29日访问。

‖ 分析与评价

一旦灾难发生就会有新闻报道，一旦报道灾难就会采访家属，一旦报道结束就会反思灾难报道对家属的二次伤害。但再有灾难发生，这一切又都会轮回一次，这几乎已成定律。

2001年，安徽阜阳籍上海同济大学2000级社会科学系马克思主义理论与思想政治教育专业研究生亓培玉仅仅因为对做不文明事情的人说了一句"没修养"，被几名歹徒追打，亓被迫跳入河中逃生，最终溺水死亡。而歹徒乘坐的是一辆带有"公安"标志的汽车，身着制服。一时舆论哗然。各地记者纷纷前往出事地点采访。人民日报韩国飚于13日下午前往亓培玉家采访，他事后反思谈到有一些想法一直困扰着他，其中之一就是：这样的采访是否人道？他写道："亓培玉遇难后，他的父母一夜之间垮了下来。我们到亓家时，亓培玉的父亲亓明生正躺在牛棚里不停地呻吟着。有一家媒体正在受害人妻子杨雪的婚房中采访。从房间出来的时候，我发现杨雪已经哭得有些呆了，神情恍惚，当时就很有些不忍心。有没有必要让杨雪一遍遍复述当时的情形呢？与周寅杰商量了一会儿，并与另一家媒体协商，最后决定共同采访。这样，可以让杨雪少痛苦一次。后来才知道，自从《江淮晨报》首家报道此事后，每天都有记者上门采访，而每采访一次，无疑就给杨雪的伤口上撒上一把盐，杨雪便大哭一场，到后来只是机械地讲述当时的情形。记者亲临现场，实地采访的精神自然不容置疑，也值得提倡，可这样无休止地采访，一次次揭开伤者的伤疤，是不是有些不人道呢？据亓培玉的大妹说，前后起码来过10多个记者了。[1]

2004年，又发生了上述案例：中国援建阿富汗的建筑工地遭遇恐怖袭击，中国工人遇难，记者强行敲开被层层保护的房门，定要追访遇难者88岁的老母亲，拍下那嚎啕大哭的一瞬间。这一采访现实，又一次引发亲历记者的困惑。

---

1. 韩国飚：《冷静·客观·公正——跟踪报道阜阳"研究生遇害案"的思索》，见《新闻记者》2001年第4期。

采访行为应该是合法、合理、合情的。但就这两个案例而言,两位亲历的记者本人都在追问,这样的采访是否人道,显见是不合情合理的。但这种不合情合理的采访却是层出不穷,原因何在?

可能的解释之一是,美国学者奥斯特和日奥曼的一项实验研究结论。他们的研究指出,同样一则新闻,如果被访者十分情绪化,那么观众会觉得问题的严重性比较大,情绪上更容易受到影响。换言之,如果被访者的情绪反应较强,加强受众对于新闻价值的判断,觉得新闻性较强。

还有一个更为现实的解释,就是采访的经济成本和精力成本。在新闻理论中,新闻报道有软硬之分,那些政治经济外交报道多属于硬新闻,而社会新闻多属于软新闻。同样我们可以说,在一则新闻背后,也会有硬的报道方式和软的报道方式。就以本文案例来说,核心事件是阿富汗的中国建筑工地遭遇恐怖袭击,那么硬的报道就要涉及恐怖袭击的情况、谁对这次恐怖袭击负责、对恐怖袭击调查的进展等;而相对软的报道方式就是遇难者的家属。对媒体来说,消息传来,不报道是不行的,但是用硬的方式去采访报道,经济成本和精力成本都比较高,用软的方式报道就简单了。就在国内,距离既近,又有村支书、乡镇领导的大力配合,什么都是手到擒来。

现实的不等于合理的——这种因采访而起的二次伤害意味着新闻报道人文关怀的缺失,这是学术界和业界的共识。每每灾难报道结束之后,对二次伤害的口诛笔伐是相当一致的,这说明在认识和思想上,我们已经取得了共识。接下来的,是纸上得来终觉浅,绝知此事要躬行,是要拿出尊重和体恤,真正让伤害免于发生。

采访切忌断章取义

‖ 案例概况

2009 年 1 月 7 日至 10 日，有"中国图书风向标"之称的北京图书订货会在北京国际展览中心举行。开幕当天，国内知名的"公共知识分子"陈丹青、梁文道进行了一场名为"为了人与书的相遇"的对谈。一个是有"老愤青"之称的著名艺术家，一个是凤凰卫视的名嘴，两人的对话吸引了全国媒体无数的"长枪短炮"，成为全国图书订货会最为火爆和最为津津乐道的话题。

在图书订货会上，两位作者都有新书推出，分别是《荒废集》和《常识》。于是，在对谈中，围绕着书籍和写作，展开了很多话题。如两人不同的写作状态、现在社会中的常识、不同社会的阅读风气、两位作者的推荐读物、2008 年的文化事件等问题。对这次对谈，很多媒体都进行了报道。但第二天见报的这篇报道却让两位谈者愕然：

2009 图书订货会开幕，为推新书两大"光头"相遇

陈丹青梁文道共话范冰冰

本报讯　2009 北京图书订货会今日将在国展拉开帷幕，在昨日的预展中，记者发现今年部分出版社在展台布置上开始向实用与设计理念兼具的方向靠近。即将在订货会上推出各自新书的陈丹青和梁文道昨日则提前进行了一场主题为"为了人与书的相遇"的对话，为书展预热。

昨日下午，在广西师大出版社推出新书的陈丹青和梁文道两个光头的对话为

两个素来出言"放浪"的"光头"男人相聚新书发布会现场，谈话的主题就是"美女"。本报记者摄

书展的开幕掀开序幕。梁文道的新书名为《常识》，是近两年来他撰写的时评文字结集。何为常识？梁文道说，开车不能闯红灯就是基本常识，不能往食物里加三聚氰胺也是根本常识，如果这些都还不知道，还需要讨论的话，就是瞎胡闹，"今天可能是个常识稀缺的时代。"陈丹青也说，今天可能很多五六十岁的人却是常识有问题的人，他说现在的 70 后、80 后获得常识的年龄比老一辈人小很多。

陈丹青的新书名为《荒废集》，相较于《退步集》及其"续编"，《荒废集》依然显示的是其敏锐多变的观察和视角。其中收录的"自由谈"九篇短稿是新的言路的尝试，在回顾 70 年代的长篇随笔中，重现了十年浩劫中，几代人被荒废的命运。

因为曾经写过一篇在飞机上偶遇范冰冰的文章，主持人打趣问陈丹青，范冰冰是否是美女，陈丹青说："她有一点太好看了，有点过分了。"他说，最好看的女人都在马路上，马路上很快，一眼就看过去了，在马路上随时可以看到美女。而梁文道则认为，大部分女人都很美，就像昆德拉说的"男人总是能够在不同女人的身上看到这个女人跟别的女人百分之零点零几的分别，而那百分之零点零几的分别构成这个女人独特的地方。"[1]

对这篇报道，梁文道和陈丹青分别在不同的场合表达了不同意见。

2010 年 7 月 5 日，梁文道在凤凰网上发表了一篇评论，其中就谈到了这

1. 见http://epaper.bjnews.com.cn/html/2009-01/08/content_308615.htm。

次对谈："大陆报纸仍有文化版的传统，很叫香港人羡慕。可是文化的处境在哪里都差不多，所以它们也得自强不息，力求更新，办法之一就是向香港同行的娱乐组看齐。今年初，我陪陈丹青在北京座谈，谈了两三小时，其间有记者问起陈丹青偶遇范冰冰的故事，他遂应答了几句。没想到第二天报纸出来，报导的题目赫然是《陈丹青梁文道共话范冰冰》，好像我俩闲着没事，很花痴地谈了一下午范冰冰似的。为此，陈丹青后来还在另一个场合里训斥当今中国媒体之堕落。……记者并不关心我的主题是什么，他们只对市场负责，只对自己代表市场提出的问题感兴趣。"[1]

在搜狐读书频道"文化客厅"进行的作家访谈中，陈丹青更是直接表达了对这种现象的不满。访谈中，当谈及接触国内媒体的感受时，陈丹青作了如下回答：

我非常体谅他们的生存困境，一个是市场压力，另外一个是管制的压力。这两个压力在先进国家不会有。先进国家只有市场压力。我说话比较坦率，记者乐意来找我，于是有两种情况出现：一是发现这家伙可以恶搞他。怎么恶搞？凡是在一群媒体坐在下面，比如说发布会，或者到某省去签售，底下坐十几个甚至二十几个媒体，我聊大约一个钟头，第二天见报，你会发现重要的话他不能登，不敢登，却挑一句次要的话，掐头去尾，断章取义，转换嫁接做成标题，制造耸动效果，照媒体的说法，就是"吸引眼球"。

我想任何一个受访者都不会喜欢这种情况。你因此成了一个花脸，一个滑稽的、胡言乱语的角色。

去年我跟王家卫交谈都市电影种种问题，其中夹杂一些俏皮话，比如说王家卫"看上去像个流氓"。第二天，所有媒体不约而同把这句话作标题，其他意思几乎不选。这种办法有效地使我和王家卫一场关于都市电影的谈话，变成"陈丹青说王家卫是流氓"。

1. 梁文道：《金庸何苦入作协》见http://ent.ifeng.com/yuping/detail_2010_07/05/1720611_0.shtml

诸如此类。这几年几乎每次跟媒体见面都是这个情况，像约好了似的，十几家媒体一致挑出一句，制造耸动。要是在"文革"，这是可以致你于死命的，而且你根本没有分辩的余地。

这是一种情况。

还有一种情况更沮丧。我相信绝大多数记者没有恶意，他非常在乎我能够给他们做稿子的机会，但刊登以后，错别字，尤其是信息错误，太多太多了，几乎从第一句到最后一句，全是错误信息。我自己写完稿子至少要看两三遍，不断改动，一直改到我觉得说清楚了，说准确了，才会拿出去。可是现在的年轻记者不知道是素质问题还是粗心大意，我无法遇见一篇清晰准确的记录稿。

比如说前两天他们让我推荐书，我说到一本美国学者波兹曼的传播学著作《童年的消失》，我说看了以后，对作者的观点很"信服"。稿件刊登后，媒体将"信服"写成"幸福"——我说的是相信的"信"、服气的"服"，可是"信服"这样的词语现在不太用了，他们听不懂，想当然写成"幸福"。一本学术书，你读了怎么会感到"幸福"呢？

类似的例子使我怀疑媒体报道的真实。我记得李敖第一次到北大讲演，他说你们谈自由主义，自由主义第一件事情，就是"反求诸己"，可是记者根本不知道"反求诸己"这四个字，就用别的字凑成一句完全不通的词，使很要紧的一句话，变成不可理解。

凡是单独的访谈，好得多。通常记者会遵守事先的承诺，时间再紧，也会把文稿发到我邮箱里我再过一遍，这样错误就会避免。

现在我只要看到一大群记者坐在下面，真的很害怕。但宣传书的活动我不能不去。比如前几天我跟梁文道在新书发布会上作访谈，电视台录播，我们俩谈的大部分意思不能播出，不便上媒体。主持人得交差，最后就问些八卦，比如你们心目中最漂亮的女人是谁？《荒废集》中正好有一篇我谈论飞行的文章，其中最后一节写到飞机上巧遇范冰冰，于是主持人引这一段。好，第二天几乎所有媒体报道把这场对话变成谈论美女，有一家媒体的标题竟是"陈丹青梁文道共话范冰冰"，可是梁文道没一个字谈范冰冰，而两个小时的严肃谈话，成功地变成无聊，这对范冰冰也很无礼，她无辜地作为话题给消费了。

　　我相信我说这些，大家会笑：这算什么，媒体从来就是这样。可是我得告诉大家，我在乎。媒体这么任意把你捏来捏去，最后我会害怕，走开。我猜这不是媒体乐意看见的事——我在清华混，混到最后只得逃走，现在媒体跟我混，混到最后，也只好逃走。你把一个人弄到逃走，不想跟你玩，这是一件很开心的事情吗？[1]

‖ 分析与评价

　　有种说法，认为记者是社会活动家。何以体现"社会活动"？笔者认为非常核心的一个内容就是发现并维持消息来源。新闻发生在世界各地，记者往往无法作为事情的亲历者去体验新闻事实的细节，于是所有的材料都必须依靠消息来源。可以说，能否有源源不断的消息来源，是衡量一个记者采访能力最关键的标准。

　　但在陈丹青的这个案例中，反映出来的却是记者是如何失去消息来源的。就像陈丹青后来在访谈中谈到的"把一个人弄到逃走，不想跟你玩"。失去消息来源的方式当然不一而足：在BBC的"凯利事件"中，以死亡的代价失去消息来源；在上述案例中，以曲解和断章取义的方式失去消息来源。

　　这不能不让我们反思。陈丹青作为文化名人，可以说是媒体非常重要的消息来源，但为什么很多媒体宁愿冒着失去这个消息来源的风险曲解报道呢？在相关材料中我们可以发现一些动机上的蛛丝马迹。在后来的访谈中，访谈的主持人对这一现象也发表了自己的看法，他说："我个人在媒体待了五年，您所说的扭曲简化作者的言论，我深有体会，您写的文章、访谈一般都刊发在平媒的文化版或副刊版上，而这在整个平媒都是非常边缘的。所谓文化多与娱乐捆绑在一起，不做点标题党的功夫，文化方面的内容基本没人看。在量化（转载率、浏览量、打分制）的前提下，不做噱头直接影响编辑记者收入。"

---

1. 《专访陈丹青：媒体与言说》，见http://book.sohu.com/20090206/n262091886.shtml。

同样身为媒体人的梁文道，评论起来可以说更为一针见血："记者并不关心我的主题是什么，他们只对市场负责，只对自己代表市场提出的问题感兴趣。"

　　也就是说，这部分记者所报道的新闻，多半是利己新闻——为了自己利益的不影响收入的新闻，能在量化打分中打高分的新闻，符合市场规律的新闻。这种新闻的出现当然有其丰厚的现实土壤，不然也不会大行其道。某种意义上说，可能它还是非常有道理的，因为它讲市场，讲转载率浏览量，讲读者的眼球。但它的出现忽视了另一方面的内容，就是，无论什么新闻的种类，硬一点的政治经济国际新闻也好，软一点的娱乐文化新闻也好，在讲市场的同时，更要讲究真实性，讲事实。

　　要讲究真实性、尊重事实，最起码的一点就是要尊重你的消息来源——理解他话语的真实含义，不要故意或放任地断章取义。失去一时的转载率和浏览量会失去若干广告份额，失去消息来源断送的却是新闻业的整个江山。

消息来源不可"就地取材"

‖ 案例概况

2010 年年底，在天涯论坛、百度贴吧等知名论坛上，一篇《史上最牛逼记者：新华社记者颜秉光 30 多篇新闻全是采访自己家人！》引起了广泛关注。该帖称，在新华社黑龙江分社记者颜秉光所写的 30 多篇新闻稿件中，采访对象、报道人物几乎全是自己的亲属，包括她的孩子、老公、父亲、婆婆、哥哥、姐姐等。该帖长达上万字，给出了这些新闻稿件的原文，并附上了在新华网上发布页面的网址链接。以下即为帖子所提及的部分报道。文中下划线的部分是帖子所指的可疑消息来源：

新闻 1：冰城儿童在话剧院博物馆里"过大年"[1]

新华网哈尔滨 1 月 31 日电（记者颜秉光）对冰城哈尔滨的孩子来说，2009 年的春节过得真是美极了，除了在话剧院观看自己喜爱的话剧《小红帽》外，还跟父母一起去当地的博物馆和科技馆，在浓浓的文化氛围中度过了一个难忘的春节。

刚刚 3 岁多的卢小瓤是哈尔滨市小龙王幼儿园的中班小朋友，小家伙十分聪明可爱。2009 年春节之前，她和爸爸、妈妈便将春节长假的行程排得满满的：初一走亲戚，初二去看话剧《小红帽》，初三到电影院看动画片《喜羊羊和灰太狼》，初四去博物馆，初五到哈尔滨江北的科技馆体验科技魅力，初六全体"卧

---

1. 颜秉光：《冰城儿童在话剧院博物馆里"过大年"》，http://news.xinhuanet.com/newscenter/2009-02/01/content_10742474.htm。

倒", 在家休息一天。按照计划, 卢小瓢和爸爸妈妈度过了一个快乐的亲子假日。

卢小瓢的爸爸说: "平时我们夫妻俩工作很忙, 难得有时间陪孩子好好玩一玩, 今年的春节活动让全家人十分难忘: 孩子第一次看到话剧和电影, 兴奋得不得了, 嚷嚷着还要去看。博物馆里的动植物、科技馆里的3D电影, 让全家人都很开心。尤其博物馆里的馆藏, 让我和孩子妈妈重温了十几年前去那儿观看的感觉, 这个假期过得真是太棒了。"

据记者了解, 哈尔滨各大电影院、话剧院、科技馆等文化场馆均在春节期间对观众开放, 并在七天长假中获得不俗的票房和观众流。很多都是三口之家、全家老小一起出动观看演出, 热情的观众搅热了哈尔滨的文化市场。

新闻2: 凉爽宜人的哈尔滨进入"桑拿天"[1]

新华网哈尔滨8月7日专电(记者颜秉光)8月7日是我国24节气中的"立秋"。在这个本该凉爽的日子, 有"避暑胜地"美誉的哈尔滨却热得出奇。

7日早上, 哈尔滨市民卢东兴一起床就开始找寻最凉快的衣服。挑来选去, 他选择了一套纯棉的短衣短裤, 临行前妻子还嘱咐他带上冰镇饮料和阳伞去上班。他74岁的老母亲一边念叨"'秋老虎'啊, 要热死人了", 一边躲进了空调房不再出来。卢东兴抱怨道: "哈尔滨的气候一向凉爽宜人, 今夏却热得出奇。这几天, 简直像洗'桑拿浴', 刚刚洗完澡又会出一身的汗。"

据黑龙江省气象部门介绍, 今年入伏以来, 黑龙江省持续出现高温天气, 哈尔滨的气温在5日、6日和7日甚至达到32摄氏度。据悉, 此次"桑拿天"主要是由暖空气再次袭来冷空气被逼退造成。

新闻3: 忙碌的人们, 你们的国庆长假打算如何度过?[2](节选)

哈尔滨市民卢东兴是黑龙江省一家高校的师资科科长, 每天工作都很紧张,

1. 颜秉光:《凉爽宜人的哈尔滨进入"桑拿天"》, http://news.xinhuanet.com/life/2008-08/08/content_9041225.htm。
2. 颜秉光:《忙碌的人们, 你们的国庆长假打算如何度过?》, http://news.xinhuanet.com/focus/2007-09/28/content_6807718.htm。

尤其新学期开始后为了接待新生、安排课程表，每天早7点左右出门，晚19时左右才能回家。非但家务活一点帮不上忙，就连孩子生病到医院打针都是妻子和母亲代劳，每每想到这些他心里很过意不去。

他告诉记者："我的女儿两岁了，非常聪明可爱。因为我和妻子工作忙，早早把她送到了幼儿园，我们很少有大块的时间陪她，这个长假我已经安排好了日程表，打算带着孩子和老母亲好好玩一玩。"

卢东兴夫妇说，虽然家在哈尔滨，东北虎林园近在咫尺，多次陪外地朋友去过，可是一次也没带家人去看看，这个假期他们打算全家花一天的时间去看老虎。女儿生病期间天天被关在家里，嘴里不停地念叨好朋友"燕妮"的名字，因此带女儿跟她的好朋友玩一天列为一项活动内容；老母亲非常爱逛商场、超市，因此全家先逛一逛买点东西，然后在商超附近吃饭后回家也是活动内容之一。此外，全家观赏《米老鼠和唐老鸭》美术片、做做手工、一起做游戏等也成为重要活动内容。

新闻 4：节前用水高峰 哈部分地区出现暂时"水荒"[1]（节选）

27日20时30分左右，家住哈尔滨市南岗区的卢先生做好一切准备工作，打算和妻子一起给五个月大的女儿洗澡，谁知拧开水龙头却发现没有一滴水。这下他可慌神了，春节要到了没水可怎么办？是不是有人窃水损坏了管线？

新闻 5：城里人到乡下办年货成为时尚[2]

新华网哈尔滨1月18日电（记者颜秉光）春节的脚步一天天的近了，哈尔滨不少城里人不在物质丰富的城市里选购年货，反倒舍近求远到农村去采购绿色猪肉和大米。他们解释说："农村的大米和猪肉都是绿色食品，不仅能吃出健康、营养，还为农村人增收尽了一份心，何乐而不为呢？"

---

1. 颜秉光：《节前用水高峰 哈部分地区出现暂时"水荒"》http://www.hlj.xinhuanet.com/xw/2006-01/28/content_6149189.htm。
2. 颜秉光：《哈尔滨：城里人到乡下办年货成为时尚》，http://news.xinhuanet.com/newscenter/2008-01/19/content_7449744.htm。

日前，<u>哈尔滨市民卢先生</u>和两位同事商量，快过年了，大家能不能集体到农村去置办一些年货，尤其大米、猪肉、柴鸡等农副产品，让全家过一个绿色、健康的春节。他的想法得到了同事的积极响应，三人当即决定开车直奔黑龙江省的庆安县和兰西县——那里是有名的绿色大米、绿色猪肉之乡。在装满六袋大米、三大块猪肉后，他们高高兴兴地返回了哈尔滨。

据记者了解，如今到乡下买年货已经成为哈尔滨不少城市家庭逢年过节的必备节目之一。卢先生告诉记者："到乡下采购乐趣很多：除了能买到绿色食品、了解农村的风土人情外，还能与同行的人谈天说地、放松身心，还能为农民兄弟增收出一份力，多好啊！"

新闻6：年夜饭咋吃好 [1]（节选）

<u>卢东兴 30 岁政法学院教师</u>：我们家的年夜饭都是在家里吃，不过菜大多都是从饭店点回来的。我今年已经在附近饭店订了年夜饭，除了凉菜自己家里做以外，重头戏还是由饭店完成，还把自己家里不好加工的笨鸡、笨鸭也送去饭店。今年的饺子也由饭店包了，让我感兴趣的是，现在的饭店想的花样还真多，连饺子里面包钱的习俗都估计到了，有专门的带钱的饺子，如果有特殊要求，可以自己带钱去，现场加工。

新闻7：一场春雪使黑龙江省四条高速公路关闭 [2]（节选）

9 日一大早，<u>哈尔滨小龙王幼儿园的中班小朋友卢小瓢</u>刚跟妈妈走出家门，就被眼前的美景"惊呆"了：地上积满厚厚一层白雪，屋顶上、墙上、树上到处银装素裹，在阳光的照射下发出点点银光。小区里、马路边停放的车辆也被白雪层层覆盖，司机师傅们一边拿着笤帚、刷子清扫积雪，一边抱怨"这雪太粘了，怎么扫也扫不干净。"

1. 哈尔滨日报：《年夜饭咋吃好？》，http://news.sina.com.cn/s/2004-01-15/09261592574s.shtml。
2. 颜秉光：《一场春雪使黑龙江省四条高速公路关闭》，http://www.hlj.xinhuanet.com/jzzl/2009-03/10/content_15911168.htm。

新闻8: 手中有百万闲钱 如何理财? [1]（节选）

新华网哈尔滨9月10日专电（记者颜秉光）日前，<u>哈尔滨一位30多岁的</u><u>客户</u>拿着100万元找到理财师，提出只想投资，不必考虑家庭资产配置及使用情况，能够承担一些风险。对此，国际金融理财师李智海提出如下理财方案，为手中同样有百万余钱的人提供参考。

新闻9: 记者目击 虎年最大暴雪侵袭黑龙江 [2]（节选）

<u>在黑龙江一家事业单位工作的卢先生</u>先于妻子和女儿十几分钟走下楼，打算把汽车上的积雪清理干净，然后分别送她们上班、上学。他一边用卡片费力地清除车身上的冰雪，一边告诉记者："这场雪真够愁人的，有时还夹着雨，落在车身上，很快就结成一层冰盖，用扫帚扫不干净，就得用卡片一层层地刮；雪落到地上，边下边融化，地面湿滑很容易出事故。"最后为了保险起见，卢先生决定不开车了，打了一辆出租车送妻子和女儿。

新闻10: 当理财热情遭遇"冷面"银行…… [3]（节选）

跟高女士一样，<u>在黑龙江省一家高校工作的市民卢先生</u>在银行取款、转存和基金开户中除了遭遇"排长队"，银行工作人员的冷漠态度和对理财业务的生疏也让他不愉快。卢先生说，现在物价上涨的幅度不小，老百姓担心手中的钱贬值，因此他先后到农业银行、建设银行、中国银行等多家银行办理存取款、购买信托产品和基金业务，作为客户理应享受到微笑服务和娴熟的业务推介，可惜在这么多家银行都遭遇了银行职员的冷面孔、机械动作和"金口难开"的尴尬。尤其让他不能释怀的是，有的一线职员竟然对理财产品解释不清，还说"网上都写得明明白白"，让他自己去看。

---

1. 颜秉光:《手中有百万闲钱 如何理财?》, http://news.xinhuanet.com/employment/2009-09/10/content_12028623.htm。
2. 颜秉光、程子龙、刘景洋:《生活观察: 记者目击 虎年最大暴雪侵袭黑龙江》, http://news.xinhuanet.com/life/2010-02/26/content_13053054.htm。
3. 颜秉光:《调查: 当理财热情遭遇"冷面"银行……》, http://news.xinhuanet.com/focus/2007-08/31/content_6582765.htm。

新闻 11: 过儿童节,一个城里孩子花费知多少? [1]

新华社哈尔滨 6 月 1 日电(记者颜秉光)又到了一年一度的儿童节,城市孩子在这期间的花费有多少? 记者随机走访了多位幼儿家长,他们说孩子"六一"节的花费主要集中在置办演出服装、食品、玩具和游玩等方面,少则 200 元,多则 500 元左右。

在哈尔滨一家台资幼儿园的幼儿瓢瓢今年不到 5 岁,是一个活泼可爱的小女孩,在儿童节前收获颇多:奶奶出资买了一条花裙子和一件 T 恤衫,妈妈买了白裙、白裤、白鞋和白袜子,再加上各种漂亮的发卡、头花等,爸爸在一家西式快餐店里给她带回了美食和精美的玩具,各种支出合计 500 元左右。

瓢瓢的奶奶黄桂馥告诉记者,小孙女聪明伶俐,学什么东西都很快,尤其英语学得棒。今年儿童节前夕,幼儿园排演英语剧,小孙女被选中扮演一只小蝴蝶,老师要求家长给孩子置办白裙、白裤、白鞋和白袜子,孩子妈妈马上买齐了所有物品。她由于腿脚不便走路费劲,就塞给孩子妈妈 200 元钱,让她给孙女买份儿童节的礼物。

据记者了解,儿童节期间,孩子的父母、亲属和朋友等构成送孩子礼物的"大军"。儿童教育专家指出,节日里长辈送给孩子礼物表示庆祝无可厚非,但当长辈们心甘情愿进行"爱的奉献"时,不要忘记教会孩子学会付出和为他人着想,因为在一个竞争日益激烈的社会里,只有明白"施与受""爱人和被爱"等关系的人才能走得更远、更稳。

新闻 12: 原料成本上涨:方便面涨价的"传统"理由? [2] (节选)

采访中,很多消费者对方便面生产企业的涨价原因提出质疑。黑龙江省一家事业单位的工作人员卢东兴说,原材料价格上涨不应成为企业涨价的理由。这些

---

1. 颜秉光:《过儿童节,一个城里孩子花费知多少?》,http://news.xinhuanet.com/mrdx/2010-06/02/content_13606082.htm。

2. 颜秉光:《原料成本上涨:方便面涨价的"传统"理由?》,http://news.xinhuanet.com/focus/2007-08/01/content_6439715.htm。

大品牌的方便面生产企业不少都是外资、合资企业，他们最初在中国建厂、生产产品都享受了很多优惠政策，并在其后的市场销售中依靠丰富的产品、较低的价格打败了国内的众多同行，整合了国内的方便面市场，在一定程度上对市场形成了垄断。对于这样一些在成长初期享受优惠政策并在以后的销售中获得可观利润的企业来说，应采取措施积极应对原材料成本的上涨，比如在提高科学管理水平、减少豪华外包装和提升生产技术水平等方面下功夫，而不是像现在这样动辄以"原料成本上涨"为由攫取不当利益。

新闻 13：2007 年春运，离理想中的顺畅之旅还有多远？[1]

黑龙江省政法管理干部学院师资科科长卢东兴认为，只有把春运从交通部门"独家"承办改成发动一切能发动的、符合营运条件的社会力量参与才能缓解运力紧张局面。他举例说，作为学校来讲，每年寒、暑假期间都有几辆乃至几十辆校车在车库闲置，如果把包括这些车在内的社会车辆利用起来，交通管理部门规定一个春运的营运门槛，符合条件者都可在此期间上道运营，那么不仅可极大缓解运力紧张局面，还可为国家提供规费、为学校赚取一部分收入。此外，他还提出，在春运期间的铁路客流高峰期应打破软席、硬卧、硬座的区别，优先安排特殊人群如老、弱、病、残、孕及抱小孩的乘客进站上车，将软卧区和部分硬卧区留给他们，其余人一律同票同价，按照火车运能确定乘车人数。

新闻 14：哈尔滨：中高档健身器材成俏销年货 [2]

新华网哈尔滨 2 月 8 日电（记者颜秉光）春节到了，人们都忙着大包小包地往家里运东西。在哈尔滨市，不少家庭在选年货时将跑步机、按摩椅、理疗仪等中高档健身器材搬回家中，让一家老小过一个"健康、运动、流汗"的春节。

---

1. 颜秉光：《2007年春运，离理想中的顺畅之旅还有多远？》，http://news.xinhuanet.com/focus/2007-02/08/content_5714551_2.htm。
2. 颜秉光：《哈尔滨：中高档健身器材成俏销年货》，http://news.xinhuanet.com/newscenter/2008-02/09/content_7583077.htm。

哈尔滨市民卢先生在春节的前两天，从商场买回一台标价1.6万元的按摩椅。他告诉记者："这台按摩椅是我很早就打算买的，可是妻子一直不同意。她说买这么贵的健身器材是一种浪费，不如散步经济实用。今年春节前，我一直给她说按摩椅的种种好处，并把它作为家庭建设的一部分，妻子这才高兴地答应了。"

像卢先生一样，哈尔滨不少家庭选择在春节前将理疗仪、跑步机等搬回家中，让辛苦一年的家人足不出户，就能享受到健身的乐趣。

来自哈尔滨市一家健身器材商店的销售统计显示，在春节前的半个月，各种中高档健身器材持续热销，最多时一天销售了十几个品种，销售额达30余万元。

新闻15：青涩爱情时代的玩伴——透视大学校园陪读现象 [1]（节选）

卢东兴（大学教师）：社会各界对此应该持理智的宽容态度，学校也要积极地疏导，完备以心理咨询和社团为架构的配套机构建设，让学生有地方倾诉心中的郁闷，表达情感。学校还可以适当开设"心理咨询课"等关于人生观、价值观的课程，让这种时尚沿着正确的轨道发展。

新闻16：冰城为农民工在城瑞安新"家" [2]（节选）

首家社区流动农民工工会成立的消息引起了哈尔滨市各界的关注。

黑龙江省政法管理干部学院青年教师卢东兴说："农民工也是社会主义的劳动者，也是哈尔滨这座美丽城市的建设者，他们的合法权益理应受到尊重和保护。对于为农民工成立工会的做法，我十分赞同。农民工有了工会，就等于有了自己的家，他们有了委屈，受到不公平的对待，就可以到工会去寻求帮助。"

哈尔滨市民、现年70岁的黄桂馥老人说："农民背井离乡到城市里打工、谋生十分不容易，他们拿最低的工资，却干着城里人都不愿意干的重活。我每次从报纸、电视上看到农民工在城市里遭遇到不公正的对待后，心里总觉得不是滋

---

1. 该文见http://news.xinhuanet.com/focus/2004-05/12/content_1462869.htm。
2. 该文见http://news.xinhuanet.com/focus/2004-11/19/content_2234688_2.htm。

味。现在好了，终于有工会这样一个组织，不但能帮他们维护合法权益，还能丰富他们的生活，提高他们的素质，政府真是做了一件大好事呀！"

新闻 17：大型超市，高额利润到底从何处获得？[1]（节选）

黑龙江省政法管理干部学院师资科科长卢东兴则认为，叫停行业"潜规则"，除了政府职能部门和零售商的积极工作外，制定系统、严密的制约此种不公平交易的法律规范应成为当务之急。现在虽然国家有关部门制定了一些办法，比如2007年商务部制定的《零售商供应商公平交易管理办法》对双方的交易行为进行约束，但由于该规定毕竟是办法，不是法律法规，缺少执法主体和相应罚则，因此对国际国内大型零售商的约束力要小得多。只有制定系统、严密的法律法规，并明确相应的日常管理部门，实行由上至下持续的追踪问效才能杜绝此类现象的发生。

新闻 18：黑龙江取消二级公路收费站后的新问题[2]（节选）

同一天，黑龙江省鹤岗市市民阎红与家人开着私家车去当地的鹤林林场，车辆行至从前的收费站时，除了警车在附近执勤外，收费站里空空荡荡，没有从前排队缴费的拥挤，一家人说说笑笑地经过这里。

新闻 19：D 字头列车遭遇"冷热不均" 提速提价谁为先[3]（节选）

在黑龙江省一家事业单位工作的阎红认为，动车车票在全国各地销售冷热不均从一个侧面反映车票的定价不太科学合理。提速是好事，也是大局，可是火车作为廉价、安全的公共交通运输方式，涉及千家万户的切身利益，在票价制定上

---

1. 颜秉光、程子龙：《大型超市，高额利润到底从何处获得？》，http://news.xinhuanet.com/focus/2007-11/07/content_6921010_2.htm。
2. 颜秉光：《黑龙江取消二级公路收费站后的新问题》，http://news.xinhuanet.com/focus/2009-05/11/content_11322332.htm。
3. 颜秉光：《D字头列车遭遇"冷热不均 提速提价谁为先》，http://news.xinhuanet.com/focus/2007-04/18/content_5988767.htm。
4. 颜秉光：《哈尔滨地区较大规模降雪将对出行产生影响》，http://www.hlj.xinhuanet.com/xw/2006-03/25/content_6569708.htm。

是否广泛听取社会各界意见？有没有召开听证会？有没有百姓代表参与意见？

新闻 20：哈尔滨地区较大规模降雪将对出行产生影响 [4]（节选）

25 日晨 5 时 20 分左右，哈尔滨市民阎女士一大早起来就看到漫天飞舞的雪花，不禁为姐姐的出行担心起来。再过两个小时，她的姐姐阎红将乘坐开往鹤岗的豪华班车，沿着哈同公路开始旅程。

新闻 21：临终关怀，一个不得不说的温情话题 [1]（节选）

"这种临终关怀服务真是太人性化太温暖了，可惜只能有极少数人享受到这种贴心服务。"黑龙江省鹤岗市市民阎红不无遗憾地说。她告诉记者，她的父亲也患有肺癌，两年半的时间里多次入院治疗。确诊发生骨转移后，父亲常常疼得死去活来。

新闻 22：晚期癌症都能治 "神药"广告为何满天飞？ [2]（节选）

现年 72 岁、身患肺癌的阎大爷说，像他这样年纪的癌症患者很多，大多数人都不适合手术治疗。选用合适的药物来抑制肿瘤生长、减轻病痛成为很多人的选择。电视台、广播、报纸上的广告是他们了解药品的重要渠道。如果管理部门都对违法医疗广告"睁只眼闭只眼"，让假冒伪劣药品坑害老百姓，消费者更无所适从了。

阎大爷的女儿阎红告诉记者，家里有癌症患者，家属的经济压力和精神压力相当大。如果再花钱买了假药，等于在大家的伤口上撒了一把盐。

---

1. 颜秉光：《临终关怀，一个不得不说的温情话题》，http://www.hb.xinhuanet.com/jdwt/2008-05/26/content_13366661_2.htm。

2. 颜秉光：《晚期癌症都能治 "神药"广告为何满天飞？》，http://news.xinhuanet.com/newmedia/2006-11/01/content_5274196.htm。

3. 颜秉光：《走近被美丽谎言包围的癌症患者》，http://news.xinhuanet.com/focus/2007-12/24/content_7304280.htm。

新闻 23：走近被美丽谎言包围的癌症患者 ³（节选）

黑龙江省鹤岗市市民、现年 73 岁的阎大爷在两年前被确诊患上了早期肺癌，在得知阎大爷患病的一刹那起，他的 5 个儿女就陷入一片惊慌之中。他们四处找人打听替老人治病的最佳途径。最后，在家庭内部产生了两派意见：一种认为老人年事已高，应该保守治疗；有的儿女则认为应该找医院做手术，且越快越好。经过争吵、讨论后，家里最终确定了手术方案。但选择哪家医院做手术再次成了争论的焦点，大女儿认为应到哈尔滨的肿瘤医院手术，那儿离鹤岗市只有 5 个半小时的车程，方便照顾；大儿子认为应该把天津肿瘤医院的大夫请到鹤岗给老父亲做手术，这样可省去奔波之苦。又一轮的激烈争吵过后，大家决定先到哈尔滨的医院询问大夫后再说。在得知这样高难度的肺癌手术不仅需要医生高超的医术，且术后的治疗也相当关键时，全家一致决定立刻启程去天津为老父亲做手术。

……

阎大爷的大女儿阎慧流着泪说："老父亲是一个胆小的人，在得知他患病的一瞬间我就决定对他隐瞒真相，并与我的弟弟妹妹商量怎样才能好好'骗'他。我故作轻松地对他说：'爸，你的病已经确诊了，是一个良性瘤，医生说了必须马上做手术，如果耽误了就恶化了。''我问过很多人，人家都说天津的医院手术做得好，麻醉后一点也不疼，就一个小手术，不要怕。'每次这样'骗'老父亲时，我都要字斟句酌，生怕说错一句话。为了让他相信，我把检验报告中有'恶性肿瘤''癌'字样的统统藏起来，把那些检验合格的报告单读给他看，看到老父亲脸上的放松表情，我才稍稍放下心来。"

阎慧的大弟弟阎利告诉记者，他们不仅平时对老父亲说话小心翼翼，就连医生、亲友和医院里的病人也加入了他们的"谎言队伍"。"我爸没到天津手术前，我和大姐就先期赶到给父亲联系医院和医生。我们请求医生不要提及'癌症'这两个字，而是用'肿瘤'代替，告诉老父亲这不过是一个小手术，个把小时就能完事，休养几天就能回家。在给父亲安排完手术日期和床位后，我们又来到病房请求室友跟老父亲回避病情，告诉他手术后很快就会好起来。在征得医院同意后，甚至将满屋的床头卡重新更换，把那两个骇人的字眼去除。"

当记者小心翼翼地询问阎大爷的病情和心情时，老人出人意料地说："我有一群孝顺的好儿女啊，不然我活不到今天。他们联合起来'蒙'我，以为我不知道。身体是我自己的，我怎么能不清楚。要是小病，干吗大老远跑到天津去手术。一般的病，用得着放、化疗么？就连肿瘤医院门口撒传单的人都喊抗癌新药啥的。儿女怕我受不了所以不说破，其实我不像他们想得那样脆弱。"

……

阎大爷的二女儿阎红说："跟父亲一起抗癌的这两年，是非常辛苦和不容易的两年。因为大家商量好不告诉老父亲，因此每次做检查、做放化疗都要想破脑袋、费尽心机，编一个他能接受的理由。尤其治疗的费用很高，一针防止骨转移的进口药就得四五千元、一个放疗就得上万元，我们只能告诉他'很便宜，才花了几百元'，他才能安心治病。刚开始父亲以为很快就能好，谁知不断地打针、吃药、放化疗，他开始变得焦虑、烦躁，有时脾气大得吓人。"

从上述报道中，不难发现，确实很多消息来源都是重复出现的熟悉面孔。其中出现次数最多的是"家住哈尔滨市南岗区的卢先生""哈尔滨市民卢先生""黑龙江省一家事业单位的工作人员卢先生""黑龙江省政法管理干部学院青年教师卢东兴""黑龙江省政法管理干部学院师资科科长卢东兴"。这位卢东兴先生被指即为作者颜秉光的丈夫；而"在哈尔滨一家台资幼儿园的幼儿瓤瓤""刚刚3岁多的卢小瓤""哈尔滨小龙王幼儿园的中班小朋友卢小瓤"则是作者的女儿；"瓤瓤的奶奶""哈尔滨市民、现年70岁的黄桂馥老人"是作者的婆婆；"黑龙江鹤岗市市民""在黑龙江省一家事业单位工作的阎红"是作者的姐姐；而新闻报道中的"黑龙江省鹤岗市市民、现年73岁的阎大爷"则是作者的父亲。

根据此网帖及从其他网站搜索到的部分新闻来看，颜秉光起码在25篇新闻稿件中都提到了她的家庭成员。其中正面提到名字最多的分别为丈夫卢东兴13次、姐姐阎红6次、女儿卢小瓤3次；其他提及姓名的亲属还包括其父亲（阎大爷）、婆婆（黄桂馥）、另外一个姐姐（阎慧）及哥哥（阎利）等多人。这些统计并不包括可以推断出来是其家人的被采访者或报道对象,比如说《手中有百万闲钱如何理财?》这篇报道中的"三十多岁的客户"被指是颜的丈夫,《暴雪致黑龙江公路发生雪阻 机场仍在关闭中》的"学生家长"也被指就是颜一家人。尤其让网民感到惊讶的是,在《走近被美丽谎言包围的癌症患者》这篇长篇报道中,颜秉光先后提到了"阎大爷"及其家人"阎慧""阎利""阎红"等四人,而这些人分别被帖主认定为记者本人的父亲及兄弟姐妹。

这一事件引起了网友乃至新闻界的广泛关注和讨论。有部分观点认为一个记者有那么二三十篇以家人作信源也是无可厚非的,但大多数人还是认为颜秉光的行为背离了新闻记者的职业操守,不足取。

2010 年 12 月 13 日,新华社黑龙江分社发文对此事作出回应。针对此次事件,新华社黑龙江分社经核查认为,颜秉光确实有部分稿件把家人作为采访对象的情况,违反了新华社新闻报道的有关规定。为此,新华社黑龙江分社党组研究决定,停止颜秉光采访报道工作,调离记者岗位。另外,新华社黑龙江分社要求分社全体采编人员,要认真落实和严格执行新华社各项采编规章制度,进一步强化新闻职业道德建设,切实提高维护媒体公信力的自觉性。[1]

▋ 分析与评价

中国和西方新闻自律条规一个很大的区别就在于对于消息来源的规定。在我国的新闻自律条规中,很少对于消息来源进行规定,但西方很多国家的新闻自律条规则有较为丰富和具体的对于消息来源的规定。但就笔者所见,在这些西方的较为丰富和具体的对消息来源的规定中,也很少谈到以记者的亲属朋友为消息来源的这种便利取用的情况。

---

1. 《颜秉光被调离记者岗位》,http://www.hlj.xinhuanet.com/jzzl/2010-12/14/content_21630875.htm。

是不是因为这是可以并得到默许的，所以自律条规里不作规定？我倒以为非也，并非是默许，而是因为这已经是底线了，所以在约束记者的自律条规里面才会只字不提。举个不太恰当的例子，就好像是，在中西的新闻自律文本中，也很少规定不能欺骗和捏造——因为这也是底线。

事实上，可能有相当一部分的新闻从业人员都或多或少地会使用这种便利的消息来源——毕竟，新闻报道的时效性要求这么高，消息来源有时又不好找。这种便利取用的情况固然有人在用，但却是见不得光的。一旦实践中出现了这种便利取用消息来源的情况，当事人一定是遭到舆论一边倒的千夫所指。颜秉光就是一例，在上述案例爆出来之后，舆论是一面倒的，没有一个人为她的行为辩护，而她本人也马上被查处。还有一例就是央视实习生事件。2009 年，在央视《焦点访谈》中，谴责谷歌色情链接的大学生高也，被曝是该栏目组的实习生。这位来自武汉的大学生，立即遭到网友"人肉搜索"，工作和生活都受到了很大的影响。

所以这种情况，我们也不妨看作是在报道实践中的灰色地带。如果真的站在匆忙报道一线的记者立场，可能也会觉得偶一为之，无伤大雅。但如果站在伦理判断的立场，我们必须清醒地认识到，这一灰色地带是不能见容于大众舆论的。要认真报道、提高公信力，便利取用的就近消息来源必须废止。

后 记

这本书能够成书要感谢很多人。

感谢中央民族大学教务处处长白薇老师、中央民族大学文学与新闻传播学院的副院长赵丽芳和王晓英老师。因为她们的支持与积极努力，新闻学专业才得以列入学校"校级专业综合改革试点建设项目"，本书的出版成为可能。

感谢钟敬文、王华军、赵丽芳、刘瑾鸿等各位老师，为本书的编辑撰写创造了宽松的氛围与条件。

感谢中央民族大学文学与新闻传播学院 2011 级新闻班的包婧同学，她帮助我搜集整理了"消息来源不可'就地取材'""严禁以非法手段获取新闻"两个案例的梗概，并完成了"时报辞职记者欺骗报道实录"案例中长达 14000 字的《纽约时报》*CORRECTING THE RECORD: Times Reporter Who Resigned Leaves Long Trail of Deception* 一文的翻译初稿。包婧同学中英文俱佳，给我助益良多，在此一并表示感谢。